FALKEN BÜCHEREI

Werner Thies

Ferngelenkte Segelflugmodelle bauen und fliegen

FALKEN VERLAG

Von Werner Thies erschienen im gleichen Verlag die Bücher »Flugmodelle – bauen und einfliegen« sowie »Ferngelenkte Motorflugmodelle – bauen und fliegen«.

ISBN 3 8068 0446 X

Fotos und Zeichnungen: J. Graupner, W. Thies
Herstellung: DVG, Darmstadt

817 2635 44

Inhalt

Vorwort

Der Modellflug hat in den letzten Jahrzehnten in vielen Ländern der Erde einen beträchtlichen Aufschwung genommen. Was in sehr einfacher Form begann, ist heute zu einer weitverzweigten und vielfach hochkomplizierten Freizeitbeschäftigung geworden.

Die Fülle der Möglichkeiten und das Können der Experten erzeugt bei vielen Anfängern die bange Frage: Werde ich das auch jemals schaffen? Aber hier kann es nur eine Antwort geben: Natürlich; denn jeder hat einmal klein angefangen und auch im Modellflug ist noch kein Meister vom Himmel gefallen – wohl aber das eine oder andere Modell, auch das eines Meisters.

Das vorliegende Buch ist ebenso wie das im gleichen Verlag erschienene Buch »Ferngelenkte Motorflugmodelle« für den Anfänger geschrieben, also für denjenigen, der mit dem Modellflug beginnt, und zwar speziell mit dem Fernlenkflug. Wer die Ausführungen sorgfältig liest, erkennt bald das Wesen der Dinge und ist auch schnell mit den wichtigsten Grundlagen vertraut. Bis zum erfolgreichen Modellflieger oder gar Meisterehren, kann es dann allerdings noch sehr lange dauern. Vielen genügt es, Freude am Hobby zu haben, sich zu freuen, wenn das in vielen Stunden gebaute Flugmodell auf jeden Befehl gehorcht.

Im Modellflug ist es wie bei vielen anderen Dingen: Die große Begeisterung, so nützlich sie auch sein mag, macht es allein noch nicht. Der Modellflug ist eine Beschäftigung, die handwerkliches Können, Gründlichkeit und auch das Eindringen in theoretische Erkenntnisse verlangt. Erinnern wir uns: Über Jahrtausende war den Menschen die Eroberung der Luft verwehrt. Erst in unserem Jahrhundert gewannen wir die Voraussetzungen, die es ermöglichten, daß Luftfahrzeuge, schwerer als Luft, die Erdanziehung überwinden konnten. Für jeden Modellflieger gilt es, immer wieder aufs Neue das Luftmeer zu erobern. Erfolge werden auf die Dauer nur dann zu erzielen sein, wenn man auch ein wenig von der Flugtheorie kennt.

Ein Vorteil des Modellfluges ist es, daß man ohne großen Aufwand die Theorie in der Praxis erproben kann. Beflügelt durch nachhaltige Beweise lernt es sich viel besser, als bei der ausschließlichen Beschäftigung mit der »grauen Theorie«. Vieles lernt sich leichter und schneller, wenn man mit Gleichgesinnten zusammenarbeitet. Es müssen durchaus keine Experten sein. Es genügt, wenn man Freunde findet, die auch nicht

mehr wissen als man selbst. Bei der gemeinsamen Arbeit entdeckt der eine das, der andere jenes, und man hat bald heraus, wie es am besten geht.
Es ist auch empfehlenswert, Modellflugveranstaltungen zu besuchen, die an vielen Orten durchgeführt werden. Hier sieht man, mit welcher Sauberkeit die oftmals aufwendigen Flugmodelle hergestellt wurden, erkennt auch hin und wieder die Fehler, die dem einen oder anderen unterlaufen sind und erfährt so nebenbei auch, worum es geht.
Der Bau der ferngelenkten Flugmodelle ist, sofern man sich der Baukästen und Bausätze bedient, nicht übermäßig schwierig. Dennoch ist es vorteilhaft, wenn man einen geeigneten Raum zur Verfügung hat. Dies kann sehr wohl ein kleiner Kellerraum mit nur wenigen Quadratmetern sein, es kann auch ein Raum auf dem Dachboden dafür hergerichtet werden. Wer allerdings in der Küche seiner Wohnung bauen muß, hat es schwerer. Dort, wo man ungestört und nach Herzenslust an seinem Modell arbeiten und auch das halbfertige Modell liegenlassen kann, und wo niemand durch den Balsastaub und durch den durchdringenden Geruch von Spannlack und Kunstharzen belästigt wird, ergeben sich manche Probleme gar nicht erst.
Während man kleine aus Balsa gefertigte Wurfgleiter noch gut auf größeren Plätzen fliegen lassen kann, benötigen wir für unsere ferngelenkten Flugmodelle wenigstens eine größere Wiese, wenn es nicht schon ein Modellflugplatz sein kann. Es sollte selbstverständlich sein, daß der Eigentümer der Wiese die Erlaubnis zum Start des Flugmodelles gegeben hat.
Zusammenfassend ist zu sagen: Man sollte seine Fähigkeiten nüchtern einschätzen, sich Mühe geben und die nachfolgenden Ausführungen beachten. Auf diese Weise scheint der Erfolg garantiert. Man genieße alle Freuden dieser herrlichen Freizeitbeschäftigung und überwinde auch Rückschläge, wie den gelegentlichen Bruch eines Modelles.
Viel Glück bei allem wünschen
Verfasser und Verlag

Womit man beginnen sollte

Von der richtigen Entscheidung, was anfangs zweckmäßigerweise gebaut werden sollte, hängt es vielfach ab, ob sich jemand für den Modellflug begeistert oder wegen zu großer Schwierigkeiten enttäuscht wieder aufgibt. Schon aus diesem Grunde scheint das Einfachste auch das Beste zu sein. Das Einfachste sind sicherlich kleine Freiflugmodelle wie der kleine Uhu oder andere. Aber es ist nicht jedermanns Sache, mit einem solchen Modell zu beginnen. Es fehlt auch oft das weite Fluggelände, um das Freiflugmodell im Hochstartverfahren vernünftig fliegen zu lassen. Wenn man aber schon den Schritt wagt und mit einem ferngelenkten Flugmodell beginnt, so sollte man sich doch überlegen, ob es nicht zweckmäßig wäre, zunächst ein einfaches Segelflugmodell zu bauen. Man bedenke, daß an einem Motorflugmodell ein Verbrennungsmotor sitzt, der auch seine Probleme hat, mit denen man erst fertig werden muß; dazu bedarf es schon einiger Erfahrung.
Die Hersteller von Modellbaukästen geben eine Reihe von hervorragend gestalteten Modellbaukatalogen heraus. Diese sollte man sich zunächst beschaffen und in aller Ruhe das Angebot durchsehen. Meist wird der Anfänger – und dabei ist es gleichgültig, ob es ein 14jähriger Schüler oder ein 40jähriger Manager ist – von der Vielzahl des Dargebotenen verwirrt und zugleich begeistert. Es wird ihm nicht leichtfallen zu entscheiden, was zunächst gebaut werden sollte. Oft orientiert er sich dann an dem zur Verfügung stehenden Geld und an dem guten Aussehen eines Modelles. Erfahrene Fachhändler können ein Lied davon singen, mit welchen Vorstellungen künftige Modellflieger zu ihnen kommen und wie schwierig es oft ist, sie zu bewegen, mit einem einfachen Modell anzufangen.
Es ist noch gar nicht solange her, daß die Modellbauer allein nach Bauplänen bauen, sich das Material einzeln beschaffen, die Teile aufzeichnen, ausschneiden, aussägen und dann das Modell mühselig zusammenbauen mußten. Heute ist zwar diese Methode auch noch bekannt, bei den erfahrenen Modellfliegern auch weit verbreitet; aber man kann auch Modellbaukästen erwerben, in denen alles Material (meist schon weitgehend vorgearbeitet) vorhanden ist und dazu selbstverständlich ein bis ins einzelne gehender Bauplan mit einer ausführlichen Bauanleitung. Jede dieser beiden Arten, ein Modell herzustellen, hat Vor- und Nachteile! Kauft man einen Baukasten und vermurkst Teile, kann das Modell auf Anhieb nicht fertiggestellt werden. Besitzt man je-

doch einen Werkstoffvorrat und arbeitet daraus die Teile, ist Material genügend vorhanden, um ein Ersatzteil herzustellen. Natürlich ist eine Kombination beider Arten recht günstig. Man halte sich also von den üblichen Werkstoffen entsprechend der Modellart einen kleinen Vorrat, auch wenn man vorwiegend mit Hilfe von Schnellbaukästen Modelle herstellt.

Das erste Segelflugmodell sollte nun nicht sehr klein sein, etwa um mit wenig Material auszukommen, oder weil man glaubt, es sei schneller gebaut und ein Totalschaden dann nicht so schlimm. Kleine Modelle haben ihre Tücken. Man wählt daher zweckmäßig ein Modell mit einer Spannweite um 2 m (Abb. 1). In den Modellbaukatalogen wird man feststellen, daß es eine ganze Menge solcher Segelflugmodelle gibt, die meist einen Rumpf aus Balsaholz haben und deren Flügel in der Holm-Rippenbauweise hergestellt werden.

Abb. 1: Anfängersegelflugmodell BETA

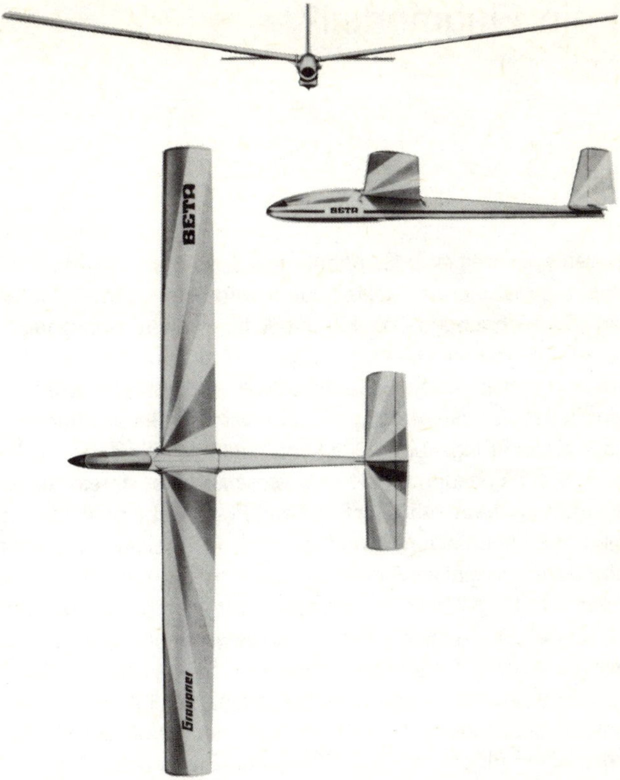
BETA
BETA
Graupner

Was ist ein Flugmodell?

Wenn man etwas beschreiben oder erläutern will, so geht es nicht ohne bestimmte Fachausdrücke, die man kennen sollte. Daher wird eine kurze Einführung in die gebräuchlichsten Bezeichnungen im Flugmodellflugwesen notwendig sein. Unter »Flugmodell« versteht man ein kleines Fluggerät, das zum Zwecke der Flugfähigkeit hergestellt wurde und sich an kein bekanntes Flugzeugmuster anlehnt. Wenn es doch einem solchen Flugzeugmuster nachgebaut ist, wird die Bezeichnung »Flugzeugmodell« verwendet. So ein Flugzeugmodell kann flugfähig sein oder nur Anschauungszwecken dienen wie die bekannten Modelle verschiedener Hersteller. Wenn man die typischen Merkmale der Mehrzahl aller Flugzeuge vergleicht, so stellt man fest, daß sie alle ähnlich sind. Sie haben einen Rumpf, einen Tragflügel und ein dahinter angeordnetes Leitwerk. Daneben gibt es Sonderkonstruktionen wie die Entenbauart, wo sich das Leitwerk vor dem Flügel befindet. Man hat aber auch hin und wieder Tandemanordnungen verwirklicht, wo an Stelle des Höhenleitwerks nochmals ein Flügel in ähnlicher Größe wie die vordere Tragfläche vorhanden ist. Eine etwas größere Verbreitung haben indessen schwanzlose Flugzeuge gefunden, die, wie der Name sagt, keinen Schwanz, gemeint ist das Höhenleitwerk, haben. Hier gibt es zwei Entwicklungsrichtungen: den gepfeilten Flügel und das »Fliegende Brett« (Abb. 2).
Nun können alle diese Ausführungen für den Segelflug gedacht sein, man kann aber auch Antriebe benutzen wie Verbrennungsmotoren oder Gummifäden. Darüber hinaus ist es möglich, die eine oder andere Konstruktion an sogenannten Steuerleinen als Fesselflugmodelle zu fliegen oder auch mit einer Fernsteuerung auszurüsten.
Wir beschäftigen uns mit den Flugmodellen, die ferngesteuert werden. Das wichtigste Teil jedes Flugzeuges ist der Tragflügel. Alle anderen Teile kann man unter bestimmten Umständen weglassen, den Flügel jedoch nicht, denn er erzeugt den Auftrieb, der das Fliegen ermöglicht. Betrachtet man einen Flügel von oben, also in der Draufsicht, kann er die verschiedensten Formen haben. Häufig ist er rechteckig, vor allem bei einfachen Modellen. Manchmal weist er einen trapezförmigen Grundriß auf oder ist ganz in Form einer langgestreckten Ellipse ausgebildet. Die Flügelmitte wird auch als Flügelwurzel bezeichnet. Wegen der unterschiedlichen Grundrißform kann ein Flügel positiv (nach vorn) oder negativ (nach hinten) gepfeilt sein (Abb. 3). Das Maß, das den Abstand von der Flügelvorderkante zur Flügelhinterkante angibt, nennt man Flügeltiefe.

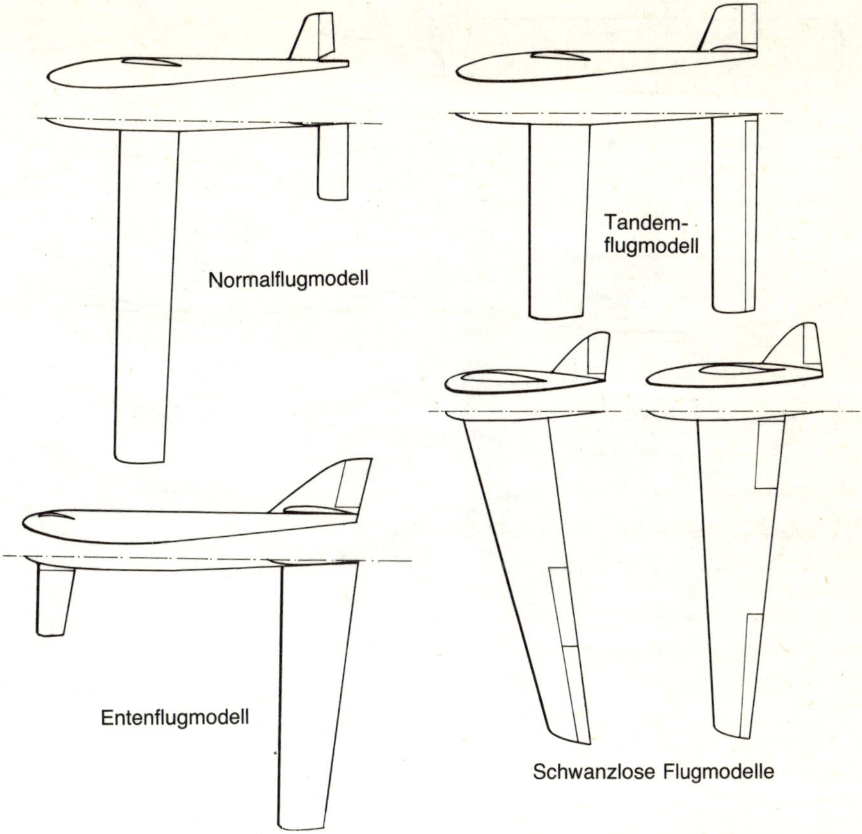

Abb. 2: Einteilung der Flugmodelle

Die Flügeltiefe im Bereich des Rumpfes wird mit den kleinen Buchstaben »t_i« (Tiefe innen) und am Außenflügel mit den kleinen Buchstaben »t_a« (Tiefe außen) bezeichnet. Die Flügelspannweite wird vom linken Flügelende bis zum rechten Flügelende gemessen, und zwar in der senkrechten Projektion dieses Flügels auf eine ebene Fläche, signiert mit dem kleinen Buchstaben »b« (Breite). Das Verhältnis von Spannweite zur Flügeltiefe nennt man Flügelstreckung. Ist die Flügeltiefe unterschiedlich, wie bei einem Trapezflügel oder bei einem elliptischen Flügel, so errechnet sich die Flügelstrekkung aus dem Quadrat der Spannweite geteilt durch die Flügelfläche (b^2/F) (Abb. 4).

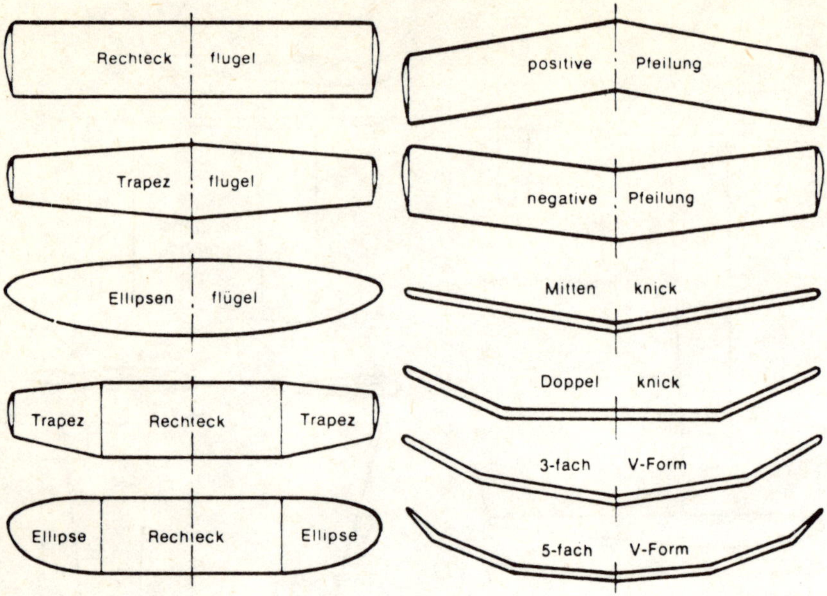

Abb. 3: Flügelumrißformen und V-Formen

Nun haben die meisten unserer ferngelenkten Flugmodelle keinen Flügel, der vollkommen gerade ist; im Gegenteil, er ist meist in der Mitte mehr oder weniger stark nach oben geknickt. Man nennt diese Form »V-Form«. Damit wird also die Gestaltung in der Vorderansicht des Flügels angegeben. Hier gibt es eine einfache, doppelte oder dreifache V-Form gemäß der Art des Flügelknicks. Jedes ungesteuerte, d. h. freifliegende Modell muß eine ausreichend große V-Form haben, um stabil fliegen zu können. Aber auch ferngelenkte Flugmodelle müssen stabil fliegen, das heißt auch sie – mit Ausnahme vielleicht einiger weniger Konstruktionen von Kunstflugmodellen – haben eine mehr oder weniger große V-Form. Nur ist es üblich, aus baulichen Gründen die einfache V-Form zu bevorzugen, der Flügel ist dabei nur in der Flügelmitte geknickt. Bei verschiedenen ferngesteuerten Modellen und an jedem großen Flugzeug findet man an der Hinterkante der Außenflügel die Querruder. Bei näherer Betrachtung stellt man fest, daß sich diese Klappen immer wechselseitig bewegen. Geht die eine nach unten,

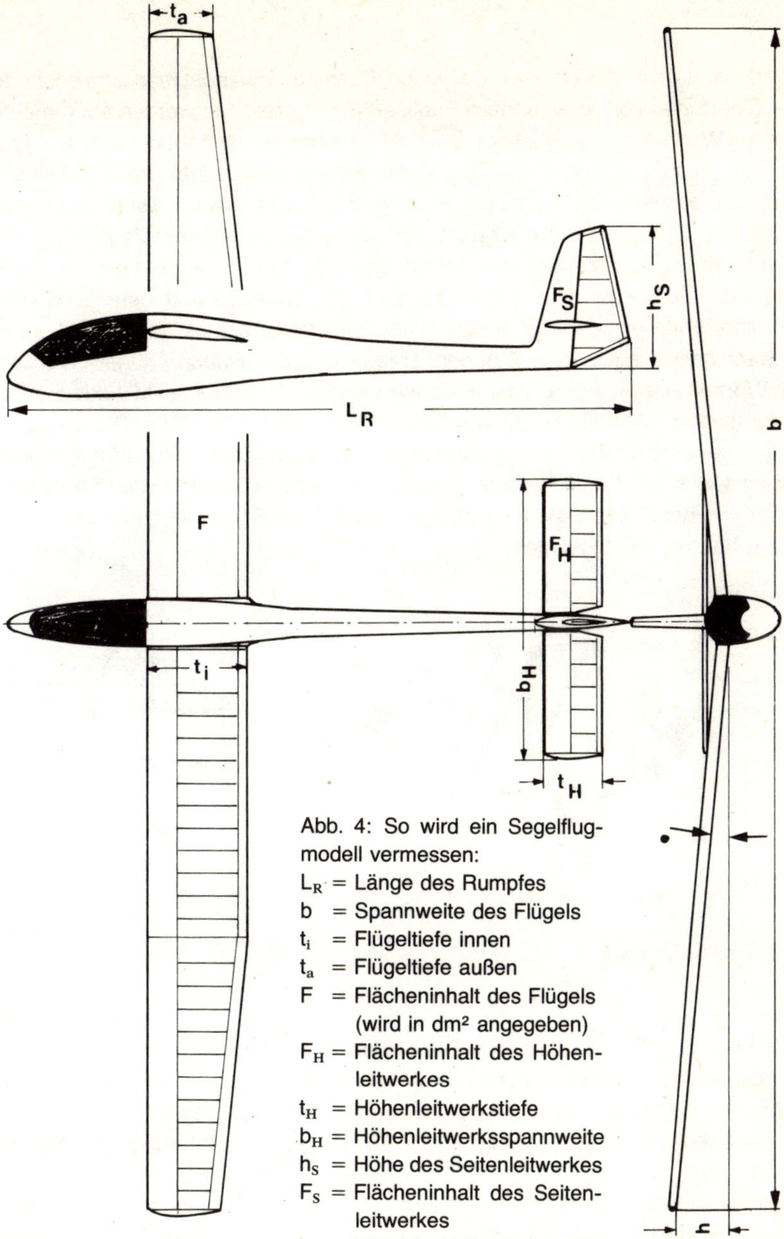

Abb. 4: So wird ein Segelflugmodell vermessen:

L_R = Länge des Rumpfes
b = Spannweite des Flügels
t_i = Flügeltiefe innen
t_a = Flügeltiefe außen
F = Flächeninhalt des Flügels (wird in dm^2 angegeben)
F_H = Flächeninhalt des Höhenleitwerkes
t_H = Höhenleitwerkstiefe
b_H = Höhenleitwerksspannweite
h_S = Höhe des Seitenleitwerkes
F_S = Flächeninhalt des Seitenleitwerkes
h = Höhe der V-Form einer Flügelhälfte

schlägt die andere nach oben aus. Bei vielen Flugmodellen findet man eine besondere Art der Querruder, die sogenannten Endleistenquerruder. Sie werden auch mit dem englischen Wort »flaps« bezeichnet. Es gibt Flugmodelle, die haben – wie auch große Flugzeuge – nur einen Flügel. Man nennt sie »Eindecker«. Es gibt aber auch Flugmodelle, die haben zwei Flügel, die übereinander angeordnet sind, meist ein wenig nach vorn oder hinten versetzt. Sie werden als »Doppeldecker« oder »Zweidecker« bezeichnet (Abb. 5). Und schließlich werden auch hin und wieder Modelle gebaut, die drei Flügel haben. Zu Beginn der Entwicklung der Luftfahrt nannte man den Flügel »Tragdeck«. Man führte dieses Wort wohl auf den Schiffsbau zurück. Aus dem Tragdeck wurde dann das »Tragwerk«, später der »Tragflügel« oder einfach »Flügel«. Geblieben ist das Wortteil »Deck« noch in den Bezeichnungen »Tiefdecker«, »Mitteldecker« und »Schulterdecker« (Abb. 6). Bei einem Tiefdecker-Flugmodell sitzt der Rumpf auf dem Flügel, beziehungsweise die Flügelunterseite schneidet mit der Rumpfunterseite ab. Entsprechend ist bei einem Mitteldecker der Flügel etwa in der Mitte des Rumpfes angeordnet und bei einem Schulterdecker liegt er auf der Rumpfoberseite. Jede dieser Bauarten hat Vor- und Nachteile.

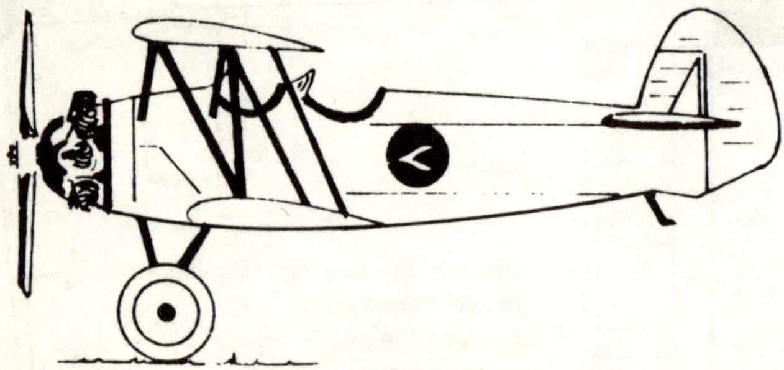

Abb. 5: Doppeldecker

Bei den Segelflugmodellen kommen Doppeldecker nicht in Frage. Ihr Luftwiderstand ist zu groß. Auch Tiefdecker findet man nicht, da Segelflugzeuge kein Fahrwerk haben und auf dem Rumpf landen. Bei jeder Landung bestände daher die Gefahr, daß der Flügel beschädigt wird. Mitteldecker sind ebenfalls selten; am häufigsten findet man Schulterdecker.
Der Rumpf eines ferngelenkten Segelflugmodells hat unter anderem die Aufgabe, den Flügel mit dem Leitwerk zu verbinden. Außerdem soll der Rumpf die Fernlenkanlage aufnehmen (Abb. 7).

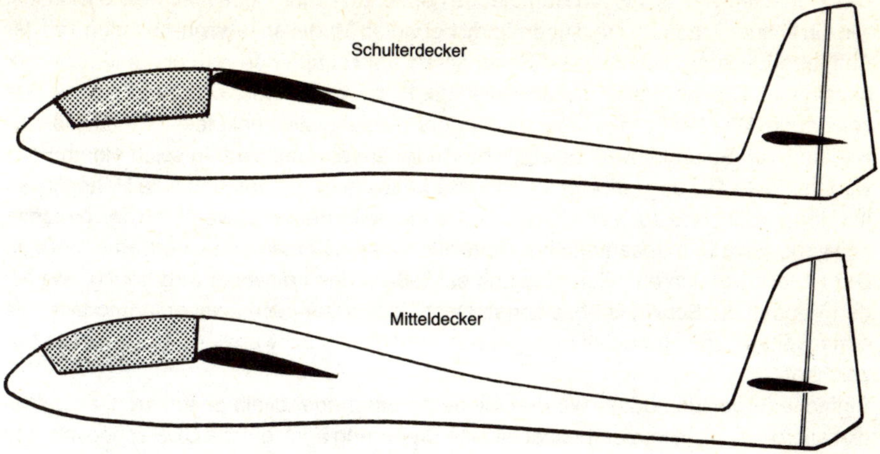

Abb. 6: Schulterdecker und Mitteldecker

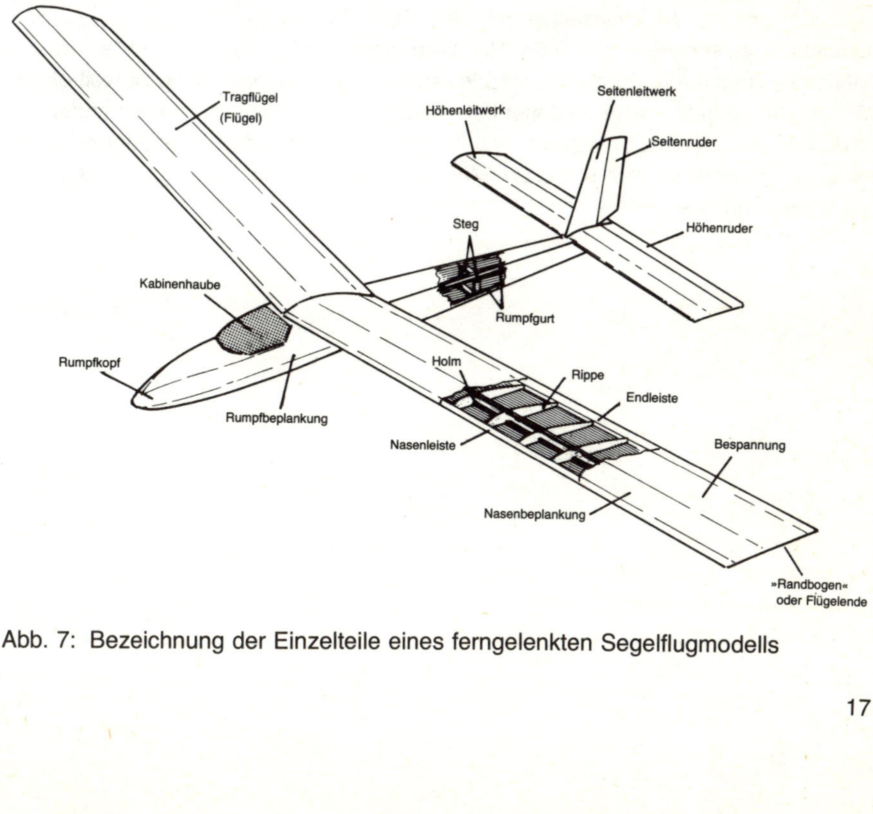

Abb. 7: Bezeichnung der Einzelteile eines ferngelenkten Segelflugmodells

Das Höhenleitwerk ist die am Rumpfende horizontal verlaufende Fläche. Sie wirkt fast wie ein kleiner Tragflügel und übernimmt bei vielen Modellen tatsächlich einen Teil der Auftriebs-Leistung. Die vertikale Seitenfläche am Rumpfende wird als Seitenleitwerk bezeichnet. Das eine leitet das Modell in der Höhe, das andere seitlich; daher die Bezeichnung. Wer bei Fernlenkmodellen näher hinsieht, stellt bald fest, daß am Höhen- wie auch am Seitenleitwerk bewegliche Ruder angebracht sind. In solch einem Falle wird der feste Teil des Leitwerks als Flosse bezeichnet. So hat man eine Höhenflosse mit Höhenruder und auch eine Seitenflosse mit Seitenruder. Bewegt sich das gesamte Leitwerk, etwa das gesamte Höhenleitwerk, so spricht man von einem Pendelruder. Der hintere Bereich des Rumpfes und schließlich des Leitwerks wird häufig, wie bei den Vögeln, als Schwanz bezeichnet. Deshalb werden auch Sonderflugmodelle, die ohne Seiten- und Höhenleitwerk gebaut werden, als schwanzlose Flugmodelle bezeichnet.

Einfache Segelflugmodelle werden mit dem Seitenruder allein gesteuert. Das befriedigt allerdings nicht immer; besser ist eine Steuerung auch um die Querachse mit dem Höhenruder. Wer jedoch ein besonders wendiges Modell fliegen will, oder wer Kunstflug mit seinem Segler machen will, der muß sein Modell um alle drei Achsen steuern können, also um die Hochachse mit dem Seitenruder, um die Querachse mit dem Höhenruder und um die Längsachse mit dem Querruder.

Oftmals ist es schwierig mit einem Hochleistungssegelflugmodell zu landen, da das Modell zu langsam an Höhe verliert oder aus einer bestimmten Höhe zu weit gleitet. Wie im Großsegelflug werden daher bei solchen Modellen auch spezielle Landehilfen in den Flügel eingebaut, die durch eine Vergrößerung des Luftwiderstandes eine größere Sinkgeschwindigkeit bewirken. Man bezeichnet sie als Störklappen, fälschlich auch als Landeklappen.

Fernlenkflugmodelle

Freifliegende Flugmodelle können nach dem Start nicht mehr beeinflußt werden. Bei starkem Wind treiben sie daher schnell ab und es kommt oft zum Verlust des Modells. Mit freifliegenden Konstruktionen läßt sich auch kein Kunstflug durchführen und vorbildgetreue Nachbauten machen aus Gründen der aerodynamischen Stabilisierung so erhebliche Veränderungen erforderlich, daß von der Vorbildtreue vieles verlorengeht. Im Fesselflug läßt sich zwar auf Grund der Steuerleinen so ziemlich alles zum Fliegen bringen, so daß die Palette der Modellkonstruktionen gegenüber dem Freiflug sehr groß ist. Der ständige Kreisflug wirkt jedoch unnatürlich und entspricht nicht dem Geschmack vieler Modellbauer. All diese Nachteile kennt eine Modellbaukategorie nicht mehr: der Fernlenkflug. Mit ihm erfüllte sich endlich der Traum ungezählter Modellflieger. Ziellandungen sind heute schon mit einfachen Modellen möglich; Kunstflug in letzter Vollendung – hoch am Himmel-Modellrennen – Hochgeschwindigkeitsflüge über 300 km/h – Flugstrecken über Hunderte von Kilometern – Höhenflüge bis dicht an die Stratosphäre (jeweils mit Ziellandung) – vom frühen Morgen bis zum späten Abend währende Dauerflüge im Hangaufwind – vorbildgetreue Nachbauten in bewundernswerter Vollendung und Flugverhalten gemäß dem großen Vorbild – ja sogar Hubschraubermodelle sind im Fernlenkflug möglich.
Es dürfen aber auch die Schattenseiten nicht verschwiegen werden: Der Fernlenkflug ist nicht ganz billig und erfordert viel Können sowohl bei der Modellherstellung als auch bei der Steuerung im Fluge. Wer also ohne Vorkenntnisse sein Taschengeld in Fernsteuersachen investiert und das falsche Modell baut, wird mit Sicherheit Enttäuschungen erleben. Um diese Enttäuschungen vermeidbar zu machen, ist dieses Buch geschrieben worden.
Die nachfolgenden Darlegungen sollen einen kleinen Einblick in das Gebiet des Fernsteuerfluges vermitteln. Im Verlauf dieses Buches werden die wichtigsten Dinge dann noch eingehender erläutert.
Ganz allgemein kann man die Einrichtungen der Fernsteuertechnik als Radioanlagen betrachten. Darauf deutet schon die internationale Bezeichnung »RC« hin, die Abkürzung des englischen Ausdrucks »radio controlled«, also »durch Radiowellen gesteuert«. Schon Mitte der zwanziger Jahre versuchte man, große Flugzeuge durch eine Funk-Fernsteuerung zu steuern. Der Erfolg war allerdings nicht sehr ermutigend und

Mitte der dreißiger Jahre erschienen auf der Wasserkuppe, dem weltberühmten Segelfluggelände, nur einige wenige Modellflieger mit ferngelenkten Segelflugmodellen, bei denen durch eine Funk-Fernsteuerung das Seitenruder betätigt werden konnte. Schon kurz nach dem letzten Krieg begannen in aller Welt, vor allem aber in Amerika und in England, Modellflieger, mit Funk-Fernsteuerungen zu experimentieren. Mitte der fünfziger Jahre bis Anfang der sechziger Jahre setzten sich auch die Fernlenk-Flugmodelle in Deutschland durch. Heute sind durchweg alle modernen Fernsteuereinrichtungen sogenannte Digital-Proportionalanlagen. Bei diesen Fernsteuersystemen nehmen die Ruder am Modell die gleichen (proportionalen) Stellungen ein wie die kleinen Steuerknüppel oder Regeleinrichtungen am Sender betätigt werden. Es ist also ganz genau so, als säße der am Boden stehende Modellflieger selbst als Pilot in seinem Flugmodell. Die moderne Hochfrequenztechnik hat es ermöglicht, daß die im Modell mitzuführenden Einrichtungen so klein sind, daß selbst Anlagen für viele Ruderfunktionen nur wenig Platz benötigen. Auch der Energiebedarf und damit die Zahl der Akkuzellen konnte gesenkt werden. Bei Benutzung des heute höchstzulässigen Flugmotors (10 ccm) steht den Motorflugmodellen ein hoher Leistungsüberschuß zur Verfügung, der eine hohe Geschwindigkeit, ein beträchtliches Steigvermögen und einen eleganten Kunstflug zuläßt. Doch das ist in jedem Falle eine Sache der »RC«-Experten! Da heute fast durchweg Proportional-Anlagen benutzt werden, ist ein kleiner Rückblick auf die Entwicklung der Fernsteuereinrichtungen interessant.
Lange Zeit standen nämlich lediglich tonmodulierte Anlagen zur Verfügung, das heißt, hier strahlte der Sender eine Tonfrequenz (oder auch mehrere unterschiedlicher Höhe) aus. Um 1950 wurden durchweg nur Einkanal-Anlagen mit nur einer Tonfrequenz gefertigt. Das bedeutete folgendes: Der Sender verfügte nur über einen Tastknopf; drückte man darauf, so wurde das Seitenruder des Modells ausgeschlagen. Das lief dann beispielsweise wie folgt ab: Seitenruder rechts, neutral, links, neutral, rechts und so weiter, also in einer ständig gleichbleibenden Schaltfolge. Dadurch waren die Modelle nur recht umständlich zu steuern. War man von Rechtausschlag auf ›neutral‹ gegangen und wurde (wegen einer Linkskurve) gleich darauf wieder ein Ausschlag nach rechts notwendig, so mußte in jedem Falle, wenn auch nur kurzzeitig, der völlig unerwünschte Ruderausschlag nach links durchfahren werden. Einen großen Fortschritt stellten deshalb Anlagen dar, die freizügig und wahlweise sowohl den Links- als auch den Rechtsausschlag ermöglichten beziehungsweise die entsprechenden Ausschläge des Höhen- und Querruders. Das aber erforderte dann für jede Funktion eines Ruders zwei Tonmodulationen, kurz auch als »Kanäle« bezeichnet: einmal für ›rechts‹, einmal für ›links‹ und für ›oben‹ und ›unten‹. Das war nur durch kleine Elektromotoren, nicht mehr durch Schaltwerke, möglich. Wurde hier ein Sender getastet, ging das Ruder in weniger als einer Sekunde auf Vollausschlag und verblieb hier solange wie die Tastung andauerte. Hörte diese auf, ging das Ruder automatisch auf die

Neutralstellung zurück. Die Tastung des zweiten zum jeweiligen Ruder gehörigen Knopfes ergab immer den entgegengesetzten Ausschlag. Wurde nur ganz kurz getippt, so erreichte das Ruder nur den halben Ausschlag, um gleich wieder auf Neutralstellung zu gehen. So konnte durch ständiges kurzes Tippen in der Ruderwirkung etwas ähnliches wie ein längerer Teilausschlag erreicht werden. Das war, soweit es sich um die Bewegung des Seitenruders handelte, nicht weiter schlimm, aber bei der Betätigung des Höhenruders entstanden doch oft Probleme: vor allem dann, wenn man eine längere Zeit schnell fliegen wollte.
Einfache Fernsteueranlagen weisen heutzutage schon die Möglichkeit der Betätigung bis zu vier Funktionen auf. Es hat sich nämlich gezeigt, daß es recht unwirtschaftlich ist, nur eine oder zwei Funktionen vorzusehen, weil eine solche Anlage mit der Entwicklung und Ausbildung des Modellfliegers nicht lange mithalten kann; denn wer nach einiger Zeit zwei Ruderfunktionen beherrscht, also beispielsweise das Seitenruder und das Höhenruder, möchte verständlicherweise die Möglichkeiten weiterer Funktionen ausnutzen, ohne gleich eine neue, teuere Anlage kaufen zu müssen.
Es gibt heute eine große Reihe von ferngelenkten Flugmodelltypen. Beginnen wir mit den Segelflugmodellen. Hier dominieren zweifellos die Modelle, deren Spannweite etwa 2 m bis 3 m beträgt und die durch Höhen- und Seitenruder gesteuert werden. Sie werden entweder ganz oder teilweise aus Balsaholz hergestellt. Die Rümpfe sind oft aus glasfaserverstärktem Kunststoff fertig zu erwerben. Aber auch ferngelenkte Segelflugmodelle mit Querruder werden mehr und mehr beliebt, vor allem beim Flug am Hang, wo ein querrudergesteuertes Modell Vorteile verspricht. Größere ferngelenkte Segelflugmodelle bis zu 7 m Spannweite (!) werden seit einigen Jahren mit wachsendem Erfolg geflogen. Die ferngelenkten Segelflugmodelle werden denn auch in einer Sportklasse unter der Bezeichnung »RC IV« geführt.
Ferngelenkte Motorflugmodelle gibt es für den Anfänger unter der Bezeichnung »Sportmodelle« oder »Trainer«. Das sind einfache, meist als Schulterdecker ausgelegte Flugmodelle mit Spannweiten von 1 m bis 1,60 m, die mit Motoren von etwa 2,5 bis 5 ccm Hubraum ausgerüstet sind und meist mit Höhen- und Seitenruder gesteuert werden. Eine Motordrosselung ist fast in jedem Falle zweckmäßig und auch vorgesehen. Ein wenig mehr Aufwand erfordern ferngelenkte Flugzeugmodelle. Das sind vorbildgetreue oder vorbildähnliche Nachbauten großer Motorflugzeuge, die mit einem, aber auch mit mehreren Motoren angetrieben werden. Spannweiten etwa zwischen 1,20 m und 2,00 m und Motoren etwa von 3,5 bis 10 ccm Hubraum; die Steuerung erfolgt im allgemeinen über Höhen- und Seiten-, aber auch zusätzlich durch Querruder. Sonderfunktionen wie Landeklappen, einziehbare Fahrwerke und dergleichen sind relativ oft zu finden. Der Bau von Flugzeugmodellen erfordert vor allem viel handwerkliches Können und viel Geduld. Einen bedeutenden Raum nehmen bei den ferngelenkten Motorflugmodellen die Kunstflugmodelle ein, die um alle drei Achsen steuerbar

sind. Flugmodelle dieser Art haben Spannweiten zwischen etwa 1,30 m und 1,60 m, werden durch starke Motoren von 6,5 bis 10 ccm Hubraum angetrieben und verfügen hin und wieder auch über einziehbare Fahrwerke. Der Flügel hat ein halbsymmetrisches oder symmetrisches Profil, damit der Rückenflug einwandfrei durchgeführt werden kann. Kunstflugmodelle bezeichnet man als »RC I«-Modelle.

Eine Sondergruppe stellen die Wasserflugmodelle dar, bei denen es sowohl solche gibt, die mit zwei Schwimmern ausgerüstet sind, als auch Flugboote, bei denen der Rumpf als Bootskörper ausgebildet ist und zwei seitliche Stützschwimmer an den Tragflügeln verhindern, daß ein Flügel beim Start oder bei der Landung ins Wasser taucht. Ferngelenkte Wasserflugmodelle werden in der Wettbewerbsklasse »RC III« geführt. Hier haben sich aber nur die Kunstflugmodelle der Klasse »RC I« durchgesetzt, die auf zwei Schwimmer gesetzt werden. Der Motor eines Wasserflugmodelles sollte nicht zu schwach sein. Er muß immer etwas stärker sein als bei einem vergleichbaren Flugmodell, das vom Land aus startet. Eine Ausnahme bilden die »RC I«-Modelle, die ohnehin einen hohen Leistungsüberschuß haben (Abb. 8).

Hin und wieder findet man auf den Modell-Flugplätzen auch rassige und elegante Delta-Flugmodelle. Diese schwanzlose Konstruktion begeistert immer wieder durch ihre rasanten Flüge, durch ihre phantastischen Rollen und Kunstflugfiguren. Delta-Flugmodelle werden auch oft durch einen im Heck des Rumpfes angeordneten Motor mit Druckluftschraube angetrieben. Der Flügel ist symmetrisch und relativ dünn (Abb. 9).

Beachtung verdienen auch die Hubschrauber. Hier ist es gerade in den letzten Jahren gelungen, ausschließlich durch die Möglichkeiten der Fernsteuerung weitgehend dem Funktionsverhalten originaler Hubschrauber entsprechende Modellkonstruktionen zu schaffen und in verblüffender Ähnlichkeit zu fliegen. Anfangs waren diese Hubschrauber noch relativ groß – Rotordurchmesser etwa 1,60 m – so daß sie auch ein wenig unhandlich waren und demontiert werden mußten, wenn man sie im Kofferraum eines normalen Pkw unterbringen wollte. Heute jedoch gibt es auch kleinere zuverlässige Hubschrauberkonstruktionen mit einem Rotordurchmesser von etwa 1,00 m, die vollkommen montiert in den Kofferraum passen, so daß keinerlei Transportprobleme auftreten. Das Fliegen von Hubschraubermodellen ist allerdings schwierig und setzt große Erfahrung voraus. Für die Hubschrauber gibt es eine besondere Wettbewerbsklasse. Sie wird mit »RC VII« bezeichnet (Abb. 10).

Auf den vielen Modellflugtagen, das sind Veranstaltungen mit ferngelenkten Flugmodellen, die von den namhaften Modellflugvereinen in Deutschland mit großem Erfolg durchgeführt werden, sorgen immer wieder ferngesteuerte Sonderkonstruktionen für Belustigungen. Da sieht man fliegende Schubkarren, Hundehütten, Regenschirme, Bierfässer und was immer die Fantasie beflügelte.

Abb. 8: Klasseneinteilung ferngelenkter Flugmodelle

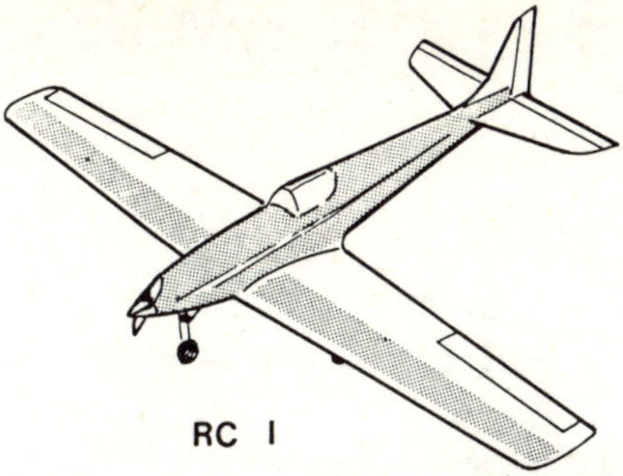

RC I

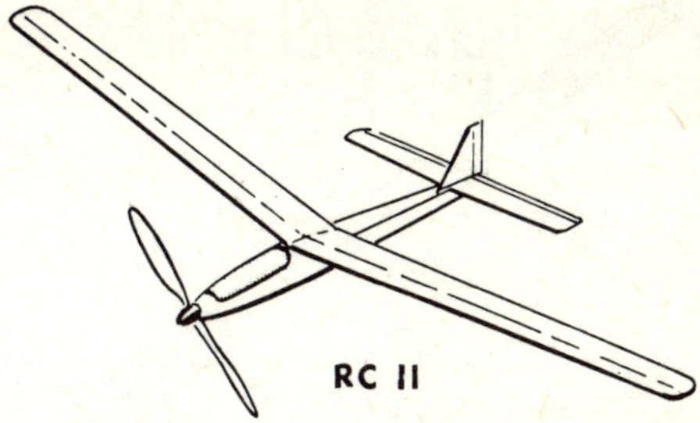

RC II

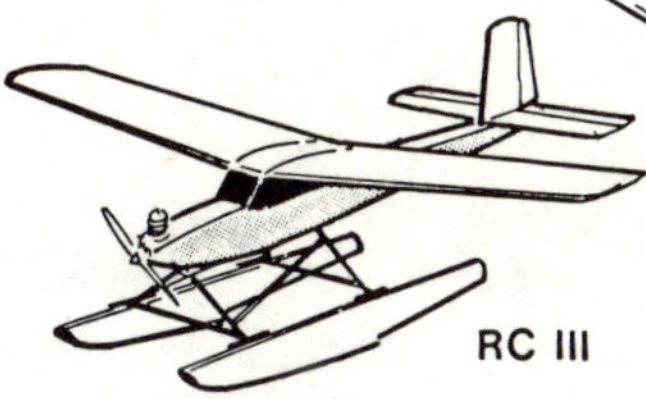

RC III

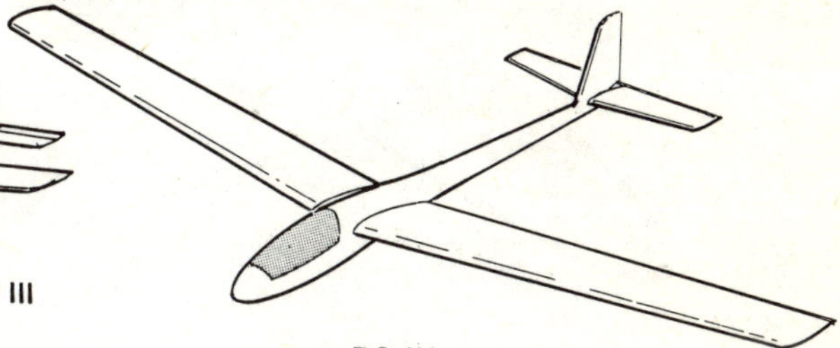

RC IV

RC V

RC VI

FERNLENKFLUGMODELLE
nationale Klassenbezeichnung „RC“
intern. Klassenbezeichnung „F 3“
Gesamtflächeninhalt bis 150 dm²
maximale Flugmasse (Gewicht) 5 kg
minimale Flächenbelastung 12g/dm²
maximale Flächenbelastung 75g/dm²

ferngelenkte Flugmodelle mit Kolbenmotor
nationale Klassenbezeichnung RC I
Motorhubraum bis 15 ccm
internationale Klassenbezeichnung F 3A
Motorhubraum bis 10 ccm

nationale Klassenbezeichnung RC III
Wasserflugmodelle
Motorhubraum bis 15 ccm

nationale Klassenbezeichnung RC V
vorbildgetreue Flugzeugmodelle
internationale Klassenbezeichnung F 4C

ferngelenkte Hubschraubermodelle
nationale Klassenbezeichnung RC VII

ferngelenkte Flugmodelle mit Elektromotor
nationale Klassenbezeichnung RC II

ferngelenkte Segelflugmodelle
nationale Klassenbezeichnung RC IV
internationale Klassenbezeichnung F 3B

unter dem Begriff „Gesamtflächeninhalt“ versteht man den Flächeninhalt der senkrechten Projektion von Tragflügel und Höhenleitwerk, wobei der Teil des Rumpfes mitgerechnet wird, der von Tragflügel und Höhenleitwerk durchschnitten wird.

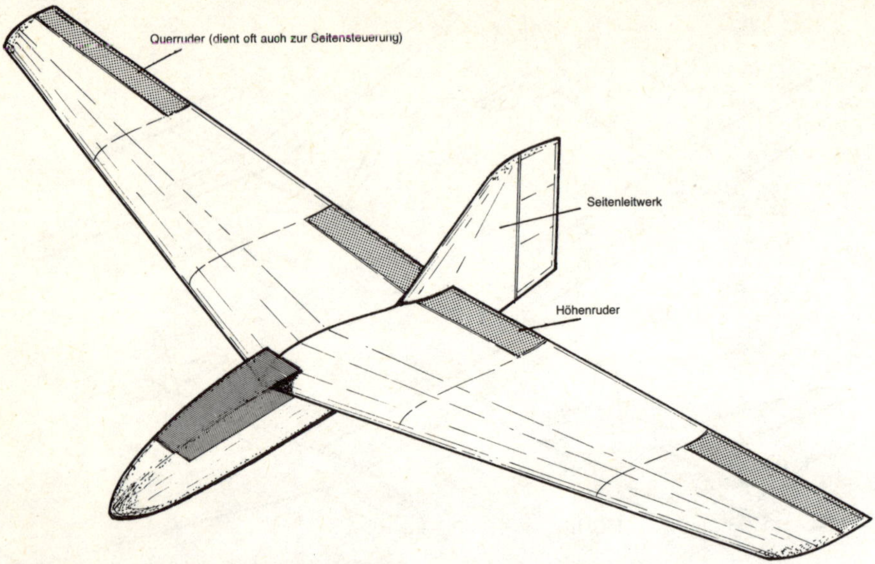

Abb. 9: Ferngelenktes Delta-Segelflugmodell

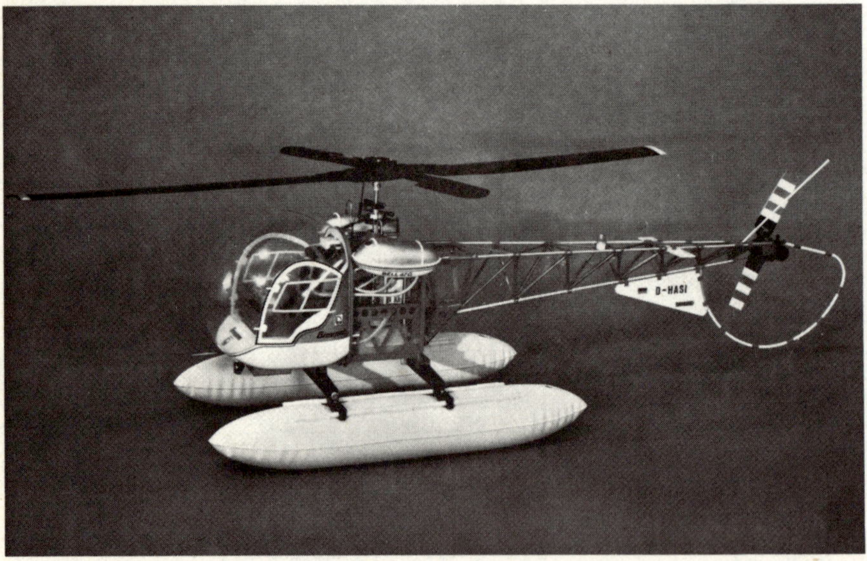

Abb. 10: Ferngelenkter Modell-Hubschrauber »Bell 47 G«

Eine kleine Werkstoffkunde

Schließt man kleine Wurfgleiter und Papierschwalben mit ein, so sind die einfachsten Werkstoffe für die Anfertigung von Flugmodellen Papier, Zeichenkarton und dünne Pappe. Bei den größeren Modellen ist das anders. Hier war im Anfang des Flugmodellbaues Bambus sehr gebräuchlich. Bei verhältnismäßig geringem Gewicht wird mit Bambus eine gute Festigkeit bei erstaunlich hoher Elastizität erreicht. Man lehnte sich seinerzeit an die Herstellungsweise der manntragenden Flugapparate an, bei denen weitgehend Bambus benutzt wurde. Heute kommt dieses Holz im Flugmodellbau nicht mehr vor.

Balsaholz

Verständlicherweise hat man in der Zwischenzeit weit besser geeignete Materialien herausgefunden. Hier steht Balsaholz mit Abstand an erster Stelle. Balsa ist ein Wort aus dem Portugiesischen und heißt Floß! Es handelt sich nämlich um eine schnellwüchsige tropische Pappel, aus deren Holz sich die Eingeborenen tragfähige Flöße bauen. Auch der bekannte norwegische Forscher Thor Heyerdahl hat sich ein Balsafloß gebaut und ist in monatelanger Reise durch den pazifischen Ozean gesegelt. Die besondere Eignung von Balsaholz für den Flugmodellbau (und nicht weniger für große Segelflugzeuge) liegt in erster Linie an seinem geringen Gewicht, das nur die Hälfte von Kork beträgt. Balsaholz weist eine helle, manchmal auch schwach rötliche oder graue Farbe auf und ist schön gleichmäßig gefasert.
Jedoch zeigen die Brettchen zwei ganz charakteristische Arten des Faserverlaufs. Dazu einige kurze Erklärungen. Betrachtet man einen Stamm im Schnitt (Abb. 11), so erkennt man hier wie bei allen anderen Bäumen zunächst einmal die Wachstumsringe. Sie können bei Balsa bis zu 4 cm auseinanderliegen. Den inneren Bereich der Ringe bezeichnet man als Kernholz, den äußeren als Splintholz, dazu kommt die Rinde. Vom Kern ausgehend verlaufen sogenannte Markstrahlen nach außen, die eine beträchtliche Verfestigung des Querverbandes ergeben. Ideal wäre für die Auftrennung eines Stammes der Schnittverlauf längs der Markstrahlen, wie es Abb. 12 zeigt. Hier erkennt man zugleich den Radialschnitt, der international als »Quarter Grain« bezeichnet wird,

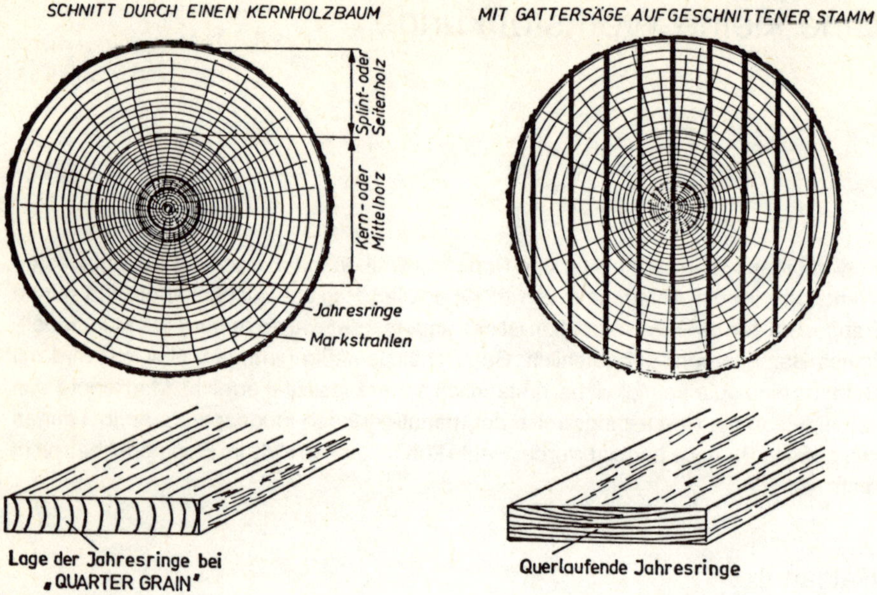

Abb. 11: Schnitt durch einen Kernholzbaum, mit Gattersäge aufgeschnittener Stamm und zwei daraus geschnittene Bretter

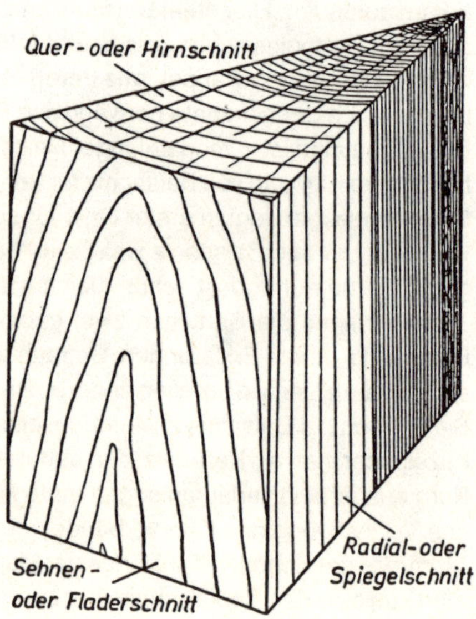

Abb. 12: Darstellung möglicher Schnitte aus einem Baumstamm

sowie den Sehnen- oder Fladerschnitt. Ein Auftrennen in der dargestellten Art (wobei ja immer so etwas ähnliches wie ein Tortenstück-Querschnitt entstehen würde) ist aus ökonomischen Gründen nicht möglich. Man schneidet die Stämme vielmehr auch hier in der üblichen Weise mit Sägegattern, wie es Abb. 11 zeigt. Dadurch entsprechen nur wenige Bretter voll dem Radial- oder Sehnenschnitt. Bei vielen Brettern wird man dagegen keine klare Aussage machen können, um welche Schnittlage es sich handelt. Dem Können des Modellbauers bleibt es nun überlassen, gemäß dem Verwendungszweck die am besten geeigneten Brettchen auf Grund des Schnittverlaufes auszusuchen. Beide grundsätzlichen Arten haben ihre Vor- und Nachteile. Die vorteilhafte Anwendung eines Brettchens im Quarter-Grain-Schnitt für die Holme eines Tragflügels zeigt Abb. 13. Abb. 14 bringt zum Ausdruck, daß bei Holmen (wie auch allgemein) wegen der geringeren Festigkeit von Balsaholz gegenüber Kiefer oder Fichte im Durchschnitt ein dreifach größerer Querschnitt notwendig ist. Wo also eine Kiefernleiste 3 mm × 5 mm benutzt wurde, muß beim Einsatz von Balsa der Querschnitt auf 5 mm × 10 mm erhöht werden. Das gilt für mittelhartes Balsa. Bei Hartbalsa braucht es beispielsweise nur das doppelte zu sein.

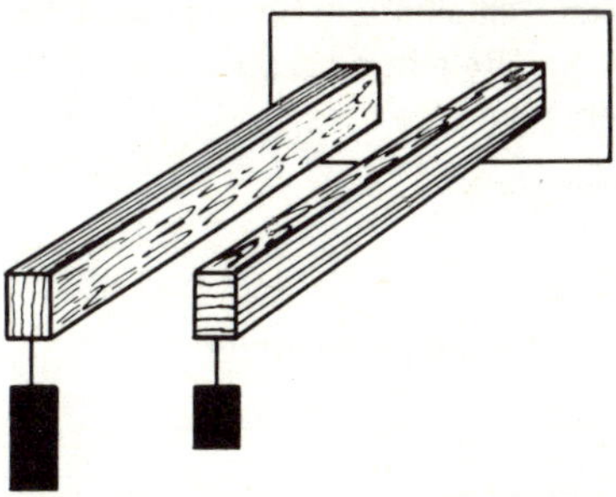

Abb. 13: Holme aus »Quarter Grain«; die Gewichte veranschaulichen die Belastbarkeit

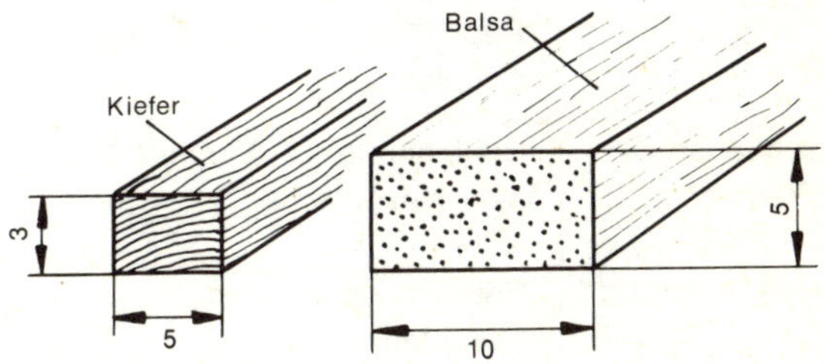

Abb. 14: Holme aus Balsa- und Kiefernholz mit gleichem Gewicht

Man bekommt Balsaholz in Form von Brettchen, Leisten und Bohlen zu kaufen. Die Dicke der am häufigsten verwendeten Brettchen beträgt 1,5 mm, 2 mm und 3 mm, die Länge meist 1000 mm, oft auch mehr. Die Beplankung der Flügelnase ist beispielsweise 1,5 oder 2 mm dick. Flügelrippen werden aus 2 oder 3 mm dickem Balsaholz gefertigt und für die Rumpfseitenwände von RC-Segelflugmodellen nimmt man zweckmäßigerweise 2 bis 3 mm dickes Balsaholz.
Balsaleisten sind in vielen Abmessungen erhältlich. Auch gefräste Nasenleisten für bestimmte Flügelprofile und keilförmige Endleisten unterschiedlicher Breite und Dicke sind in guten Fachgeschäften zu haben.
Eine Schwierigkeit besteht bei Balsa darin, daß die Härten und damit die Gewichte der Brettchen und Leisten erheblich schwanken. Die Bretter selbst werden in drei unterschiedliche Qualitäten eingeordnet:

weich – Rohdichte etwa 0,1
mittel – Rohdichte etwa 0,15 bis 0,2
hart – Rohdichte etwa 0,25 bis 0,3

Unter Rohdichte verstehen wir das Gewicht eines Kubikzentimeters (cm^3) im lufttrokkenen Zustand. Ein Balsabrettchen, 10 cm breit, 1 m lang und 1 mm dick, sollte dann, aus weichem Balsa bestehend, etwa 10 g wiegen, aus mittelhartem Balsa etwa 15 bis 20 g und aus hartem Balsa etwa 25 bis 30 g. Ist dieses Brettchen 1,5 oder 2 mm dick, so multiplizieren wir diese Gewichte mit 1,5 beziehungsweise 2.

Schnittart	Verwendung	Nicht geeignet für
Spiegelschnitt (Quarter Grain)	Rippen, aus Balsabrettchen geschnitten, für alle Modellgrößen Endleisten (aus Balsabrettchen gefertigt) Beplankungen von Kastenrümpfen	Gebogene Teile aus Balsabrettchen Rohrrümpfe
Sehnenschnitt (Fladerschnitt)	Beplankung von Flügeln, Rippen, Nasenleisten Rohrrümpfe Beplankung von runden Rümpfen	

Schnittart	Verwendung
Randschnitte	Können allgemein verwendet werden, man hat sie aber sorgfältig für den jeweiligen Verwendungszweck zu wählen, da die Eigenschaften zwischen Quarter Grain und Sehnenschnitt schwanken.

Abb. 15a: Balsabrett im Spiegelschnitt
Abb. 15b: Balsabrett im Sehnenschnitt
Abb. 15c: Randschnitt

Sperrholz

Neben dem Balsaholz wird noch immer Sperrholz verwendet. Dieser Werkstoff beherrschte lange Zeit (zusammen mit Kiefernleisten) fast den gesamten Flugmodellbau. Betrachtet man eine Sperrholzplatte etwas näher, stellt man fest, daß sie aus vielen einzelnen Schichten besteht, die zusammengeleimt sind. Immer kommt eine ungerade Zahl zustande: drei, fünf, sieben oder auch neun. Die äußeren Schichten laufen dabei in gleicher Richtung, das ist die sehr wichtige Faserrichtung des Sperrholzes. Die Zwischenschichten dagegen liegen quer oder unter einem beliebigen anderen Winkel zu den Außen- oder Deckschichten. Der Fachmann sagt: die Furniere sind gegeneinander abgesperrt. Dadurch ist die Verzugsgefahr stark herabgesetzt (Abb. 16). Die Dikken von Sperrholz betragen: 0,4; 0,8; 1,0; 1,2; 1,5; 2,0; 2,5; 3,0; 4,0 und 5,0 mm, soweit sie für den Flugmodellbau in Frage kommen. Bis 1,0 oder auch 1,5 mm sind allgemein drei Schichten vorhanden, darüber fünf oder sieben. Es gibt aber auch schon Sperrholz von 1,5 mm, das aus fünf Schichten besteht.

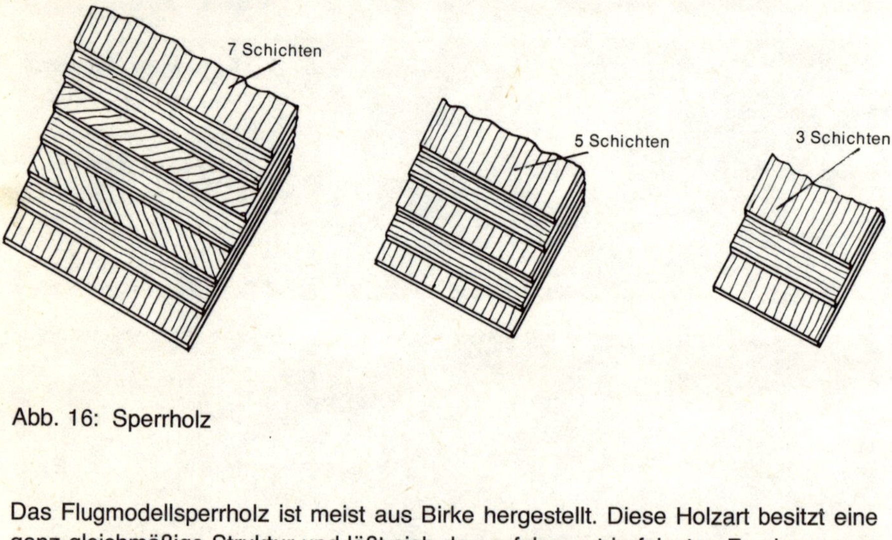

Abb. 16: Sperrholz

Das Flugmodellsperrholz ist meist aus Birke hergestellt. Diese Holzart besitzt eine ganz gleichmäßige Struktur und läßt sich demzufolge gut in feinsten Furnieren vom Stamm abschälen. Man muß ja bedenken, daß für Holz von 0,8 mm Dicke schon drei Schichten notwendig sind, die jede knapp 0,3 mm betragen, das ist kaum mehr als dikkes Papier! Für Dicken über 3 mm werden auch viele andere Holzarten für die Sperrholzherstellung geschält, beispielsweise Buche oder Kiefer. Nimmt man eine kleine Sperrholzplatte von 1 mm in die Hand und biegt sie, so stellt man schnell fest, daß sie

sich längs der Faserrichtung schlecht, dagegen quer zur Faserrichtung recht gut bewegen läßt. Diesen Umstand gilt es bei der Modellherstellung zu beachten; deshalb ist bei Bauplänen, vor allem für Anfänger, die Faserrichtung auf den entsprechenden Bauteilen angegeben.
Das Sperrholz ist nicht ganz leicht. Seine Rohdichte liegt bei 0,8 bis 0,9, das heißt, 1 cm^3 Sperrholz wiegt etwa 0,8 bis 0,9 g, oder, wenn wir es mit unserem Balsabrettchen vergleichen: es wiegt etwa 8- bis 9mal soviel wie weiches Balsaholz. Damit nun das Gewicht der Sperrholzteile im Flugmodell nicht zu hoch wird, werden beispielsweise Rumpf-Spanten mit Erleichterungsaussparungen versehen.
Von gewisser Bedeutung ist nach wie vor auch Kiefer, und zwar in Form von Leisten. Kiefer hat ein sehr günstiges Verhältnis von Gewicht zu Festigkeit und Elastizität. Der Grund, daß in neuerer Zeit dennoch vorwiegend Balsaholz für die Modellherstellung benutzt wird, ist nicht so sehr in einer verbesserten Leichtbauweise zu suchen (das läßt sich bei einigem Geschick auch in Kiefer/Sperrholz erreichen), sondern vor allen Dingen wegen der schnelleren Herstellungsweise und den größeren Möglichkeiten für eine modellgerechte Gestaltung.
Fehlt es allerdings an Raum für die Unterbringung der notwendigerweise dickeren Balsaholzquerschnitte, so greift man gern auf Kiefer zurück. Vor allem für Holme bei weitausladenden Spannweiten sind Kiefernleisten wegen der höheren Festigkeit sehr beliebt. Dagegen lassen sich mit Kiefernleisten kaum schöne Nasenrundungen erreichen. Deshalb verfährt man oft so, daß man die Nasen- und Endleisten aus Balsa herstellt, weil sie mehr Formzwecken dienen, die Hauptholme aber aus Kiefer oder Fichte. Die Abb. 17 zeigt eine Reihe solcher Möglichkeiten. Hier wird auch verdeutlicht, daß sich durch Beplankung der oberen Flügelvorderkante oder der gesamten Flügeloberseite eine beträchtliche Zunahme an Festigkeit und vor allem auch Verzugsfreiheit erreichen läßt. Das ist aber nur bei dem leichten Balsa praktikabel. Würde man dazu Sperrholz benutzen, käme allgemein ein zu hohes Gewicht zustande.

Hartholz

Obwohl sie ziemlich schwer sind, werden auch Harthölzer im Flugmodellbau benutzt, und zwar da, wo ganz besondere Anforderungen an die Festigkeit gestellt werden, z. B. für die Motorträger von Motorflugmodellen, für Befestigungsknebel der Tragflächen, für Fahrwerkwiderlager u. ä. Als Hartholz wird hauptsächlich Buchenholz genommen.

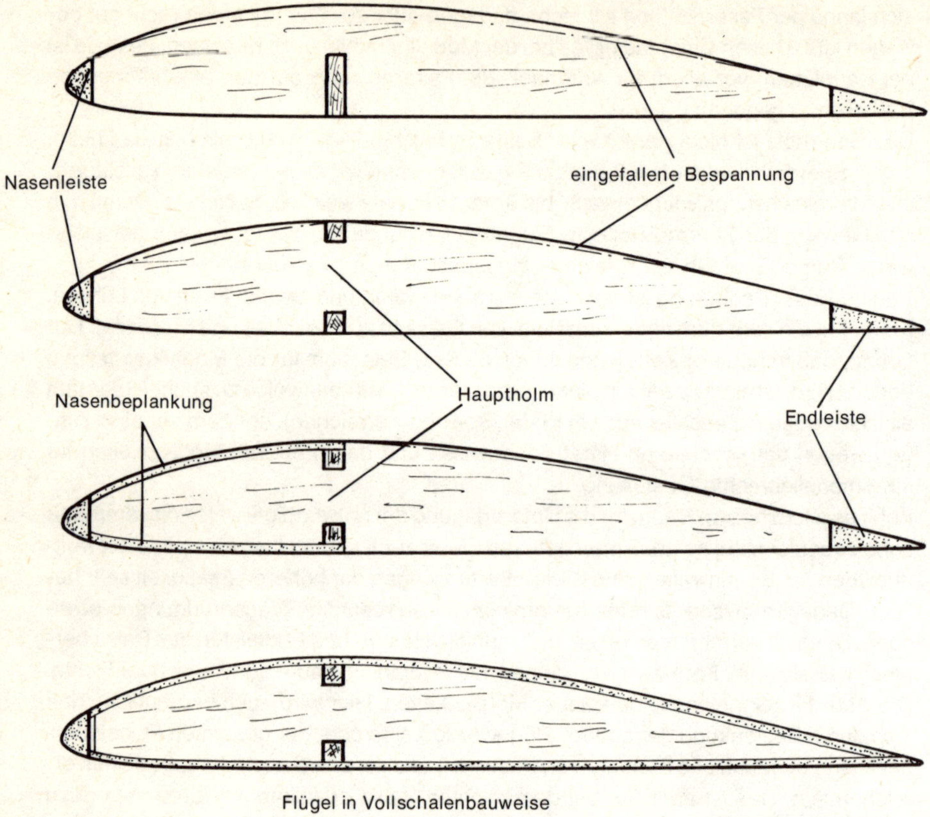

Abb. 17: Darstellung der Anordnung von Flügelholmen, Nasen- und Endleisten an Flügeln

Stahldraht

Ein relativ weites Verwendungsgebiet nimmt auch der Stahldraht ein. Man sollte hier aber wohl besser von Federstahldraht sprechen. Für den Flugmodellbau kommt nur diese mit besonderer Festigkeit und Elastizität versehene Qualität in Frage. So sind beispielsweise auch die Steuerleinen von Fesselflugmodellen aus Stahldraht von 0,3 bis 0,4 mm Durchmesser. Bei den ferngelenkten Segelflugmodellen dienen 4 bis 5 mm dicke Stahldrähte dazu, um die beiden Tragflügel miteinander zu verbinden und bei den ferngelenkten Motorflugmodellen sind die Fahrwerkstreben durchweg aus 4 oder 5 mm dickem Stahldraht gebogen. Oft gibt es diese Fahrwerkbeine auch fertig gebogen zu kaufen. Dies ist besonders bei den etwas komplizierteren Bugfahrwerken der Fall.

Bespannung

Das Flügelgerippe muß ebenso wie das Höhen- und Seitenleitwerk bespannt werden, wenn sie ihre Funktion erfüllen sollen. Bei kleineren Modellen bestehen die Leitwerke allerdings oft aus massiven Balsabrettchen, so daß an sich eine Bespannung entfallen könnte; dennoch ist sie auch hier vorteilhaft. Aber nicht jedes Papier eignet sich dafür, denn die Bespannung soll glatt sein, damit kein unnötiger Luftwiderstand entsteht; auch muß es reißfest und leicht sein.

Am besten bewährt hat sich im Verlauf vieler Jahrzehnte ein faseriges Papier, das in Japan hergestellt wird und unter der Bezeichnung »Japanpapier« im Handel ist. Hier gibt es viele Stärken und Farben. Die Stärke (Dicke) wird auf dem Umweg über das Gewicht pro Quadratmeter ausgedrückt. Heißt es: Papier von 21 g Stärke, so ist gemeint, daß 1 m^2 21 g wiegt. »Japico Modelspan« – Bespannpapier wird in Bogengrößen von 76 cm × 51 cm hergestellt. Für Segelflugmodelle kommt nur das 21 g-Papier in Betracht. Daneben gibt es noch das besonders langfaserige und zähe echte Japanpapier. Hier ist die Bogengröße 76 cm × 53 cm und das Gewicht 30 g/m^2.

Lack

Eine sehr wichtige Sache ist die Lackbehandlung als »Finish« des Modells, der berühmte ›letzte Schliff‹. Hierfür werden zunächst Nitrolacke auf Nitrocellulosebasis verwendet. Zum Imprägnieren des Balsaholzes beispielsweise Nitroeinlaßgrund, der auch als Schnellgrund oder als Porenfüller bekannt ist. Zum Imprägnieren und Straffen der Bespannung Spannlack, hin und wieder auch als Cellonlack bezeichnet. Anschließend an diesen Grundierungslacküberzug wird ein farbiger Lack aufgebracht, entweder mit einem weichen Pinsel aufgestrichen oder mit einer Spritzpistole aufgespritzt.

Weitere Materialien

Unentbehrlich sind im Flugmodellbau Gummiringe. Man verwendet sie allgemein, um die Bauteile wie Flügel, Leitwerk und Fahrwerk zu befestigen oder auch Klappen (bei Fernsteuermodellen) zu verschließen. Für Motorflugmodelle müssen sie natürlich kraftstoffest sein. Bei Gummimotormodellen stellen Gummifäden die Energiequelle dar, um derartige Konstruktionen auf beachtliche Höhen im Kraftflug zu bringen. Außer für Kabinen wird Zelluloid gern für Verstärkungen benutzt. Es wird unter der Einwirkung von Hartkleber weich, legt sich gut an und ergibt nach dem Austrocknen des Leims eine gute Versteifung. Nicht vergessen werden sollte auch Blei, das für die Trimmung allgemein gebräuchlich ist, weil es sich gut eingießen läßt oder zu kleinen Stücken zerschnitten werden kann. Auch gibt es Bleikugeln zu kaufen, die man mit Wachs eingießen kann.

Seit einiger Zeit kommen in immer größerem Maße Kunststoffe auch im Flugmodellbau zum Einsatz. Viele Baukästen enthalten wesentliche Teile wie Rümpfe, Tragflügel und Verkleidungen, die fast gebrauchsfertig aus Kunststoffen hergestellt sind. Auch flugfertige Fesselmodelle ganz aus Kunststoff sind auf dem Markt. Sicher wird diese Entwicklung weiter andauern. Grundsätzlich lassen sich auch Kunststoffe kleben, jedoch nicht mit jedem Kleber. Daher Bauanleitung beachten!

Klebstoffe

Kleben wird mehr und mehr zu einer überlegenen Verbindungsform in Technik, Haushalt und Industrie. Jahrelange Versuche ermöglichen immer wieder leistungsstärkere und in der Handhabung vereinfachte Produkte – Produkte, die in vielen Verbindungsbereichen herkömmliche Verbindungsarten wie Löten, Schweißen, Schrauben, Nieten oder Nageln abgelöst haben. So werden im modernen Flugzeugbau bereits 40 % aller Materialverbindungen geklebt, weil Klebungen extrem hohen Materialbelastungen (wie Schwingungen) besser standhalten als andere Verbindungstechniken – und im Flugmodellbau können wir annehmen, daß bis zu 100 %, mindestens aber doch 95 %, die Teile miteinander verklebt werden.

Aber auch für große Konstruktionen, die stärkeren Temperaturschwankungen, Schwingungen und Gewichtsbelastungen ausgesetzt sind, wird immer öfter Klebstoff als Verbindungsmittel eingesetzt, sogar beim Brückenbau. Die geklebten Verbindungen erreichen Festigkeiten, die mit Nieten, Schrauben, Nageln oder Löten durchaus konkurrieren können, vorausgesetzt, die Konstruktion läßt eine Verklebung zu.

Geklebte Bauteile werden nicht durch Bohrungen geschwächt, wie es beim Schrauben, Nageln und Nieten zwangsläufig passiert. Klebverbindungen nehmen Belastungen gleichmäßig über die ganze Fläche verteilt auf und vermeiden so extreme Spannungen. Klebverbindungen sind sauber und praktisch fugenlos. Sie erfordern keine Nachbearbeitung.

Jeder, der heute Modellflugzeuge oder Modellschiffe baut, jeder, der einmal eine Reparatur durchführt, kann die Vorteile der modernen Klebetechnik nutzen. Die großen Hersteller von Klebstoffen bieten ein umfangreiches Programm, das fast jedes Klebproblem löst (siehe Tabelle am Ende dieses Kapitels).

Eine Klebung ist eine feste Verbindung von Teilen durch eine Klebstoffschicht. Der Kleber härtet durch Trocknen oder chemische Reaktionen aus und hält dadurch die Materialien zusammen. Zwei Faktoren beeinflussen die Haltbarkeit einer Klebung:

Einmal die Haftung des Klebers an den zu verbindenden Flächen (Adhäsion). Eine hohe Adhäsion wird dann erreicht, wenn zwischen der Oberfläche des Werkteiles und dem Klebstoff ein enger Kontakt entsteht. Das ist nur möglich, wenn sich zwischen Klebstoff und Werkteil keine Fremdstoffe befinden. Die Klebfläche muß deshalb sauber, fett- und staubfrei sein. Die Adhäsion kann durch Anrauhen der Materialoberflä-

che mit Schleifpapier verbessert werden, weil dadurch das Werkstück von Fremdstoffen gesäubert wird.
Der zweite Faktor ist der Zusammenhalt der Klebstoffteile (Moleküle) untereinander (Kohäsion).
Die Kohäsion ist abhängig von der Qualität des Klebstoffes. Je besser der Klebstoff, desto besser die Kohäsion.
Beim Kleben selbst kann die Kohäsion optimal genutzt werden, wenn der Klebstoff gleichmäßig und nicht unnötig dick aufgetragen wird. Für die Klebepraxis sind drei Punkte besonders wichtig:

1. Die günstige Gestaltung der Klebestelle nach Form und Größe.
2. Die richtige Vorbereitung der Klebflächen (Entfetten mit Lösungsmittel und Anrauhen).
3. Die Wahl des am besten geeigneten Klebers.

Lösungsmittel-Kleber mit Kontakteigenschaften

Zu dieser Gruppe von Klebern zählen u. a. Greenit, Pattex und Pattex compact, sowie als Spezialkleber UHU por. Sie dienen sowohl für die Verklebung von Gummi und Leder als auch von Holz, Kunststoffen und anderen Materialien. Ihr großer Vorteil den anderen Klebern gegenüber besteht darin, daß die Klebestelle sofort eine ziemliche Festigkeit hat. Meist sind sie auf der Basis von Polychloropren (einem Kunstkautschuk) aufgebaut. Wichtig für eine einwandfreie und haltbare Verklebung ist, daß beide Klebeflächen eingestrichen werden und das Lösungsmittel etwa 5 bis 10 Minuten Zeit hat, vor dem Zusammenfügen zu verfliegen. Aber auch der Druck auf die zusammengefügten Klebestellen spielt eine große Rolle für die spätere Festigkeit.
Im Modellbau werden Kontaktkleber überall dort eingesetzt, wo größere Flächen zu verkleben sind, wie dies beispielsweise beim Aufziehen einer Flügelnase der Fall ist. Leider lösen die meisten Kontaktkleber Styropor an, so daß zum Styroporkleben Spezial-Kontaktkleber wie z. B. UHU por verwendet werden müssen.
Nicht geeignet sind Kontaktkleber zum Verkleben von den Rippen mit den Holmen oder von den Rumpfspanten mit den Längsträgern und den Spanten mit der Rumpfbeplankung. Die Klebefläche muß immer groß sein, wenn sie haltbar sein soll.

Lösungsmittel-Kleber ohne Kontakteigenschaften

Lösungsmittel-Kleber bestehen aus Kunstharzen bzw. Kunstkautschuken, die in Lösungsmitteln verflüssigt sind. Durch Verdunstung des Lösungsmittels verfestigt sich der Klebstoff-Film. Das Lösungsmittel muß also durch das Material oder die Klebefuge entweichen können. Dies gelingt bei durchlässigen Werkstoffen wie Holz, Papier, Pappe und Leder. Dichte Werkstoffe wie Porzellan oder Hartkunststoff lassen sich mit Lösungsmittel-Klebern verkleben, wenn die Klebflächen schmal und langgestreckt sind, so daß das Lösungsmittel seitlich entweichen kann. Wenn nur einer der zu verklebenden Werkstoffe das Lösungsmittel durchläßt, ist eine zufriedenstellende Härtung sichergestellt. Viele Kunststoffe werden von Lösungsmittel-Klebern angegriffen oder gar aufgelöst (Styropor). Ein typischer Lösungsmittel-Kleber für den Modellbau ist der »Hartkleber« (z. B. Uhu hart).

Zwei-Komponenten-Kleber

Das Hauptanwendungsgebiet von Zwei-Komponenten-Klebern sind nicht poröse, feste Materialien wie Metall, Glas, Keramik und Hartkunststoffe. Diese Werkstoffe lassen Lösungsmittel nicht durch und können mit einem Lösungsmittel-Kleber schlecht verbunden werden. Deshalb muß ein durch chemische Reaktion härtender Kleber eingesetzt werden.
Zwei-Komponenten-Kleber bestehen aus Härter und Binder, die nach dem Zusammenmischen beider Komponenten verarbeitet werden und extrem hohen Belastungen (bis zu 300 kg/cm²) standhalten.

Wäßrige Kleber

Wäßrige Kleber bestehen aus feinsten Kunstharzteilchen, die in Wasser aufgeschwemmt sind. Sie haben eine milchweiße Farbe. Nach der Verdunstung des Wassers bilden die Kunstharzteilchen einen praktisch farblosen Klebefilm. Auch hier muß mindestens eines der zu verklebenden Teile porös sein, damit das Wasser verdunsten oder zwischen den Poren des Materials abwandern kann. Solche Kleber werden oft als Weißleime bezeichnet.

Kleber für den Flugmodellbau

Mit einem Hartkleber lassen sich folgende Materialien besonders gut kleben: Modellverglasungen aus Astralon, Plexiglas, Celluloseacetat und Celluloid, Balsaholz, alle Holzwerkstoffe und widerstandsfähige Kunststoffe wie Novodur und Terluran (ABS).

Die zu verklebenden Flächen und Teile müssen trocken, fett- und staubfrei sein. Das beste Klebe-Ergebnis erzielt man, wenn die Teile zunächst dünn mit dem Hartkleber bestrichen werden, der Kleber 1 bis 2 Minuten antrocknet und erst nachdem eine der beiden Flächen nochmals dünn eingestrichen wurde, die Teile zusammengefügt werden.
Der Hartkleber trocknet ungewöhnlich schnell und ermöglicht dadurch ein zügiges Weiterarbeiten. Derartige Klebungen sind wasser- und wetterfest, beständig gegen Benzin, Öle, Fette, Modellkraftstoff, verdünnte Säuren und Laugen. Zum Fleckenentfernen von Klebstoffresten eignen sich Spezial-Löser oder Aceton.
Nachfolgend noch einige Tips und Kniffe beim Umgang mit diesem Hartkleber:
Ein Riß in der Bespannung eines Flugmodells läßt sich schnell und sicher schließen, gleichgültig ob es sich um eine Papier- oder Seiden-Bespannung handelt. Man überbrückt den Riß zunächst stellenweise mit einem Hartkleber, wartet einen Moment bis er angezogen hat, und drückt dann einen dickeren Strang über die ganze Länge des Risses. Die kleinen Stege verhindern, daß der Strang in das Loch tropft. Nun streicht man den Kleber mit dem Finger glatt: Der Riß ist geschlossen. Wenn man die Stelle danach mit etwas Lack betupft, wird die Reparatur kaum noch zu sehen sein.
Modellkraftstoff- und Öl-Rückstände können dem Holz im Motorraum von Flug- und Schiffsmodellen nichts mehr anhaben, wenn das Holz dünn mit dem Hartkleber überzogen wird. Mit einem kraftstoffesten Lackanstrich geht es natürlich auch!
Der Hartkleber heißt übrigens nicht nur so, er macht auch weiches Holz hart. Verschleißanfällige Teile wie Rundbogen aus Balsa und Landekufen halten – mit Hartkleber eingestrichen – sehr viel länger.
In die Verbindungsecken von Spanten und Rippen mit den Holmen und Gurten sollte man kleine Klebstoffschlangen aus Hartkleber geben. Die schmalen Stoßflächen brauchen dann nicht geklebt zu werden (Abb. 18 a und b).
Der Klebstoff stützt winkelige Eckverbindungen, die besonders belastet werden, durch mehrmaligen zusätzlichen Klebstoffauftrag.
Von ebenso großer Bedeutung ist im Flugmodellbau aber auch der Weißleim. Die Weißleime sind ideal für alle Holzarbeiten. Sie kleben Hölzer und alle Holzwerkstoffe wie Span- und Hartfaser-Platten, Preßpappe, Karton, Papier, aber auch Polysterolschaum (Styropor), während Hartkleber im allgemeinen Styropor auflöst.
Die zu verklebenden Flächen und Teile müssen trocken, staub- und fettfrei sein. Bei Harthölzern genügt es, den Leim einseitig aufzutragen, bei stark saugenden Hölzern (Weichholz, z. B. Balsa, Hirnholz, sägerauhe Kanten) beide Teile dünn einstreichen. Bei großflächigen Verklebungen sollten wir zum Verstreichen des Leimes einen Pinsel oder einen Spachtel zu Hilfe nehmen. Der Normalverbrauch liegt bei etwa 150 bis 200 g/m². Diese Angabe ist wichtig für das Verleimen von Balsa-Deckschichten auf einen Styropor-Kern. Die Teile müssen nach dem Zusammenfügen auf jeden Fall ge-

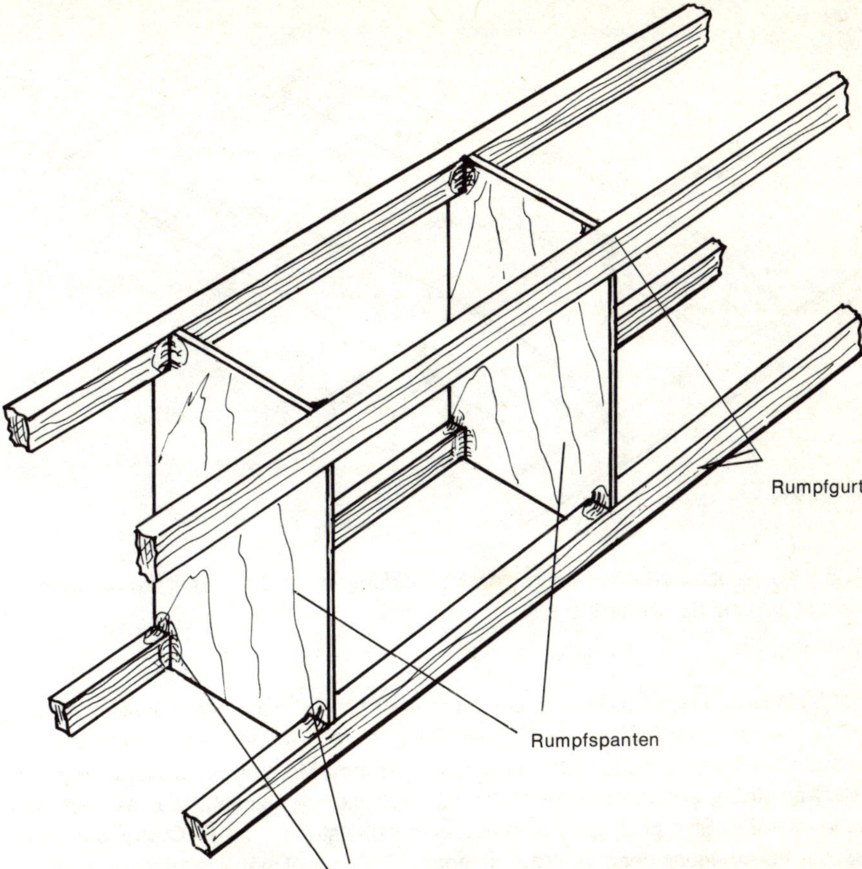

Abb. 18a: In die Verbindungsecken von Spanten mit den Holmen und Gurten sollte man kleine Klebstoff-Schlangen aus Hartkleber geben

preßt werden. Die Mindest-Verarbeitungstemperatur von + 18°C sollte nicht unterschritten werden, sonst bindet der Leim nicht ab.
In der Regel genügt es, die Teile eine halbe Stunde in der Presse zu lassen. Der Leim ist dann trocken. Die Endfestigkeit von 60 bis 100 kg/cm² stellt sich jedoch erst nach etwa 24 Stunden ein.

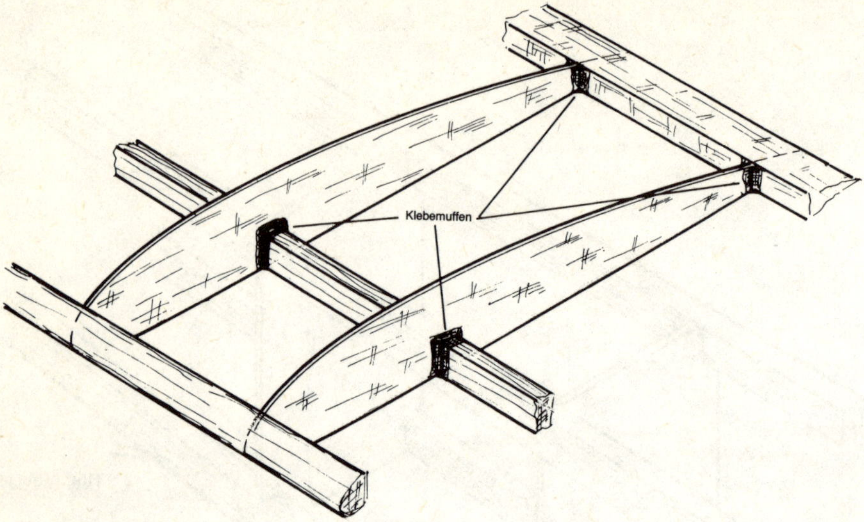

Abb. 18 b: Klebemuffen verstärken die Verbindungen der Rippen mit der Nasenleiste, dem Holm und der Endleiste

Für Metalle und Hartmaterialien, vor allem aber für die modernen Kunststoffrümpfe, verwenden die Modellflieger gern Zwei-Komponenten-Kleber. Damit klebt man untrennbar Metalle, aber auch Glas, Porzellan, Keramik, Marmor, Stein, Beton, Holz und Holzwerkstoffe, gehärtete Kunststoffe (Duroplaste wie Bakelit), die meisten Hartschaumstoffe (Styropor), glasfaserverstärkte Kunststoffe, Hart-PVC und Gummi.
Bei der Verarbeitung der Zwei-Komponenten-Kleber geht man wie folgt vor: Zunächst werden zwei gleich lange Stränge aus den beiden Tuben in eine Mischwanne gedrückt und die Mischung solange gerührt, bis sie eine gleichmäßige Färbung erhält. Die vorbereiteten Klebstellen werden sodann mit der Mischung dünn eingestrichen und zusammengefügt. Ein Preßdruck ist nicht erforderlich! Wir sollten lediglich die Teile mit einem Klebefilm gegen mögliche Verschiebungen sichern.
Die ausreichend lange Verarbeitungszeit (Tropfzeit) der Zwei-Komponenten-Kleber von etwa einer Stunde erlaubt ein exaktes Ausrichten der Teile und ermöglicht es außerdem, umfangreiche Klebarbeiten mit einer einzigen Klebstoffmischung durchzuführen.
Nach dem Kleben sollte man die Hände sofort reinigen; es genügen Wasser und Seife.
Und noch etwas: Wenn man eine besonders hohe Endfestigkeit schnell bekommen

will, kann man das durch zusätzliche Wärmeeinwirkung erreichen. Bei hochbeanspruchten Teilen wie Zahnrädern, empfiehlt es sich, auf jeden Fall die Teile im Backofen auszuhärten. Wie stark sich die Wärmehärtung auf Härtungsdauer und Festigkeit auswirkt, zeigen folgende Zahlen:
Bei einer Härtungstemperatur von 22°C beträgt die Härtungsdauer 20 Stunden und die erreichbare Endfestigkeit 100 bis 120 kg/cm². Bei einer Härtungstemperatur von 100° bis 180°C muß man nur noch mit einer Härtungsdauer von 5 Minuten rechnen, wobei die erreichbare Endfestigkeit 300 kg/cm² beträgt. Wir müssen aber darauf achten, daß die Härtungstemperatur langfristig 180°C nicht überschreiten darf. Temperaturen über 200°C führen zur Zersetzung des Klebers.
Beim Umgang mit einem Zwei-Komponenten-Kleber muß man darauf achten, daß die Temperatur der zu verklebenden Teile nicht unter 20°C liegt. Sind die Teile kälter, verlängert sich die Härtezeit und die Endfestigkeit nimmt ab. Wenn man also im Freien oder in kühlen Räumen arbeitet, ist es notwendig, die Teile im Backofen oder – wenn dies nicht möglich ist – durch einen Heiz-Lüfter oder Infrarot-Strahler nach der Klebung zu erwärmen.
Geklebte Teile lassen sich durch starkes Erwärmen über 200°C wieder trennen. Letzte Klebreste werden dann durch Abschaben und Nachwaschen mit Spezial-Löser oder Methylenchlorid entfernt.
Für besonders schnelle Klebungen gibt es neuerlich auch Zwei-Komponenten-Kleber, deren Aushärtungszeit – allerdings auch die Topfzeit – sehr viel kürzer ist. Einer dieser Zwei-Komponenten-Kleber ist UHU-plus schnellfest. Er ist 8 Minuten lang zu verarbeiten, bis zu 15 Minuten lang nachregulierbar und dann bereits selbsttragend. Dieser Zwei-Komponenten-Kleber klebt alle die unter UHU-plus endfest 300 aufgeführten Materialien. Auch die Verarbeitungsweise ist die gleiche. Bei Raumtemperatur erreicht UHU-plus schnellfest nach 8 bis 10 Stunden eine maximale Endfestigkeit von 150 kg/cm². Diese Werte können durch Wärmeeinwirkung verbessert werden. Besonders gute Erfahrungen haben die Modellflieger auch mit technikoll-Blitz und Stabilit express, letzteren allerdings nicht bei Holzverklebungen, gemacht.

1 = Pritt Allesklebe-Creme
Pritt Alleskleber
technikoll-V
UHU-Alleskleber

2 = Stabilit DUR
UHU hart

3 = Stabilit ULTRA
technikoll-B
technikoll-M
UHU endfest 300
UHU schnellfest

4 = Greenit
Pattex
Pattex compact

5 = Ponal
Pritt Allesklebe-Creme
technikoll-L
UHU coll

6 = technikoll-P
UHU plast

7 = UHU por
technikoll-V

8 = Stabilit express

9 = Stabilit rasant

10 = Methylan
Glutofix

11 = technikoll-S
(Sprühkleber)

12 = Spannlack

Pritt, Ponal und Stabilit sind Klebstoffe der Firma Henkel & Cie.

technikoll-V, -B, -M, -L, -S sind Klebstoffe der Firma Beiersdorf AG

Greenit und UHU sind Klebstoffe der Firma Lingner + Fischer

Balsaholz	Sperrholz Kiefernleisten	Styropor-Tragflügel- und Leitwerkskerne	Rohazell-Tragflügel- und Leitwerkskerne	GfK Epoxyd bzw. Polyester (Rümpfe u. a.)	Terluran (ABS) Rümpfe, Motorverkleidungen, Rippen, Scharniere u. a.	Polyamid (Nylon) – Scharniere u. a.	Astralon-Zelluloid-Hauben u. a.	Metalle	Papierbespannung	Seiden-Bespannung	
2,3 4,5	2,3 4,5	5 7	4 5	3	2	3+ 8+	2	3	10 1	12 1	Balsaholz
	2,3 4,5	5 7	4 5	3	2	3+ 8+	2	3	10	12 1	Sperrholz Kiefernleisten
		5 7	X	3	3+	3+ 8+	X	3	5	5	Styropor-Tragflügel- und Leitwerkskerne
			X	3	2	3+ 8+	X	3	5	5	Rohazell-Tragflügel- und Leitwerkskerne
				3	3+	3+ 8+	3	3	X	X	GfK Epoxyd bzw. Polyester (Rümpfe u. a.)
					2	3+ 8+	2	3	X	X	Terluran (ABS) Rümpfe, Motorverkleidungen, Rippen, Scharniere u. a.
						3+ 8+	X	3	X	X	Polyamid (Nylon)-Scharniere
							2	3	X	X	Astralon-Zelluloid-Hauben u. a.
								3	X	X	Metalle
									10 1	X	Papierbespannung
										1	Seiden-Bespannung

X nicht üblich

\+ bedingt klebbar, vorher anrauhen und mit Aceton reinigen

Klebstoff-Diagramm

Wenn man wissen will, mit welchem Klebstoff oder Leim Balsaholz mit Styropor am besten zu verkleben ist, so folgt man den beiden Spalten »Balsaholz« und »Styropor«. Im Schnittpunkt finden wir die Zahlen 5 und 7. 5 ist die Kennziffer für UHU coll und Ponal, 7 die Kennziffer für UHU por und technikoll. Styropor ist die Markenbezeichnung der BASF für einen Polystyrolschaum.

ABS ist ein Kunststoff (Acrylnitrilbutadienstyrol). Plexiglas ist ein Polyacrylat.

Rohazell und Contizell sind Kunstharzschaumstoffe ähnlich Styropor.

GFK Polyester bedeutet glasfaserverstärktes Polyesterharz.

GFK Epoxidharz bedeutet glasfaserverstärktes Epoxidharz.

Celluloid ist Cellulosenitrat.

Astralon ist eine Markenbezeichnung für ein Vinyl-Mischpolymerisat.

Glasfaserverstärktes Polyesterharz und glasfaserverstärktes Expoxidharz werden vor allem für die Rumpfherstellung benötigt.

Das Werkzeug im Flugmodellbau

»Ein Mann, der recht zu wirken denkt, muß auf das beste Werkzeug halten.« So formulierte es einst Johann Wolfgang von Goethe vor rund 200 Jahren. Dieses Dichterwort sollte man beherzigen, denn ohne sachgerechtes Werkzeug wird kein vernünftiges Flugmodell zustande kommen. Umgekehrt muß aber auch davor gewarnt werden, wahllos teuere Dinge zu kaufen, die – zumindest anfangs – überhaupt nicht gebraucht werden.

Nachfolgend daher eine Aufstellung, was man zweckmäßigerweise anschaffen sollte, wenn es nicht schon vorhanden ist (Abb. 19 und 20):

- Eine Schere, die nicht zu klein sein darf und gut in der Hand liegt, so daß man auch beim Schneiden von Pappe oder Sperrholz keine Schmerzen an den Fingern verspürt. Für feinere Arbeiten sollte sie eine gut schneidende, scharfe Spitze aufweisen.
- Balsamesser mit Einsätzen, die in verschiedenen Formen zu kaufen sind.
- Balsahobel mit auswechselbaren starken Klingen.
- Drillbohrer mit einem Bohrersortiment; besser eine kleine Handbohrmaschine.
- Laubsäge mit einem Vorrat an Laubsägeblättern unterschiedlicher Zahnung. Dabei ist darauf zu achten, daß die Blätter auf »Zug« eingespannt werden, das heißt, wenn der Bogen nach unten oder zum Körper hin gezogen wird, müssen die Zähne schneiden. Spannt man auf »Stoß« ein, kann man nicht richtig sägen, weil das Werkstück immer von der Auflage abhebt!
- Einen mittelschweren Hammer (200 bis 300 g) und einen leichten Hammer (50 bis 100 g).
- 30 bis 50 Federwäscheklammern, am besten aus Holz. Es gibt solche, die speziell für Modellbauer gedacht sind; man erkennt sie an den gerade auslaufenden Vorderkanten. Zur Not kann man die üblichen Wäscheklammern vorn um 5 mm kürzen und erzielt so einen ähnlichen Effekt.
- Feilen in unterschiedlicher Größe und Feinheit der Zahnung sowie Querschnittsform (Flach, Vierkant, Halbrund, Dreikant, Rund).
- Sägetisch mit Schraubzwinge. Nur mit solch einem Anbau an den Werktisch kann man saubere Sägeschnitte ausführen und vermeidet Beschädigungen des Tisches.

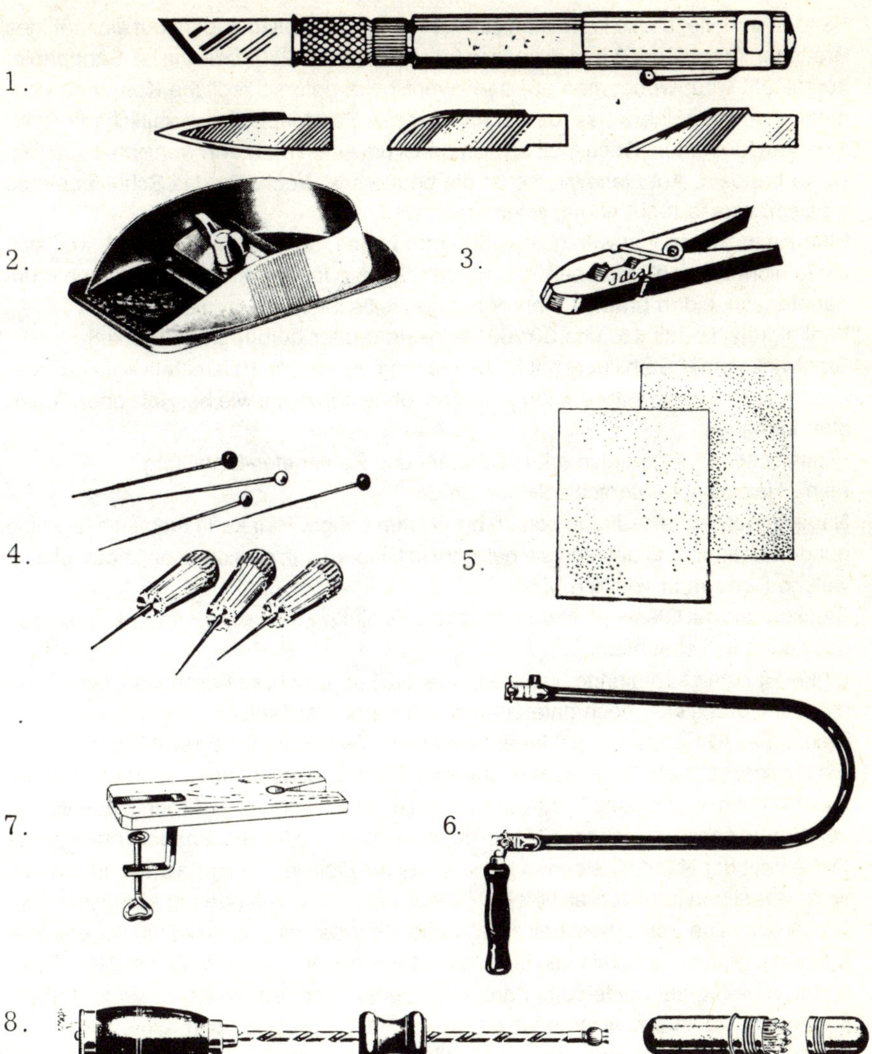

Abb. 19: Werkzeuge

1) Balsamesser mit auswechselbaren Klingen, 2) Balsahobel, 3) Feder-Wäscheklammern, 4) Rundkopf-Stecknadeln, 5) Sandpapier für den Schleifklotz, 6) Laubsäge, 7) Laubsägetisch, 8) Drillbohrer

- Sandpapierfeile. Diese kann man sich gut selber herstellen, indem auf ein kräftiges Brettchen (ungefähr 10 mm dick), das 50 mm breit und 250 mm lang ist, Sandpapier aufgeklebt wird, wobei man auf den zwei Seiten unterschiedliche Körnungen benutzt. Zweckmäßigerweise kann man aber das Sandpapier auch seitlich mit Reißzwecken festheften. Doch muß es sich dabei um einen Klotz von wenigstens 30 mm Dicke handeln. Auf diese Weise ist ein bequemes Wechseln des Schleifpapieres möglich, was ja recht häufig erforderlich wird.
- Eine Reißschiene von wenigstens 600 mm Länge, am besten aus Stahl, weil sich diese nicht verzieht. Man benötigt sie zum Ziehen langer und gerader Linien (zum Tapetenschneiden braucht man derartige Reißschienen).
- Winkeldreiecke mit 45° und 30°/60°-Winkeln (außer dem rechten Winkel).
- Stahlwinkel oder Stahllineal mit Maßeinteilung. An diesen Hilfsmitteln entlang kann man gut scharfe Schnittwerkzeuge führen, ohne daß diese wie bei Holz oder Kunststoff einhaken.
- »Zollstock«, aber natürlich mit Millimeter- und Zentimeter-Einteilung.
- Feine Haarpinsel unterschiedlicher Größe.
- Nägel in den Abmessungen von 20 bis 50 mm Länge. Hier kauft man sich je einige hundert Gramm und bewahrt sie getrennt in Gläsern auf; so sieht man immer gleich, welche Sorte man vor sich hat.
- Stecknadeln mit Glaskopf, etwa 100 Stück. Es gibt sie auf kleine Karten aufgezogen oder auch in Schachteln.
- Einige Pakete Gummiringe, wie sie für Verpackungszwecke üblich sind. Das Sortiment sollte zugleich noch unterschiedliche Farben aufweisen.
- Klebstoffe, Alleskleber, Hartkleber, Weißleim, Zwei-Komponenten-Kleber.
- Ein Hellingbrett von 20 mm Dicke, 300 mm Breite und mindestens 1000 mm Länge. Es ist wichtig, daß dieses Brett völlig eben ist, sonst werden die Modellbauteile von vornherein schief. Damit man Nägel gut einschlagen oder Stecknadeln ohne große Mühen mit der Hand einstechen kann, sollte die Oberfläche verhältnismäßig weich sein. Modellbauläden führen solche Hellingbretter in verschiedenen Abmessungen. Um die wichtige Verzugsfreiheit zu erreichen, handelt es sich meist um sogenannte Möbelbauplatten, auch als Tischlerplatten bezeichnet. Hier sind Holzleisten miteinander verleimt, die beiderseits dann eine Deckschicht aus dickem Furnier haben.
- Muß auch Stahldraht verarbeitet werden, schafft man sich noch folgendes an: Kombizange, Seiten- oder Stirnschneider, Feinsägen, Schlüsselfeilen, Lötwerkzeug (Kolben, Löt- und Flußmittel), Schraubenzieher und Metallsäge, je nach Modellart.

Abschließend noch ein wichtiger Hinweis:

Als Modellbauer verwendet man in der Werkstatt möglichst nur Bleistifte, man benutzt einen etwas härteren und einen weicheren. Kugelschreiber sind nicht immer vorteil-

Abb. 20:
Werkzeuge für den Flugmodellbauer

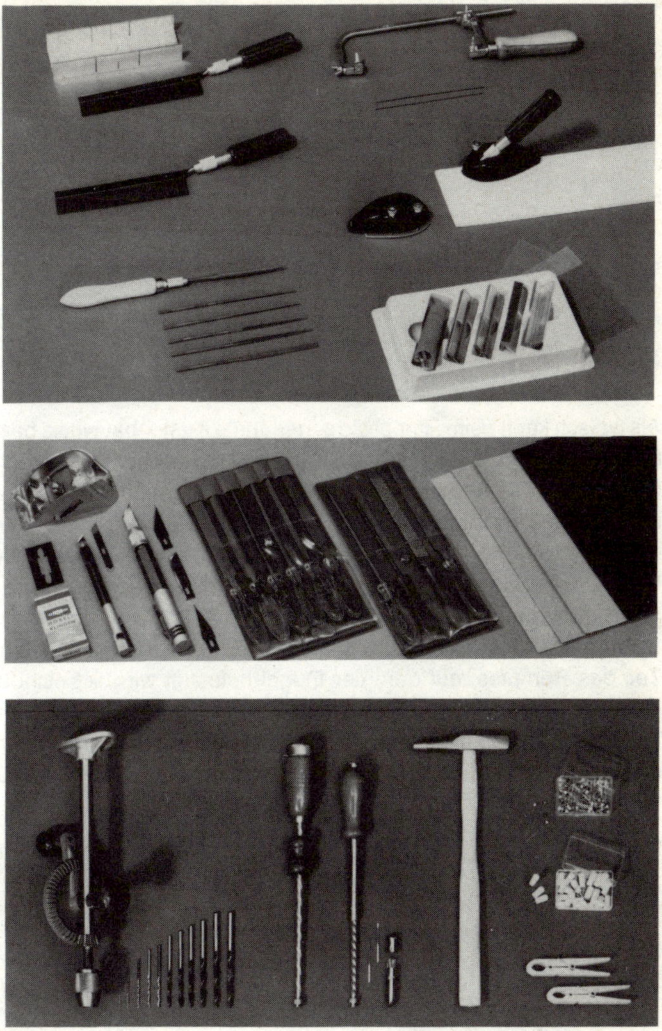

haft. Sie können Flecke ergeben, die ein Modell verunstalten. Ähnliches gilt für Blaupapier zum Durchpausen. Hier verwendet man ausschließlich Kohlepapier! Und einen Radiergummi, wenn mal etwas wieder wegzuradieren ist. Man sollte sich auch rund 50 Reißzwecken immer auf Vorrat halten. Ein durchsichtiger Kunststoffklebefilm (Tesafilm) sollte ebenfalls nicht fehlen.

Wir bauen ein ferngelenktes Segelflugmodell

Der Rumpf

Als typisch kann beim Rumpf die sogenannte Kastenbauweise bezeichnet werden. Sie ist ganz auf die Verwendung von Balsaholz zugeschnitten und hat einen rechteckigen Querschnitt. Die Seitenwände und auch die obere und untere Rumpfbeplankung bestehen aus 2 bis 3 mm starken Balsabrettchen (Abb. 21). Zur Verstärkung werden in die Ecken längslaufende Balsaleisten (Gurte) von etwa 6 × 6 bis 8 × 8 mm eingeleimt. Oft sind diese Leisten auch dreiecksförmig. Eine zusätzliche Festigkeit bekommt der Rumpf durch Spanten und Stege. Die Spanten bestehen dabei aus 2 mm oder 1,5 mm Sperrholz und sind in der Mitte mit Erleichterungsaussparungen versehen. Der Teil des Rumpfes, auf dem der Flügel befestigt wird, ist nicht beplankt. Bei einem Hochdecker wird nämlich unter dem Flügel die Fernlenkanlage eingebaut, bei einem Tiefdecker analog dazu oberhalb des Flügels. Da es sehr schwierig ist, mit Balsaholz ovale oder runde Rumpfquerschnitte herzustellen, standen im Laufe der letzten Jahre

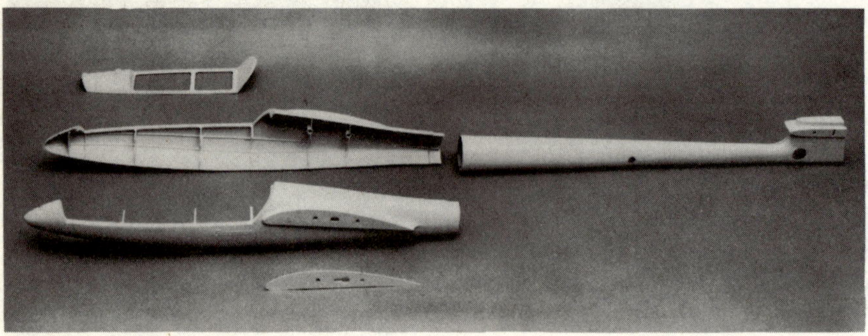

Abb. 22: Rumpf des Segelflugmodelles »Cirrus« aus ABS-Kunststoff

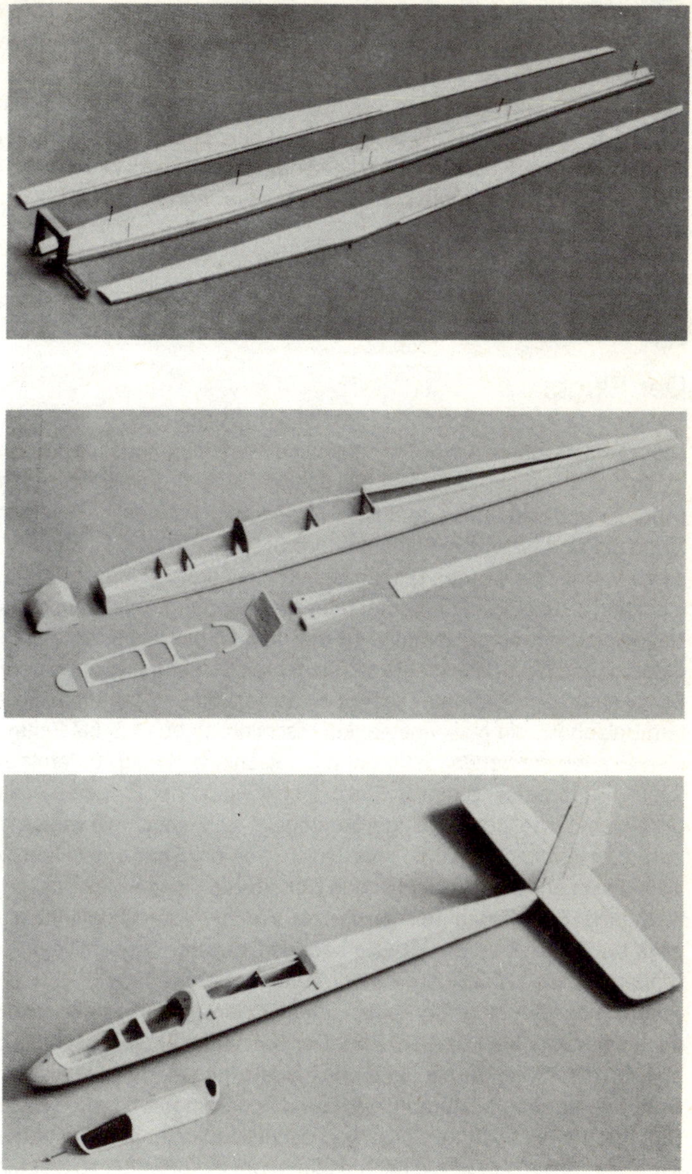

Abb. 21: Rumpf aus Balsaholz in Kastenbauweise

Rumpfkonstruktionen aus glasfaserverstärktem Kunststoff (GfK) im Vordergrund. GfK-Rümpfe werden unter Verwendung von ungesättigten Polyester-Harzen oder Epoxid-Harzen in Negativformen hergestellt. Sie sind in vielen Formen und Größen im Handel erhältlich, so daß sich Eigenbau kaum noch lohnt. Der Vorteil der GfK-Rümpfe liegt in der Möglichkeit, elegante Formen herzustellen, die auch aerodynamisch besonders hochwertig sind. Nachteilig ist das höhere Gewicht und auch der höhere Preis. Ähnliches ist über Rümpfe die im Spritzgußverfahren aus ABS-Kunststoff hergestellt sind, zu sagen (Abb. 22).

Der Flügel

Die gebräuchlichste Art, bei ferngelenkten Segelflugmodellen den Flügel herzustellen, ist die Holm-Rippen-Bauweise, bei der der Flügel aus Balsaholzrippen aufgebaut wird (Abb. 23 a, b und c). An der Flügelvorderkante die Nasenleiste, an der Flügelhinterkante die Endleiste; zur Aufnahme der Biegekräfte zwei Holmgurte, die durch Holmstege verbunden werden und im Bereich des ersten Drittels der Flügeltiefe eine Beplankung an der Ober- und Unterseite, die sogenannte Nasenbeplankung. Meist ist die Nasenleiste aus einer 10 mm × 10 mm oder 10 mm × 15 mm starken Balsaholzleiste gefertigt und die Endleiste etwa 20 mm breit und entsprechend dem Flügelprofil dick. Sie ist natürlich keilförmig. Die Rippen bestehen aus 2 bis 3 mm dickem und mittelhartem Balsaholz, die Nasenbeplankung schließlich aus 1,5 bis 2 mm dickem Holz. Für die Flügelholme verwendet man in Deutschland häufig Kiefernleisten in der Stärke 3 mm × 8 mm oder 5 mm × 5 mm. Der Abstand der Rippen voneinander beträgt 40 bis 50 mm. Tragflügel für Segelflugmodelle sind teilbar, sie werden daher in der Mitte zusammengesteckt. Dies ist erforderlich, weil ihre Spannweite meist größer als 1,60 m ist, sie also andernfalls nicht in den Kofferraum eines Autos passen. Als Flügelprofile werden für Sportflugmodelle solche mit einer geraden Unterseite und einer Dicke von etwa 10 bis 12 % bevorzugt. Das bedeutet, daß ein Flügel mit einer Tiefe von 220 mm Rippen hat, die $220 \times 0{,}10 = 22$ beziehungsweise $220 \times 0{,}12 = 26{,}4$ mm hoch sind. Thermiksegelflugmodelle, die langsam fliegen, haben Profile, die an der Unterseite nach innen (konkav) gewölbt sind. Der Bau eines Flügels mit einem solchen Profil ist ein wenig schwieriger als der eines Flügels mit einem Profil, das eine gerade Unterseite hat, da man letzteren direkt auf dem Hellingbrett bauen kann.
Das gleiche gilt auch für Flügel von schnellen Hangsegelflugmodellen. Hier sind die Profilunterseiten ein wenig nach außen (konvex) gewölbt, so daß eine besondere Negativ-Helling von Vorteil ist.

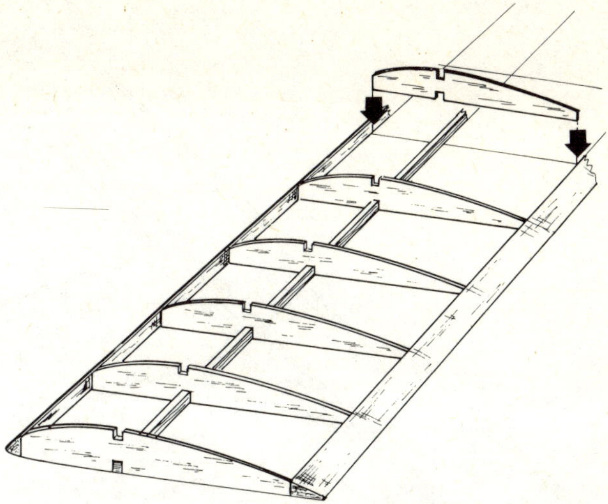

Abb. 23a: Die Holmrippenbauweise, bestehend aus der Nasenleiste, dem Hauptholm, der wiederum aus den beiden Holmgurten und -stegen aufgebaut ist, der keilförmigen Endleiste, den Rippen und oft auch der Nasenbeplankung, hat sich beim Flugmodellbau bestens bewährt

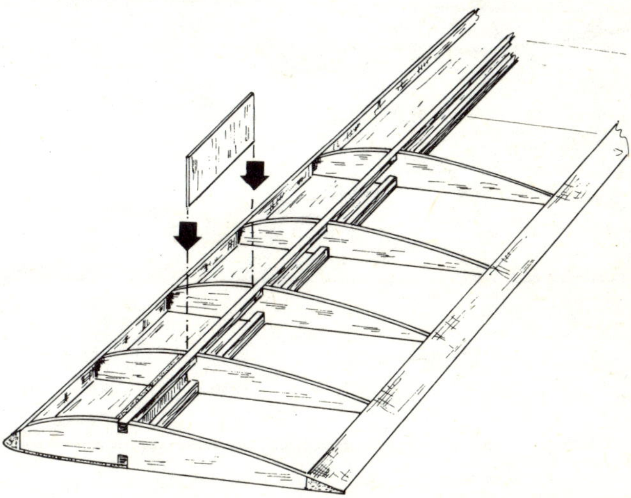

Abb. 23b: Um ein Einknicken der Holmgurte zu verhindern, werden beide Leisten durch Stege aus 1-mm-Sperrholz oder 2-mm-Balsaholz verbunden. Nach Aufkleben der Nasenbeplankung entsteht dann eine sehr drehsteife (torsionssteife) Flügelkonstruktion

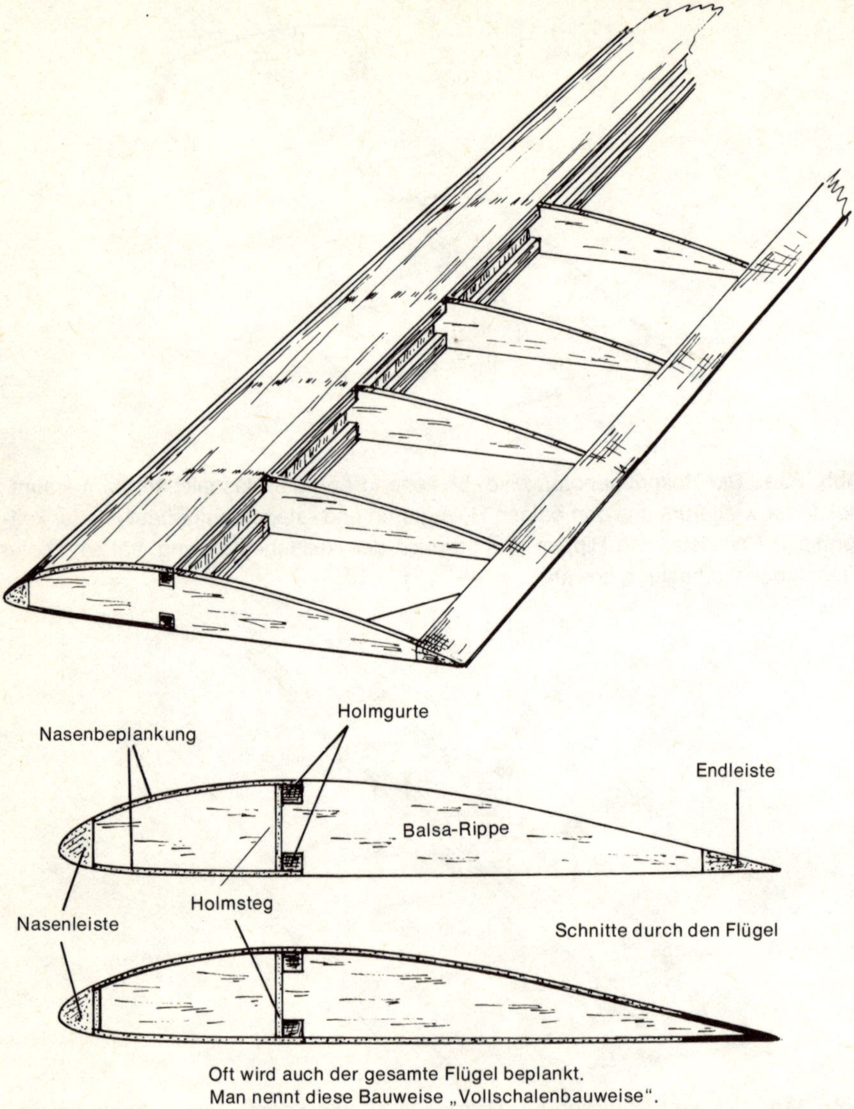

Abb. 23c: Fertig aufgebauter Flügel mit Nasenbeplankung in der Holmrippenbauweise

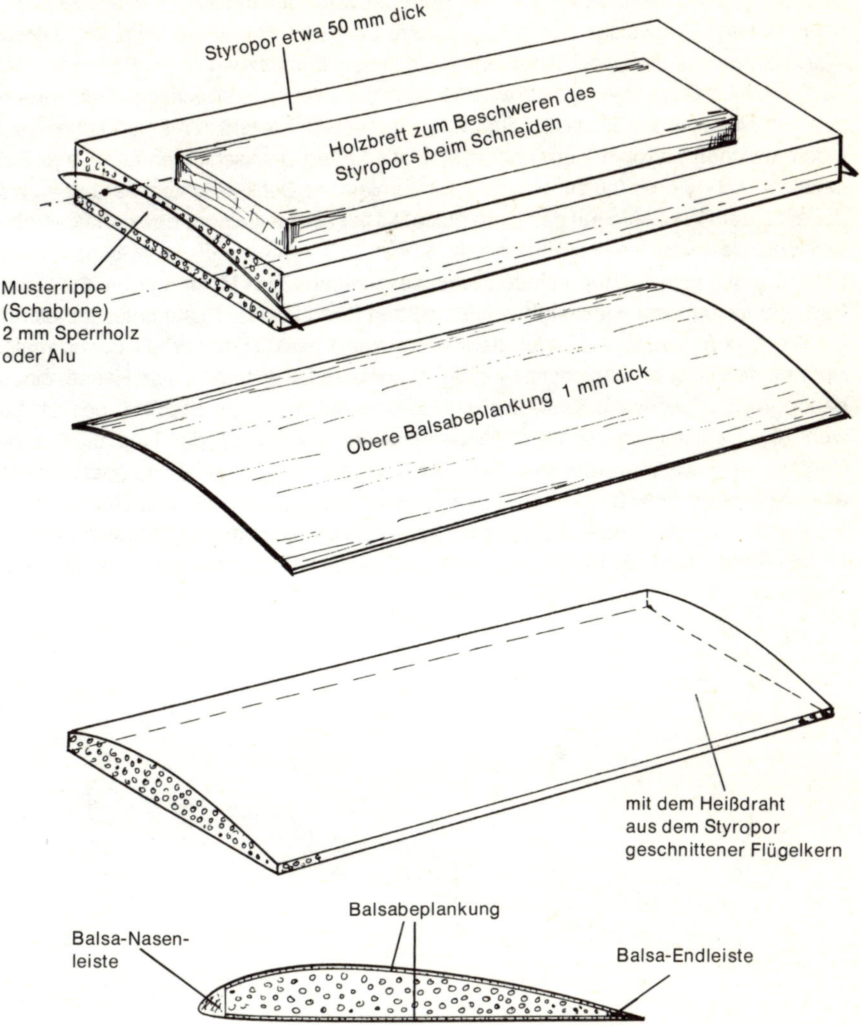

Abb. 24: So wird ein Sandwichflügel hergestellt

Den äußeren Abschluß eines Flügels bildet der sogenannte Randbogen, der oftmals aber gar kein Bogen ist, sondern aus einer eckigen Randrippe besteht.
Auch beim Bau des Flügels haben Kunststoffe in den letzten Jahren mehr und mehr an Bedeutung gewonnen, da sie oft vorteilhafte Bauverfahren möglich machen. Eine dieser Kunststoff-Bauweisen ist die sogenannte Sandwich-Bauweise (Abb. 24). Dieses Wort stammt aus dem Englischen und heißt in der Übersetzung etwa »Brötchen«. Bei der Sandwich-Bauweise wird ein weicher Kern mit zwei harten Deckschichten verbunden. Ein Flügel, in der Sandwich-Bauweise hergestellt, besteht dementsprechend aus einem weichen Styropor-Kern und zwei relativ harten Deckschichten aus 1 mm-Balsaholzbrettchen oder 0,8 bis 1 mm Abachifurnier. Die Deckschichten werden entweder mit einem Weißleim auf den Kern geklebt oder aber mit einem Epoxidharz-Kleber verklebt. Der Kern selbst wird mittels eines Heißdrahtes mit der »Styroporsäge« (Abb. 25) aus einer Styroporplatte herausgeschnitten. Zwei Musterrippen aus Sperrholz, Aluminium oder Kunststoff, an den beiden Enden dieser Platte befestigt, dienen als Schablonen und sorgen dafür, daß der Kern eine exakte Form erhält. Bei normalen Sportmodellen ist es oft nicht notwendig, besondere Längsträger, also Holme, einzubauen, da die Sandwich-Bauweise eine außerordentlich hohe Stabilität besitzt. Sowohl die Tragflügel in der Holm-Rippen-Bauweise wie auch die Tragflügel in der Sandwich-Bauweise werden zum Schluß mit Japanpapier, Japanseide oder auch mit einer Kunststoff-Folie bespannt. Verwendet man Japanpapier oder Japanseide, so ist es unerläßlich, daß die Bespannung mit einem Spannlack dreimal angestrichen wird. In dem Kapitel über die Bespannung wird auf die Bespanntechniken noch näher eingegangen.

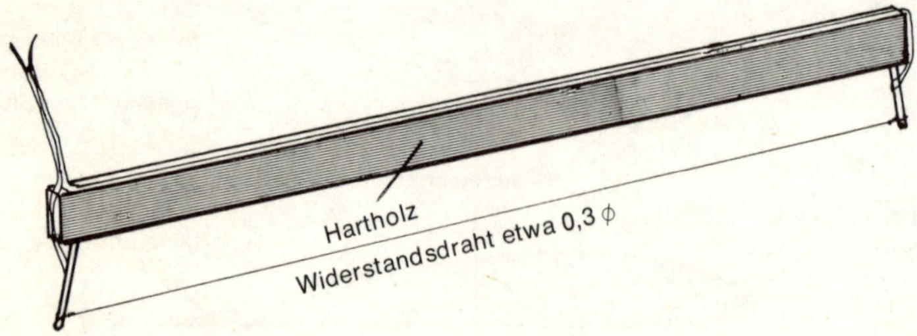

Abb. 25: Styroporsäge

Die Flügelbefestigung

Eine sichere Methode, die Flügel lösbar, aber dennoch fest mit dem Rumpf zu verbinden, ist die Gummibefestigung. Eine solche Tragflügelbefestigung ist seit Jahrzehnten bekannt und hat sich vielfach bewährt. Sie ist einfach in der Herstellung, leicht im Gewicht und ermöglicht es, den Flügel in kürzester Zeit auf den Rumpf zu schnallen. Unterhalb der Nasenleiste und unterhalb der Endleiste werden quer durch den Rumpf zwei Buchendübel von etwa 4 bis 5 mm Stärke gesteckt, verleimt und so abgeschnitten, daß sie auf jeder Seite etwa 5 bis 10 mm herausschauen. Nachdem man den Flügel auf den Rumpf gelegt hat, schnallt man kreuzweise von der linken Vorderkante bis zur rechten Hinterkante des Flügelmittelstückes und von der rechten Vorderkante bis zur linken Hinterkante des Flügelmittelstückes starke Gummibänder (Abb. 26). In aerodynamischer Hinsicht ist diese Flügelbefestigung jedoch nicht ganz befriedigend. Es entsteht ein zusätzlicher Widerstand, der zwar bei einfachen Segelflugmodellen nicht von so großer Bedeutung ist wie er es bei Hochleistungssegelflugmodellen sein würde, der aber dennoch nicht weggeleugnet werden kann. Auch sieht diese Befesti-

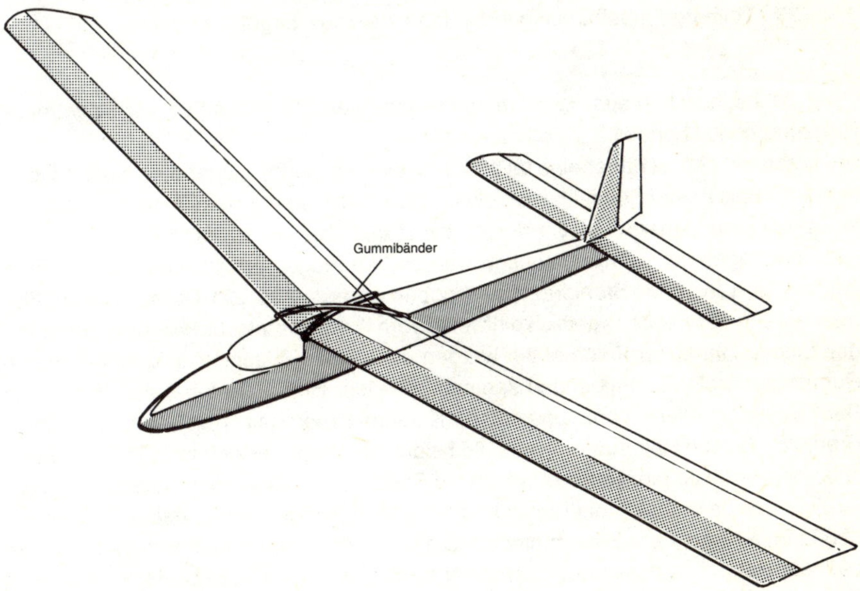

Abb. 26: Die Befestigung des Tragflügels mit dem Rumpf durch zwei Gummibänder ist bei einfachen Segelflugmodellen sehr beliebt

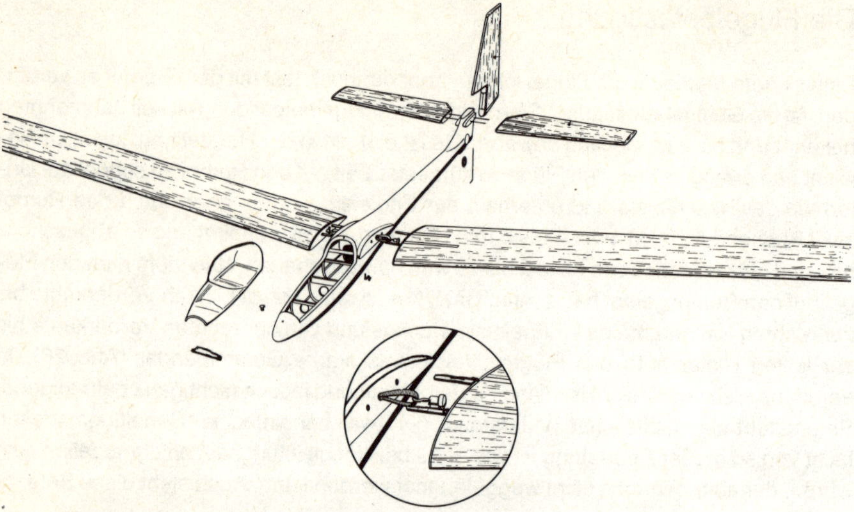

Abb. 27: Teilbare Flügelbefestigung eines modernen Segelflugmodells

gung nicht sehr schön aus, vor allem dann nicht, wenn es sich um ein vorbildgetreues Flugzeugmodell handelt.

Am verbreitetsten ist daher eine teilbare Flügelbefestigung, bei der die beiden Flügelhälften mittels zweier Stahlstifte von etwa 4 bis 5 mm Durchmesser (je nach Größe des Modells) verbunden werden. Oft werden die Stahldrähte, die 10 bis 15 cm in jeden Flügel hineinragen, im Rumpf befestigt, während im Flügel jeweils zwei Messingrohre verklebt sind, in die die Stahldrähte geschoben werden (Abb. 27). Damit nicht der Flügel während des Fliegens seitlich ein wenig vom Rumpf abrutscht, was eine große Widerstandzunahme zur Folge hätte, werden die beiden Flügelhälften quer durch den Rumpf durch ein Gummiband zusammengehalten. Hier gibt es bei den bekannten Baukastenherstellern ganz besondere Konstruktionen mit Teilen aus Kunststoff (Abb. 28). Mit der Halterung werden die beiden Hälften eines geteilten Tragflügels sicher, bei Landestößen jedoch elastisch am Rumpf gehalten. In die Haltezapfen (1) unter Zugabe von Klebstoff die Ringschraubnadeln (2) so eindrehen, daß sie parallel zu den langen Kanten der Zapfen stehen. Die Ösen der Ringschraubnadeln (2) mit der Laubsäge zum Einhängen des Gummiringes (3) aufschneiden. Beide Haltezapfen mit Ringschraubnadeln werden mit einem dazwischengespannten, doppelt gelegten Gummiring (3) in die dafür vorgesehenen Öffnungen (Langloch 10 mm × 6 mm) im Rumpf eingehängt.

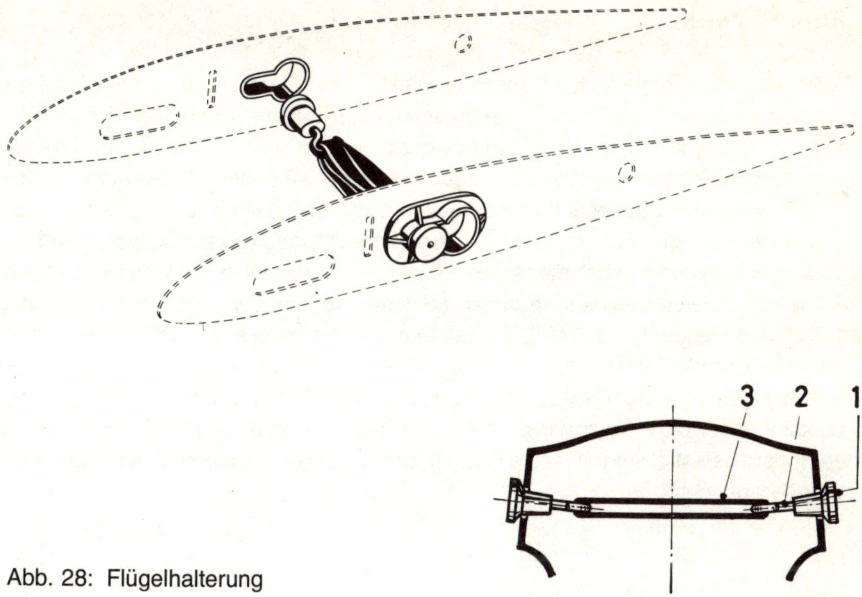

Abb. 28: Flügelhalterung

Die Wurzelrippen (mind. 1,5 mm Sperrholz) der rechten und linken Tragflügelhälfte haben zwischen den Befestigungsstiften Aussparungen für die Zapfenhalterungen. Beide Zapfenhalterungen werden von innen mit UHU-hart, RUDOL-hart oder Stabilit express an die Wurzelrippen geklebt. Zur Montage werden die beiden Tragflügelhälften auf die Befestigungsstifte des Rumpfes gesteckt, die Haltezapfen in die schlüssellochförmigen Aussparungen der Zapfenhalterungen eingehängt und dabei nach vorn geschoben. Der Zug des Gummiringes preßt die beiden Tragflügelhälften gegen den Rumpf. Zur Demontage wird eine Flügelhälfte etwas vom Rumpf abgezogen und der Haltezapfen ausgehängt. Danach kann diese Hälfte vom Rumpf entfernt werden. Mit der anderen verfährt man genauso.
Eine gleiche, zum Teil sogar eine größere Biegefestigkeit haben Federstahlbänder von etwa 1,5 mm $\times$ 10 mm, die hochkant in den Rumpf oder Flügel eingebaut werden. Passende Messingtaschen sind ebenfalls im Handel erhältlich. Bei Verwendung von Federstahlbändern zur Flügelbefestigung wird ein Federstahlband in Höhe des Hauptholmes angeordnet. Damit der Flügel sich nicht verdreht, wird ein Stahldraht von 3 bis 4 mm Durchmesser so im letzten Drittel des Flügels befestigt, daß er etwa 50 mm in den Flügel hineinragt.

Das Leitwerk

Oft sind einfache ferngelenkte Segelflugmodelle mit Leitwerken, die lediglich aus einem 3 bis 4 mm dicken Balsabrettchen bestehen, ausgestattet, die hin und wieder eine verstärkte Vorderkante haben. Will man jedoch Gewicht sparen, so wird das Leitwerk so wie der Flügel aus Holmen und Rippen aufgebaut. Aber auch Leitwerke in Sandwich-Bauweise sind bekannt und haben sich durchaus bewährt, wenngleich ihr Gewicht ein wenig höher ist als das der anderen Leitwerksbauweisen. Während die Seitenleitwerksflosse oder auch die Höhenleitwerksflosse fest mit dem Rumpf verbunden sind, werden sowohl das Seitenruder als auch das Höhenruder über kleine, im Handel erhältliche Kunststoff- oder Metallscharniere mit der Flosse beweglich verbunden (Abb. 29 a und b). Gabelköpfe an den Stoßstangen übertragen die Bewegung der Rudermaschinen (der Servos) auf das Ruder mittels Ruderhörnern; das sind kleine Kunststoffhebel, die möglichst in der Nähe der Ruderdrehachse und in Rumpfnähe auf den Rudern befestigt sind. Über die Ruderhörner wird in einem eigenen Abschnitt noch gesondert berichtet.

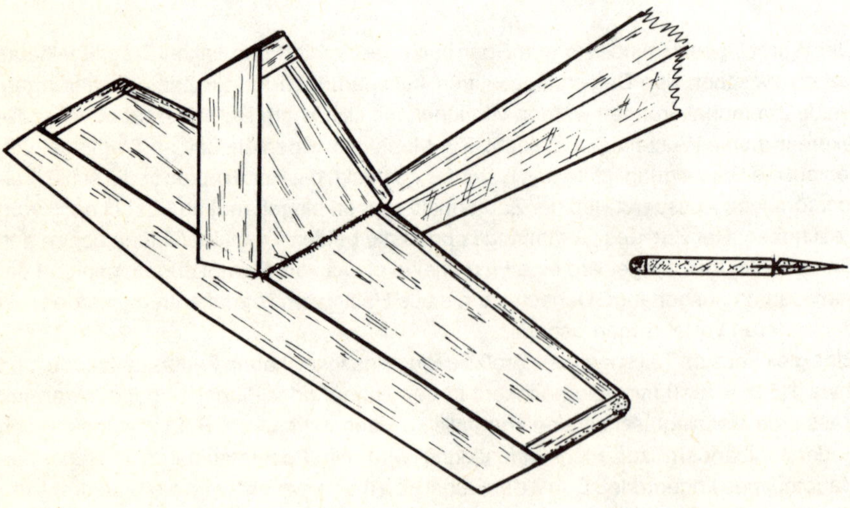

Abb. 29 a: Brettleitwerk mit verstärkter Nase aus hartem Balsaholz

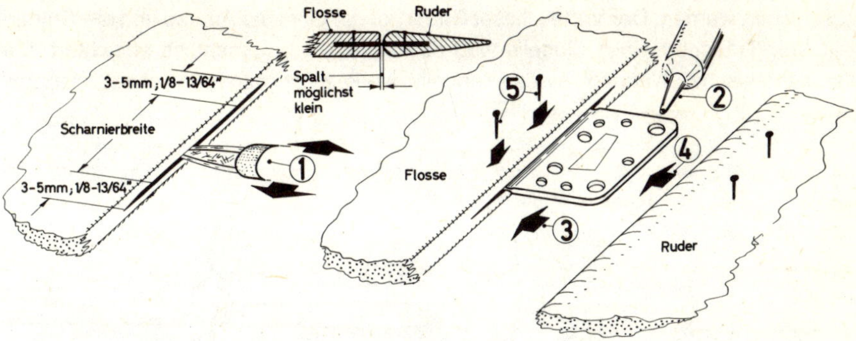

Abb. 29b: Einbau eines Ruderscharniers in ein Brett-Leitwerk

1) Ruder und Flosse mit Messer, breiter als Scharnier, einschlitzen. Alle Schlitze genau fluchtend in gleicher Höhe! Ruder in Scharnierbreite aussparen
2) Klebstoff aufbringen (UHU-plus oder Stabilit express)
3) Eine Scharnierhälfte bis zum Anschlag in Schlitz der Flosse stecken. Die andere in den ausgesparten Schlitz des Ruders. Scharnierhälften ausrichten, damit Lagerstellen in gegenüberliegende Aussparungen passen. Dazu Achse provisorisch einstecken
4) Scharnier mit Stecknadeln oder Holzdübel ∅ 2 mm, 5/64" sichern. Ruder von Flosse lösen. Beide Teile getrennt lackieren
5) Bei der endgültigen Montage die Achsen gegen Lösen sichern
6) Alternativ-Montage: Scharnierhälften mit Achse zusammenfügen. Eine Hälfte mit abgewinkeltem Achsenteil in Flosse kleben. Ruder auf andere Hälfte befestigen. Scharnier sichern

Das »Klassische« Höhenleitwerk besteht aus der Höhenleitwerksflosse, die fest mit dem Rumpf verbunden ist und dem beweglichen Ruder. Oft findet man jedoch auch bei modernen Konstruktionen ein Pendelruder. Hier ist das gesamte Höhenleitwerk drehbar am Seitenleitwerk gelagert und kann etwa 15° nach oben und 15° nach unten ausgeschlagen werden. Der Vorteil dieser Bauart ist der einfache Aufbau und die Teilbarkeit. Der Transport eines Modells wird dadurch nicht unwesentlich erleichtert. Die aerodynamische Wirkung eines Pendelleitwerkes ist dagegen etwas geringer (Abb. 29 c).

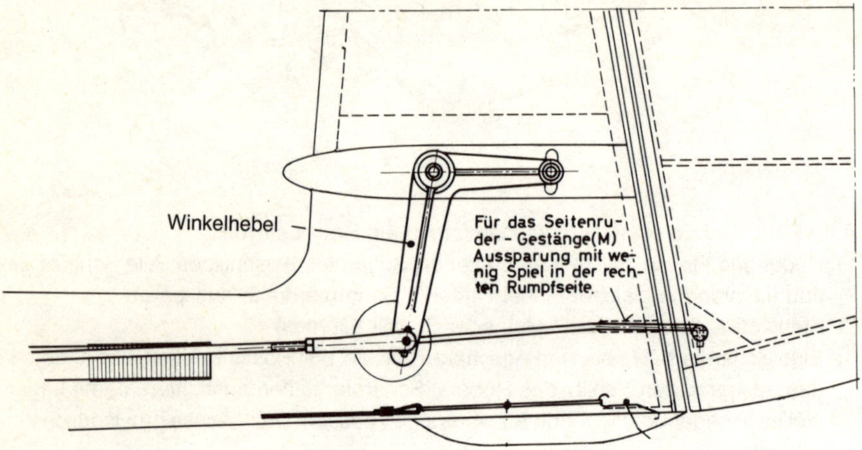

Abb. 29c: Pendelruder

Die Bespannung

Mit der Bespannung des Flügels und der Leitwerke beendet man den Rohbau des Modelles. Zunächst allerdings muß man sich entscheiden, welchen Bespannstoff man wählt. Entschließt man sich dazu, das Modell mit Japanpapier zu bespannen oder auch mit Japanseide, dann ist es notwendig, daß man alle Holzteile, die später mit dieser Bespannung in Berührung kommen, ein- bis zweimal mit einem Porenfüller oder mit einem Nitro-Schnellgrund einstreicht. Nach dem Trocknen dieses Nitro-Lackes werden die Balsa-Teile noch einmal fein mit einem Wasserschleifpapier oder mit einem sehr feinen Sandpapier übergeschliffen. Es dürfen keinerlei Ecken oder Fasern mehr vorstehen. Dann rührt man den Kleister an. Man nimmt einen Tapetenkleister, der mit Wasser angerührt werden muß und streicht die Holzteile damit ein. Man beginnt mit der

Flügelunterseite und wenn diese fertig bespannt ist, folgt die Oberseite (Abb. 30). Von großer Wichtigkeit ist es, auf den Faserverlauf des Bespannpapieres zu achten. Die Faser muß unbedingt quer zur Flugrichtung, also parallel zur Nasen- und Endleiste, verlaufen. Andernfalls wird man möglicherweise Schwierigkeiten haben, die Bespannung glatt zu bekommen. Der Faserverlauf des Papieres ist durch Einreißen zu erkennen. Man kann aber auch davon ausgehen, daß die Faser entlang der längeren Seite des rechteckigen Papierbogens verläuft.

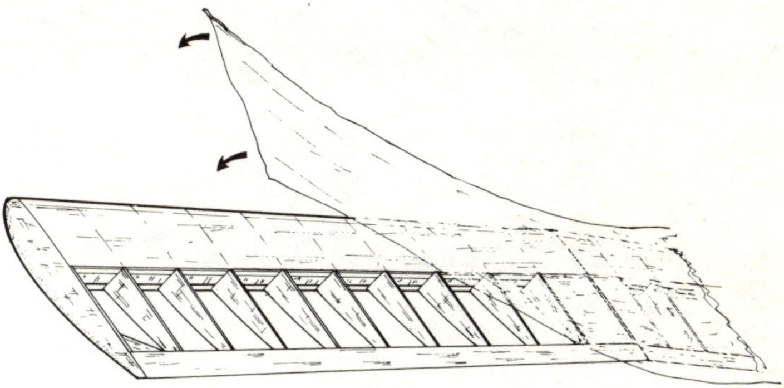

Abb. 30: Das Bespannpapier wird zunächst auf die Flügelunterseite geklebt. Die Faserrichtung des Papiers muß quer zur Flugrichtung, also parallel zur Nasenleiste verlaufen

Überstehende Papierstreifen werden nicht abgeschnitten (etwa mit einer Rasierklinge), sondern mit einem Schleifklotz leicht angeschliffen (Abb. 31). Man kann diese Streifen dann einfach abziehen. Die Schleifkante ist faserig und verklebt sehr gut mit dem Untergrund. Die Bespannung des Höhenleitwerkes und des Seitenleitwerkes erfolgt in gleicher Weise wie die des Flügels.

Ist der Leim getrocknet, so wird der Flügel und auch das Leitwerk »gewässert«. Unter »Wässern« versteht man dabei ein Besprühen des Papieres mit einem Wäschesprüher oder auch ein Betupfen mit einem nicht zu nassen Schwamm. Dieses Wässern soll bewirken, daß nach dem Verdunsten des Wassers das Papier völlig stramm auf dem Flügel beziehungsweise auf dem Leitwerk liegt; danach wird der Flügel etwa dreimal mit Spannlack eingestrichen. Der Spannlack bildet zusammen mit dem Bespannpa-

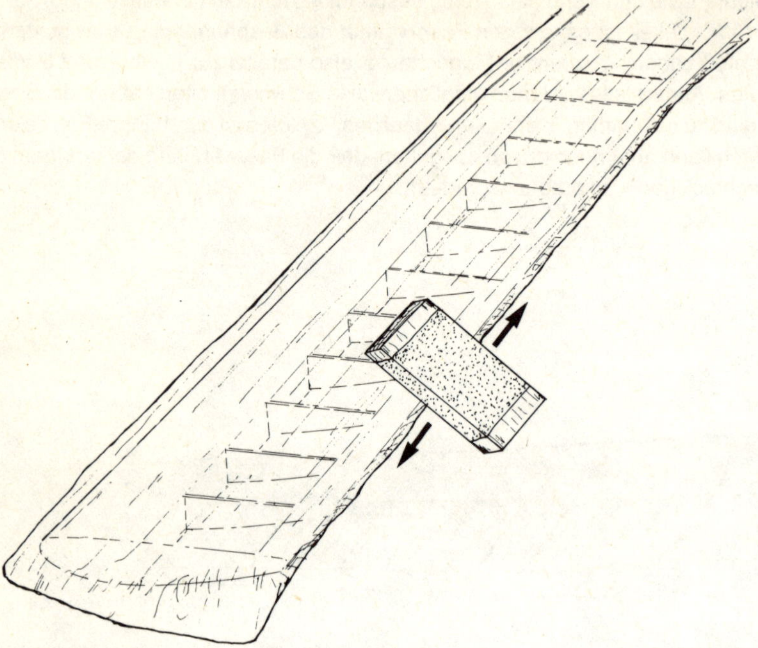

Abb. 31: Mit Glutofix oder einem ähnlichen Tapetenkleister wird das Bespannpapier auf das Balsaholzgerippe geklebt. Die überstehenden Papierstreifen werden mit einem Schleifklotz angeschliffen und abgezogen

pier eine zähelastische luft- und wasserfeste Schicht. Die Bespannung wird erst durch den Spannlack so fest, wie es notwendig ist. Spannlack trocknet schnell, dennoch sollten mindestens 4 bis 6 Stunden Zwischenraum zwischen den einzelnen Spannlackanstrichen liegen, um bei normaler Zimmertemperatur eine gute Durchtrocknung des Lackes zu gewährleisten. Es ist auch zweckmäßig, den Flügel nach dem Spannlackanstrich wieder mit Stecknadeln auf der Helling zu befestigen, um ein nachträgliches Verziehen sicher zu vermeiden. Nach dem Anstrich der Flügelunterseite ergeben sich hier natürlich einige Schwierigkeiten. Wir legen deshalb zwischen Flügelunterseite und Hellingbrett 2 bis 3 keilförmige, also dreieckige Kiefernleisten, die verhindern, daß der

Flügel an der Helling festklebt und gewährleisten, daß das Lösungsmittel des Spannlacks einwandfrei verdunsten kann. Ein Festkleben dieser Dreiecksleisten an der Bespannung kann man vermeiden, wenn man die spitze, nach oben zur Bespannung zeigende Kante mit einem Tesafilm überklebt. Nach dem letzten Spannlackanstrich ist es möglich, allerdings nicht unbedingt erforderlich, die Bespannung zu lackieren.
Hat man sich für eine Bespannung mit Japanseide entschieden, so muß man wie folgt verfahren: Auf den mit Porenfüller eingestrichenen Flügel legt man ein passend zugeschnittenes Stück Japanseide und heftet es zunächst an den vier Ecken mit Stecknadeln fest. Dann besprüht man die Japanseide leicht mit Wasser. Sie haftet nun am Flügel und muß so straff gespannt werden, daß weder Blasen noch Falten vorhanden sind. In dieser Lage wird die Seide mit Stecknadeln festgehalten. Nun bestreicht man die Teile der Seide, die auf dem Balsaholz liegen, mit Spannlack. Der Spannlack dringt durch die Seide hindurch, löst den Untergrund – Porenfüller – an und verbindet sich mit diesem, so daß die Seide festgeklebt wird. Ist der Spannlack getrocknet, muß man den gesamten Flügel mit Spannlack bestreichen. Zunächst wird dabei die Japanseide ein wenig milchig-weiß aussehen, denn Wasser und Spannlack vertragen sich schlecht. Nach drei bis fünf Spannlackanstrichen – soviel sind bei Japanseide notwendig – verschwindet diese milchig-weiße Schicht und man erhält eine elastische und sehr feste, aber dennoch äußerst leichte Bespannung.
Es empfiehlt sich auch den Rumpf, der aus Balsaholz hergestellt wurde, mit Japanseide oder mindestens mit Papier zu bespannen, da das Balsaholz dazu neigt, bei harten Landestößen zu reißen.
Die Bespannung des Flügels mit einer Kunststoff-Folie setzt einige Kenntnisse voraus. Die Folie selbst ist glasklar, sie ist mit einem Heißsiegelkleber beschichtet, der auch den Farbstoff enthält. Der Heißsiegelkleber ist trocken und aktiviert erst durch die Hitzeeinwirkung des Bügeleisens. Die optimale Siegelungstemperatur liegt bei circa 120° bis 140°C. Die Vorteile: Die Folie kann nicht unbeabsichtigt miteinander verkleben. Holz- und Schmutzteilchen, die das spätere Aussehen der hochglänzenden Oberfläche stören würden, bleiben an der trockenen Klebeschicht nicht haften.
Die mit 25µ (0,025 mm) sehr dünne und elastische Ausführung der Folie ermöglicht es, auch Rundungen sauber zu bespannen.
Die Folie behält die vorteilhaften klebetechnischen und mechanischen Eigenschaften in einem breiteren Temperaturbereich von circa – 20° bis + 50°C. Der Heißsiegelkleber ist relativ feuchtigkeitsunempfindlich und zeigt nach der Wärmebehandlung keine Fließeigenschaften mehr. Dadurch kann sich die aufgebrachte Folie nachträglich nicht mehr verschieben. Die erzielte Folienspannung bleibt erhalten.
Die Bespannfolien sollen kühl und trocken gelagert werden. Handelt es sich um Bogenware, sollte sie flach liegend aufbewahrt werden. Es ist darauf zu achten, daß die mit Klebstoff beschichtete Seite durch die Abdeckfolie geschützt ist. Eine leichte Fal-

tenbildung der Folie, bedingt durch Lufteinschlüsse zwischen Folie und Schutzabdeckung, ist bedeutungslos.
Die Abdeckfolie ist durch ein aufgeklebtes Etikett als solche gekennzeichnet. Sie ist daher auch bei der farblos transparenten Folie eindeutig zu erkennen. Die mit Klebstoff beschichtete Seite der Bespannfolie ist an dem etwas matteren Aussehen erkenntlich.
Zum Aufbügeln und zum Spannen der Folie kann nur ein elektrisches Bügeleisen mit einem guten Temperaturbereichsregler verwendet werden. Die optimale Siegelungstemperatur von 120° bis 140°C muß unbedingt eingehalten werden. Da die einzelnen Bügeleisen verschieden ausgelegt sind, muß anhand von Proben die richtige Reglereinstellung selbst gefunden werden. Bei zu hoher Temperatur, die sich meistens durch Blasenbildung der Folie bemerkbar macht, kann der Kleber verbrennen und sich von der Folie lösen; es kann auch die Folie schmelzen und am Bügeleisen kleben bleiben. Bei zu niedriger Temperatur haftet dagegen die Folie nur ungenügend auf dem Untergrund und neigt mit der Zeit zu Faltenbildung.
Die Haftfähigkeit der Folie ist nicht mit einer Papierbespannung zu vergleichen. Sie ist wesentlich geringer und wird durch die mikroskopisch kleinen Balsastaubteilchen, die auf dem geschliffenen Balsabrettchen haften, noch beeinträchtigt. Es kann daher vorteilhaft sein, kleine Balsaflächen, die besonders fest mit der Folie verbunden sein müssen, wie z. B. Nasen- und Endleiste, Rippen usw. mit verdünntem Weißleim dünn einzustreichen. Wenn dieser Leim, der heißsiegelfähig ist, getrocknet ist, kann der Heißsiegelkleber der Folie sich optimal mit dem Balsaholz verbinden.
Bei genügender Erhitzung kann sich auch die Folie etwas verfärben; sobald sie jedoch abkühlt, gewinnt sie die ursprüngliche Farbe zurück. Bleibt die Verfärbung aber bestehen, so muß die Bügeltemperatur etwas niedriger gewählt werden.
Beim Aufbringen und Bespannen der Folie sollte kein allzu großer Druck mit dem heißen Bügeleisen auf Rippen, Holme, Beplankung und so weiter ausgeübt werden, da die Gefahr besteht, daß der in heißem Zustand weich werdende Kleber weggeschoben wird und dadurch die Folie an Deckkraft verliert. Es empfiehlt sich auch, nach dem Festbügeln der Ränder für das darauffolgende Aufspannen zwischen Bügeleisen und Folie einen Bogen Seidenpapier zu legen, um Kratzer auf der Folie zu vermeiden. Falls die Folie bei hohen Temperaturen Luftpolster bildet, sticht man mit einer Stecknadel hinein, damit die Luft entweichen kann.
Bauteile, die nicht genügend Haftfläche für den Klebstoff der Folie bieten, zum Beispiel nicht beplankte Flügel und Leitwerke, bespannt man zunächst mit einem leichten Bespannpapier (12 g/m²), das nur an den Außenkanten festgeklebt und nur durch Wässerung gestrafft werden darf. Auf dieser Auflagefläche klebt die Folie auch unter extremen Bedingungen sicher.
Sollte die Spannkraft der Folie nach längerer Zeit nachlassen, so ist dies in erster Linie darauf zurückzuführen, daß die Folie zu wenig Haftfläche hat oder die Bügeltemperatur

für das Aufbügeln zu niedrig war. Durch Überbügeln mit dem heißen Eisen läßt sich die Spannkraft wiederherstellen. Auch Fingereindrücke und ähnliches lassen sich durch mehrfaches Überbügeln vollständig beseitigen.
Klebstoffreste auf Folie und Bügeleisen lassen sich mit einer Nitroverdünnung entfernen. Vorher aber bitte das Bügeleisen abkühlen lassen!
Wird die Folie beschädigt, kann sie auf dem Flugfeld provisorisch mit Selbstklebefilm sofort ausgebessert werden. Zu Hause allerdings entfernt man dann den Klebefilm und bügelt ein passendes Stück Folie auf.
Nach diesen Vorbemerkungen und Tips kann mit dem Bespannen begonnen werden. Das zu bespannende Teil, entweder der Flügel oder das Leitwerk, muß weitgehend drehsteif gebaut sein.
Eine Grundierung des Balsaholzes, wie von der Papierbespannung her bekannt, kann Vorteile haben, da damit der haftmindernde Balsastaub mit dem Holz verbunden wird. Es können beim Aufbügeln aus der »verdampfenden« Grundierung aber auch unschöne Blasen entstehen. Daher muß die Oberfläche sauber verschliffen und sehr sorgfältig vom Schleifstaub befreit werden. Je glatter der Untergrund, um so schöner wird die Oberfläche der Bespannung. Zum Schleifen verwendet man zweckmäßig Schleifpapier mit der Körnung 400.
Bei der Tragfläche und dem Höhenleitwerk bespannt man wie gewohnt zuerst die Unterseite. Die Folie wird entsprechend dem zu bespannenden Teil mit etwas Übermaß zugeschnitten und von der Schutzunterlage abgezogen. Dann legt man sie mit der Klebeschicht – das ist die matte Seite – auf das Bauteil und richtet sie sorgfältig aus. Danach wird sie ringsum mit dem heißen Bügeleisen festgebügelt (Abb. 32). Eine empfehlenswerte Reihenfolge der einzelnen Arbeitsgänge und der jeweiligen Bügelrichtung kann der Abb. 33 entnommen werden.
Die überstehende Folie der bespannten Tragflächenunterseite wird bis auf einen circa 5 mm breiten Rand abgeschnitten. Hierzu legt man an das Bauteil eine Leiste entsprechender Breite und schneidet mit einer Rasierklinge entlang dieser Leiste die Folie ab. Der an der Tragfläche belassene Folienrand wird sodann auf die Tragflächenoberseite umgeschlagen und festgebügelt. In entsprechender Weise bespannt man danach die Flügeloberseite.
Um die Bespannung zu straffen, gleiten wir mit dem heißen Bügeleisen entlang einer Fläche von etwa 25 cm, auf der Folienoberseite ganz leicht vor und zurück und wechseln danach auf die angrenzende Fläche über. Die bearbeitete Folie kühlt ab und strafft sich. Man wiederholt diesen Bearbeitungsgang solange, bis die Bespannung einwandfrei glatt ist (Abb. 34 und 35). Bei den Randbögen ziehen wir die zuvor mit der Hitze des Bügeleisens flexibel gemachte Folie um das Bauteil herum und verharren kurze Zeit in dieser Stellung, bis der Klebstoff durch Abkühlung abgebunden hat. Eventuelle Falten werden schrittweise mit der heißen Bügeleisenspitze herausgearbeitet. Wird eine

mehrfarbige Gestaltung gewünscht, so muß das andersfarbige Folienteil zunächst etwa 20 mm überlappend auf der bereits aufgebrachten Folie aufgebügelt werden. Rümpfe mit Rundungen können ebenfalls mit Folie bespannt werden, wenngleich das nicht in jedem Fall empfehlenswert ist. Man verfährt folgendermaßen:
Die mit Übermaß zugeschnittene Folie wird auf das zu bespannende Teil gebracht und mit dem Bügeleisen festgeklebt. Bei stark gewölbten Rumpfteilen, zum Beispiel bei der Rumpfnase, geht man in der gleichen Weise vor, wie beim Randbogen der Tragfläche beschrieben. Übergänge zwischen Höhen- und Seitenleitwerk überklebt man mit einem passend zugeschnittenen Folienstreifen, den man mit der heißen Bügeleisenspitze festbügelt. Die Rundungen selbst können nicht in einem Stück, sondern müssen mit mehreren Teilen bespannt werden.
Neuerlich gibt es Bespannfolien, die bei Wärmeeinfluß schrumpfen. Mit diesen Folien ist es möglich, Flügel mit Hilfe eines Heißluftgebläses zu bespannen. Auch geschäumte und aus Styropor geschnittene Tragflächen können mit einer solchen Folie vorzüglich überzogen werden.
Zunächst schneidet man die Folie entsprechend dem zu bespannenden Modellteil zu. Nach dem Zuschneiden löst man die Schutzfolie ab und legt das Stück mit der Klebeschicht nach unten auf das zu bespannende Teil des Flugmodells. An allen vier Seiten wird – nachdem das Material möglichst faltenfrei gezogen wurde – vorsichtig mit einem Bügeleisen die Folie angeheftet. Danach ist das Schrumpfen der Bespannfolie der nächste Arbeitsgang. Hierzu ist ein Heißluftfön das beste Werkzeug. Normalerweise erzeugt ein Haarfön nicht die notwendige Temperatur zum Schrumpfen. Mit dem speziellen Heißluftgebläse, das von verschiedenen Modellbaufirmen angeboten wird, erreicht man einen großen Vorteil gegenüber dem Aufbügeln der Folie: Ein Finish ohne jede Kratzer und Druckstellen, das kaum zu übertreffen ist. Sollte einmal eine Falte sichtbar sein, so muß man an der betreffenden Stelle nochmals aufheizen, bis sich das Material richtig strafft. Mit einer Schrumpffolie kann man stabile Tragflächen, wie sie für Motormodelle üblich sind, bespannen, nicht jedoch Tragflügel, die sehr leicht aufgebaut sind, deren Torsions- und Biegesteifigkeit erst durch die Bespannung das notwendige Maß erreicht. Die Struktur des Flügels muß also fest sein. Auch ist es unmöglich, mit einer Schrumpffolie Flügel zu bespannen, deren Flügelunterseite konkav (nach innen gewölbt) ist. Schrumpffolien gibt es als Rollenware, die normalerweise 70 cm breit ist, sowie in verschiedenen Farben: Schwarz, Weiß, Gelb, Grün, Rot, Orange, Hellblau, Dunkelblau, Gold, Transparentblau, Transparentrot, Transparentgelb, Transparentorange, Transparentviolett.

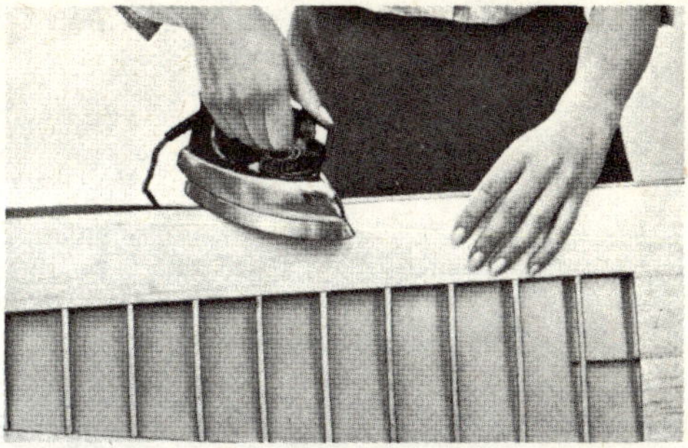

Abb. 32: Die Kunststoff-Folie wird ringsum mit dem heißen Bügeleisen festgebügelt

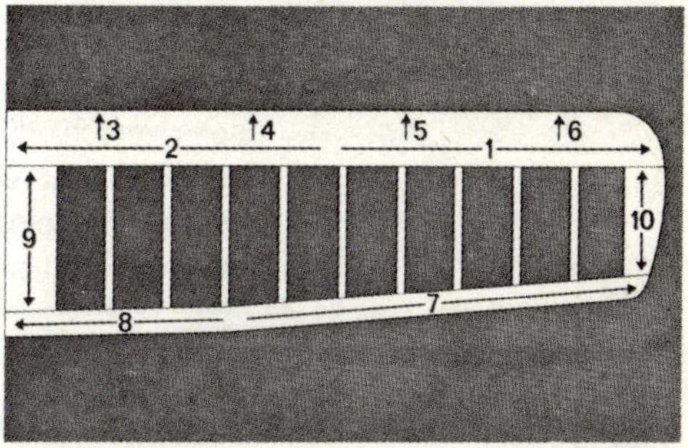

Abb. 33: Empfehlenswerte Reihenfolge und Bügelrichtung

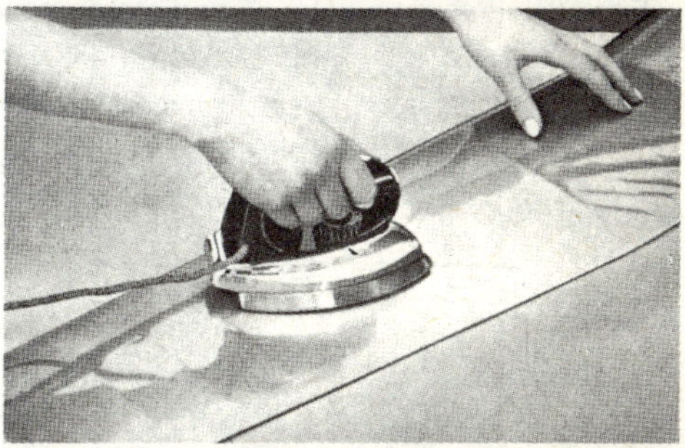

Abb. 34: Die bearbeitete Folie kühlt ab und strafft sich

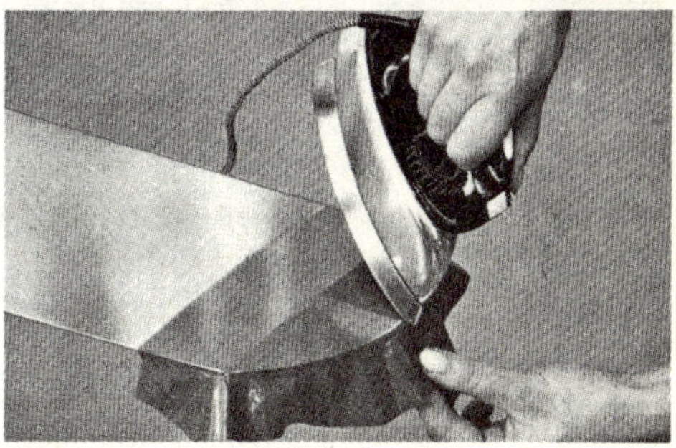

Abb. 35: Bei den Randbögen wird die durch Hitze flexibel gemachte Folie um das Bauteil herumgezogen

Die Lackierung

Werkstoff	Arbeitstechnik
Japanpapier Japanseide und Perlon	Bespannung durch wässern vorspannen, 3- bis 5maliger Spannlackanstrich farblos danach farbiger Lackanstrich möglich
Holz	Vorbehandlung durch hobeln, schleifen mit Schleifpapier verschiedener Körnung Grundieren mit Nitro-Einlaßgrund, Porenfüller, eventuell mit feinem Schleifpapier nachschleifen Lackieren mit Universallack oder Alkydharz-Lack
Glasfaserverstärktes Epoxid- oder Polyesterharz	Oberflächen mit Azeton entfetten (Formtrennmittel), mit feinem Schleifpapier schleifen Grundieren mit einem Haftgrund Lackieren mit Kunstharzlack (Alkydharz-Lack)
Kunststoff ABS (z. B.Terluran)	Anschleifen mit feinem Wasserschleifpapier Lackieren nur mit Alkydharz-Lack
Metall	Entfetten mit Azeton und eventuell anschleifen der Oberflächen Grundieren mit einem Haftgrund Lackieren mit Universallack oder einem Alkydharz-Lack

Anmerkung: Grundsätzlich jeden durchgetrockneten Anstrich sorgfältig schleifen, wenn ein zweiter oder dritter Anstrich vorgesehen ist. Auf einem Kunstharz-Lack darf Universallack oder Spannlack nicht aufgetragen werden, da der Lack zerstört wird! Besondere Vorsicht ist bei Reparaturen geboten.

Zum Verdünnen der Lacke immer die dazu passende und vom Hersteller angegebene Verdünnung verwenden.

Wie fliegt ein Flugzeug?

Aerodynamik

Jahrtausende war den Menschen die Eroberung der Luft verwehrt. Erst um 1800 n. Chr. gelangen dem Engländer Sir George Caley, wenn man den Berichten Glauben schenken darf, einige Gleitflüge mit einfachen Flugmodellen; 100 Jahre später hatte man ausreichende Kenntnisse der Aerodynamik und begriff, weshalb es möglich ist, mit einem Luftfahrzeug, schwerer als Luft, zu fliegen. Das Wort »Aerodynamik« kommt aus der altgriechischen Sprache, es enthält die Begriffe Luft und Kraft. So stellt die Aerodynamik die Lehre von den Luftkräften dar. Mit diesen Kräften hat es jeder Modellflieger ständig zu tun, und immer gilt es, sie sinnvoll anzuwenden. Am Flugmodell, wie bei allen Luftfahrzeugen, laufen vielfältige flugphysikalische Vorgänge ab. Ehe etwas näher darauf eingegangen wird, zunächst etwas über die Zusammensetzung der Luft. Die Luft stellt ein Gemisch aus verschiedenen Gasen dar. Darin finden sich 21 % Sauerstoff, der für das biologische Leben und die Verbrennung von größter Bedeutung ist. Den höchsten Anteil mit 78 % weist der Stickstoff auf. Das restliche eine Prozent besteht aus Edelgasen wie Argon, Neon und Helium; dazu kommt etwas Kohlensäure. Die Luftdichte ist abhängig von der Höhe. Am Boden wiegt 1 l, das sind 1000 cm^3, etwa 1,25 g.

Wenn die Luft in Ruhe ist, kann sie keine Kräfte erzeugen. Es kommt also darauf an, sie in Bewegung zu bringen oder, was die gleiche Wirkung hervorruft, Körper durch die Luft zu bewegen. Bei der Durchführung von Versuchen ist es einfacher, eine künstliche Luftströmung gegen ein stillstehendes Versuchsteil wirken zu lassen. Auf diese Weise arbeiten die aerodynamischen Versuchsanstalten, in denen für die Neukonstruktion von Flugzeugen (auch von Land- und Wasserfahrzeugen) Messungen durchgeführt werden. Auch Leistungsmodellbauer verfügen manchmal über kleine (meist selbstgebaute) Windkanäle. Etwas ähnliches gibt es an manchen Schulen unter der Bezeichnung Rauchkanal. Damit kann man hinter einem kleinen durchsichtigen Fenster beobachten, wie sich die durch Rauch sichtbar gemachte Luft bei der Umströmung bestimmter Körper verhält (Abb. 36 und 37).

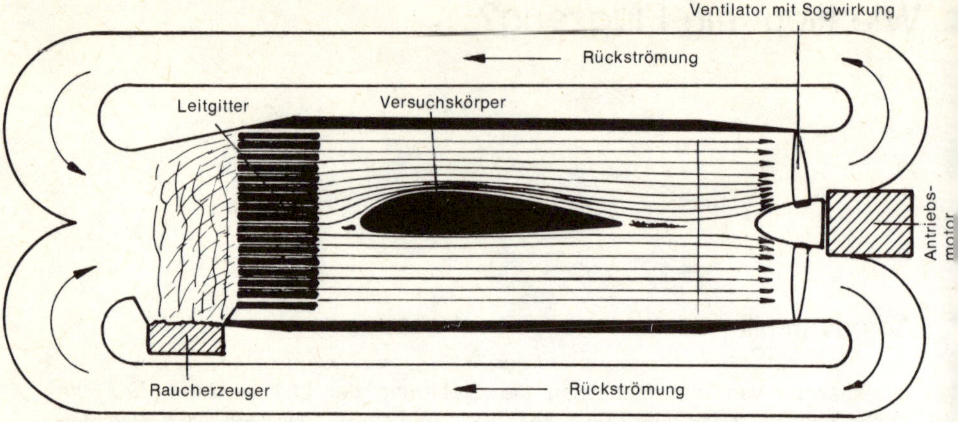

Abb. 36: Prinzip eines Rauchkanals, in dem die Strömungsvorgänge an Profilen durch weißen Rauch sichtbar gemacht werden

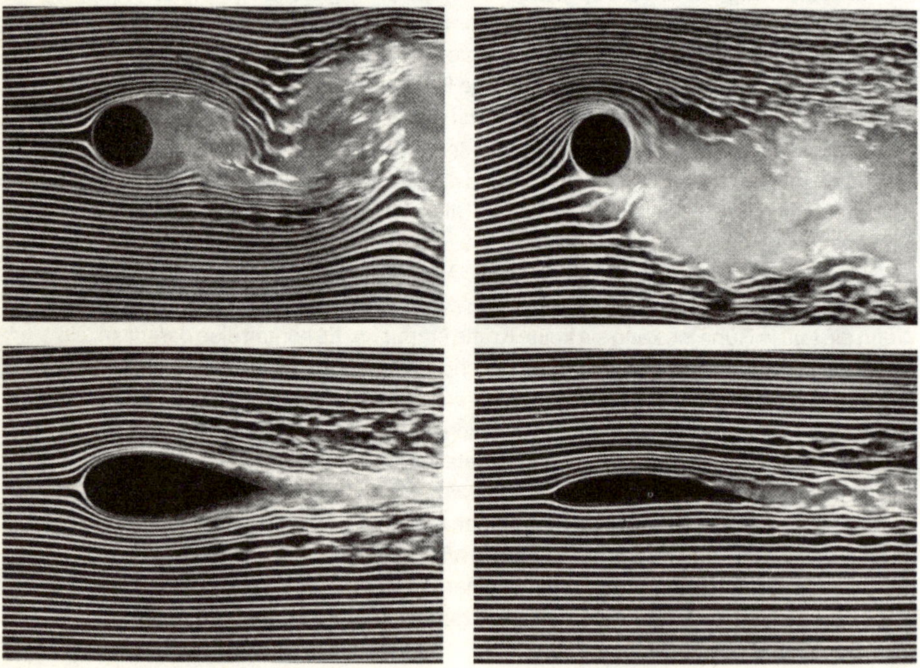

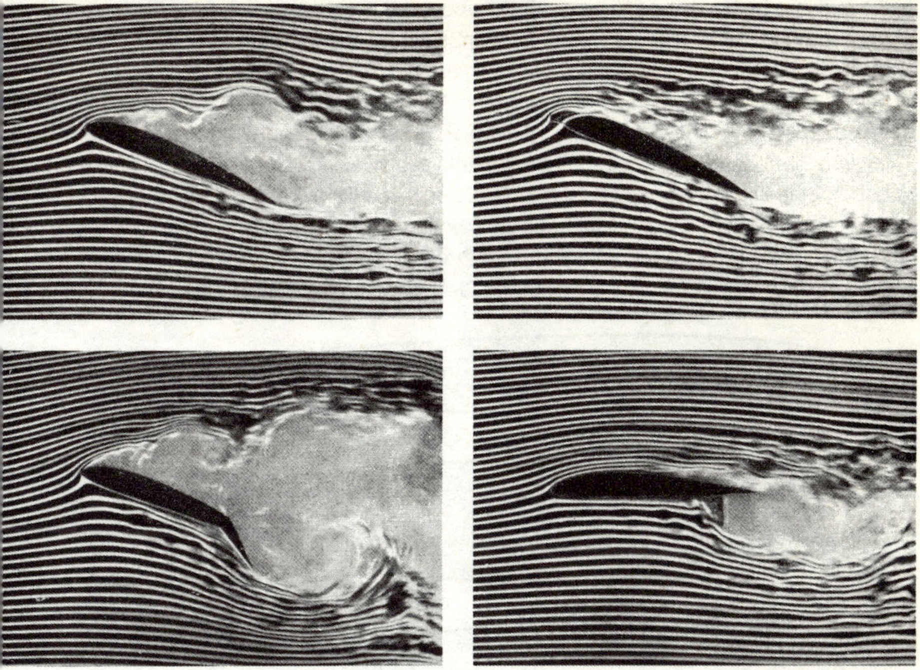

Abb. 37: Strömungsbilder im Rauchkanal

Vor allem interessiert natürlich die Frage, wie es kommt, daß Flugmodelle durch die Luft gleiten und nicht wie Steine zur Erde fallen. Jeder wird sofort antworten: »Weil Flügel vorhanden sind.« Das ist richtig und deshalb lohnt es sich, den Flügelquerschnitt etwas eingehender zu betrachten. Bei ganz einfachen Modellen, wie den Papierschwalben, ist dieser vollkommen flach, wie das zur Herstellung benutzte Papier. Weil derartige Modelle sehr leicht sind und von ihnen auch keine besonderen Flugleistungen erwartet werden, kommt man dabei mit einem flachen Querschnitt aus. Sorgt man jedoch für eine Wölbung des Flügels, lassen sich die Flugleistungen erheblich verbessern. Eine weitere Steigerung der Flugleistung kommt zustande, wenn die Flügelunterseite annähernd gerade ist, während die Oberseite eine Wölbung aufweist. Damit erhält der Flügel zugleich eine gewisse Dicke; man kann Versteifungen und Holme einbauen, so daß eine große Festigkeit entsteht. Den Querschnitt durch einen Flügel bezeichnet man als Profil. Es gibt eine außerordentlich große Zahl von Flügelprofilen, die alle ihre bestimmten Eigenschaften haben und dementsprechend verwendet werden. Die Abb. 38 bringt eine kleine Auswahl davon. Zunächst sind zwei Formen dargestellt, die an der Ober- und Unterseite die gleiche Wölbung aufweisen, so daß hier eine Mittel- oder Symmetrielinie vorhanden ist. Aus diesem Grunde werden sie auch als symmetrische Profile bezeichnet. Solche Formen werden vorwiegend beim Seitenleitwerk benutzt, häufig aber auch im Höhenleitwerk. Sie sind dann allerdings dünn und haben eine Dicke von etwa 6 % bis 10 % der Flügeltiefe. Bei Modellen für Steuerleinen- oder Fernlenkflug sind sie auch im Tragflügel zu finden, nur sind sie dann dicker; dadurch läßt sich ein Rückenflug gut ausführen. Symmetrische Profile erzeugen, wenn die Luftströmung genau von vorn kommt, d. h. parallel zur Mittenlinie, keinen Auftrieb;

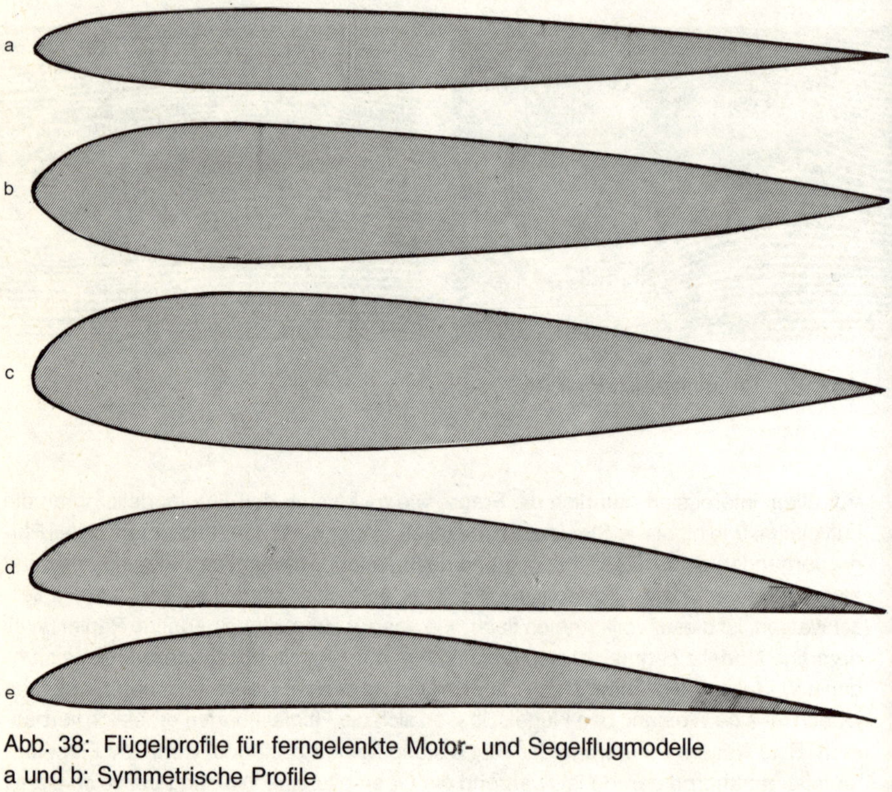

Abb. 38: Flügelprofile für ferngelenkte Motor- und Segelflugmodelle
a und b: Symmetrische Profile
c: Halbsymmetrisches Profil 18 % dick
d: Profil mit gerader Unterseite
e: Profil mit konkav gewölbter Unterseite

erst wenn sie schräg gegen den Wind angestellt werden, entsteht Auftrieb. Ihr maximaler Auftrieb ist geringer als der anderer, gleich dicker Profile, bei denen die Unterseite nicht so stark konvex, also nach außen (unten), gewölbt ist.
Ganz anders verhalten sich die sogenannten tragenden Profile, wovon drei charakteristische Formen abgebildet sind. Die Bezeichnung ist an sich irrig, da auch die symmetrischen Profile natürlich »tragen«, also Auftrieb erzeugen, wenn der Anstellwinkel groß genug ist. Während aber bei den symmetrischen Profilen bei dem Anstellwinkel 0° der Auftrieb gleich Null ist, erzeugen »tragende« Profile bei Anstellwinkeln, die kleiner als Null sind, bereits Auftrieb.

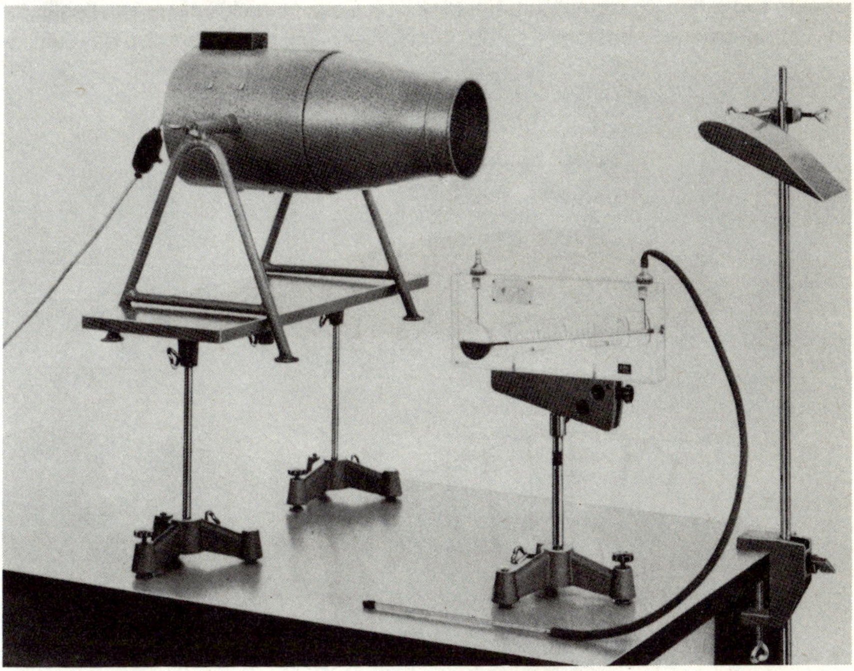

Abb. 39a: Druckmessungen an einem Flügelprofil mit einem Luftstromerzeuger von PHYWE. Das Modell enthält eine Reihe durchgehender Bohrungen, die als Sondenöffnung zur Messung des statischen Druckes benutzt werden können, da sie senkrecht zur Strömungsrichtung liegen. Der beim Versuch an den einzelnen Bohrungen entstehende Über- bzw. Unterdruck wird mit einem Feinanemometer (-windmesser) gemessen

Bei den »tragenden« Profilen fällt auf, daß sie vor allem an der Oberseite eine kräftige Wölbung haben, während sie an der Unterseite entweder gerade sind oder schwach nach innen oder außen gewölbt. Diese auffällig starke Oberseitenwölbung ist es, die im wesentlichen den Auftrieb erzeugt. Das läßt sich durch folgenden Umstand erklären. Wegen des größeren Weges entlang der Oberseite im Verhältnis zur Unterseite müssen die Luftteilchen oben schneller fließen (Abb. 39 a und b). Das ist ein physikalisches Gesetz, welches von Daniel B. Bernoulli im 18. Jahrhundert entdeckt wurde. Seine nach ihm benannte Gleichung beschreibt die Beziehung zwischen Druck und Geschwindigkeit in reibungsfrei strömenden inkompressiblen Gasen und Flüssigkeiten. Die Luftströmungen unterhalb der Schallgeschwindigkeit zählen dazu. Die Summe aus dem statischen Druck und dem Staudruck (= Gesamtdruck) ist in einem bestimmten Strömungsfaden konstant – so die Versuchsergebnisse. Wenn also die Luftteil-

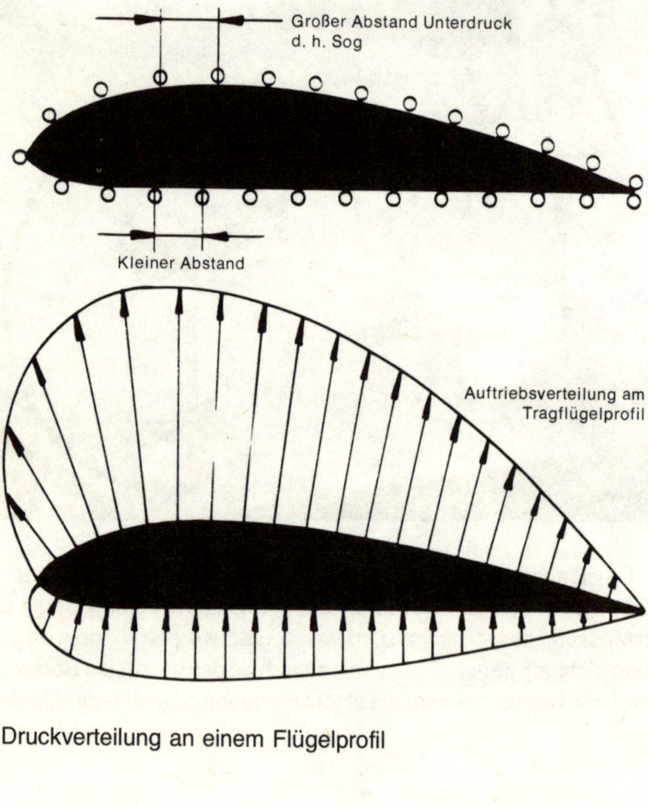

Abb. 39 b: Druckverteilung an einem Flügelprofil

chen über einem Hindernis, etwa über einem Haus oder auch über einem gewölbten und schräg angestellten Flügel, schneller fließen, dann muß zwangsläufig der statische Druck geringer werden, also ein Unterdruck, ein Sog, entstehen. Dieser trägt zur Auftriebserzeugung weit stärker bei als der Staudruck unter dem angestellten Flügel. Bei einem nicht angestellten Flügel, wenn also die Profilunterseite in keinem positiven Winkel zum Luftstrom steht, entsteht auch kein Staudruck an der Flügelunterseite und somit kein »Druck-Auftriebsanteil«. Es ist daher falsch anzunehmen, daß ein Flügel in erster Linie durch die unter ihm hinwegströmende Luft nach oben gedrückt wird. Man leitet diese Annahme fast immer von der Wirkungsweise der Drachen ab, die tatsächlich allein durch den Staudruck der Luft getragen werden. Das reicht aus, da jeder Drachen an einer Schnur hängt, der Luftwiderstand somit ohne Bedeutung ist und man sich passenden Wind aussuchen kann. Man sollte sich ganz fest die fundamentale Erkenntnis einprägen: Der profilierte Tragflügel wird viel stärker durch die über ihn hinwegstreichende Luft nach oben gesaugt, als durch das unter ihm vorhandene Luftpolster nach oben gedrückt. Der sorgfältigen Ausbildung einer Tragflügeloberseite ist daher immer besondere Aufmerksamkeit zu widmen. Es gibt eine Reihe einfacher Versuche, mit denen man die Wirkung des Auftriebes sehr anschaulich darstellen kann. Zunächst biegt man aus glattem, dünnem Blech (Büchsenblech) oder auch wasserabstoßender Pappe, eine Profilform, wie sie auf Abb. 40 zu erkennen ist. Diese hängt man an der abgewinkelten Kante über eine Stricknadel oder dünne Holzleiste. Wird nun die Wölbung vorsichtig an einen langsam fließenden (möglichst nicht verwirbelten) Wasserstrahl gehalten, so merkt man deutlich, wie die Wölbung zum Strahl hin gesaugt wird. Jeder Laie nimmt vorher ganz selbstverständlich an, daß die Platte auf Grund der Wölbung durch die Wirkung des Strahles weggedrückt wird! Den vorhandenen Sog spürt man recht deutlich, wenn man die Platte vorsichtig vom Strahl wegschwenken möchte; es entsteht dabei förmlich der Eindruck, daß diese am Strahl »klebt«. Der Versuch mit dem Wasserstrahl lehrt auch, daß sich Flüssigkeiten ganz ähnlich wie Luft verhalten. Durch die größere Dichte kommt sogar noch eine weit stärkere Wirkung zustande.

Für den nächsten Versuch biegt man zwei Postkarten oder ähnlich große Stücke Zeichenkarton und hält beide, wieder auf Nadeln oder Holzleisten gelagert, gemäß Abb. 41 in einigem Abstand voneinander. Pustet man jetzt zwischen die Karten, legen sie sich sofort als Folge des vorhandenen Sogs dicht aneinander. Hört man zu pusten auf, schwenken sie selbstverständlich wieder auseinander.

Wer einen etwas größeren Aufwand nicht scheut, baut sich aus Zeichenkarton das konisch auslaufende Blasrohr mit Kegel. Wie diese Teile in der sogenannten »Abwicklung« aussehen, zeigt die Abb. 42; außerdem ist dargestellt, wie die Teile zusammenzubauen sind. Steckt man den Kegel in das konische Stück des Blasrohres (beide Teile müssen selbstverständlich gut ineinander passen) und bläst man von oben hinein, so

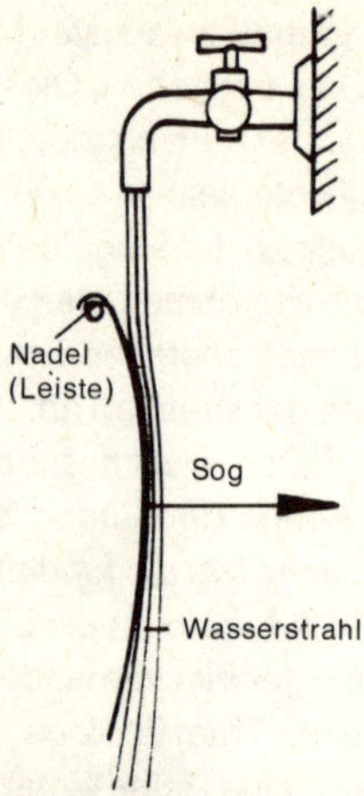

Abb. 40: Profilversuch

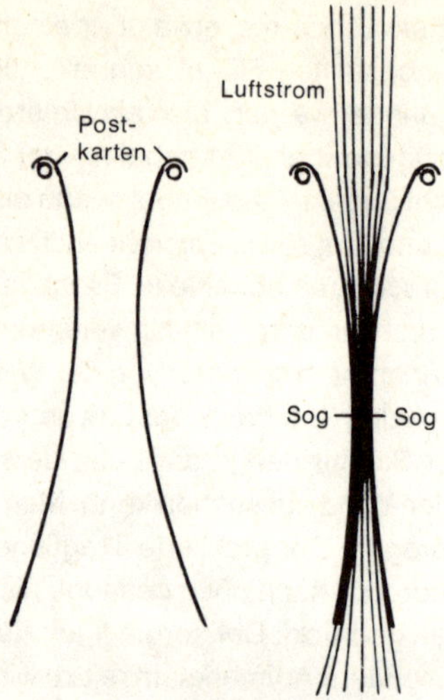

Abb. 41: Profilversuch mit zwei gewölbten Postkarten

tritt wiederum eine verblüffende Erscheinung auf. Der Kegel wird keinesfalls wie eine Harpune aus dem Blasrohr herausgeschleudert, sondern er wird durch den entstehenden Sog im Konus des Blasrohres gehalten. Er möchte in das Rohr hineinwandern und kann dies in dem Maße tun, wie gerade noch die von oben kommende Luft Durchlaß findet.

Noch etwas zum typischen Verhalten von profilierten Tragflügeln. Wird ein Flügel mit + 2° schwach gegen die Luft angestellt, so erreicht man einen verhältnismäßig guten Auftrieb bei sehr geringem Widerstand, was sich im Verhältnis von 1 : 5 ausdrückt (Abb. 43).

Vergrößert man den Anstellwinkel auf ungefähr + 8°, so steigt zwar der Auftrieb weiterhin, aber auch der Widerstand erhöht sich beträchtlich, so daß mit 1 : 3 ein ungünstiges Verhältnis entsteht (Abb. 44).

Sind ca. 15° Anstellwinkel vorhanden, sinkt der Auftrieb bereits wieder ab, jedoch nimmt der Widerstand ganz erheblich zu; das Verhältnis beträgt dadurch nur noch 1 : 1 (Abb. 45).

Dieses Verhältnis Auftrieb : Widerstand (beide in kg) oder das Verhältnis der dimensionslosen Beiwerte von Auftrieb (c_a) und Widerstand (c_w), $c_a : c_w$, ist eine wichtige aerodynamische Größe und wird als Gleitzahl bezeichnet. Je größer dieses Verhältnis

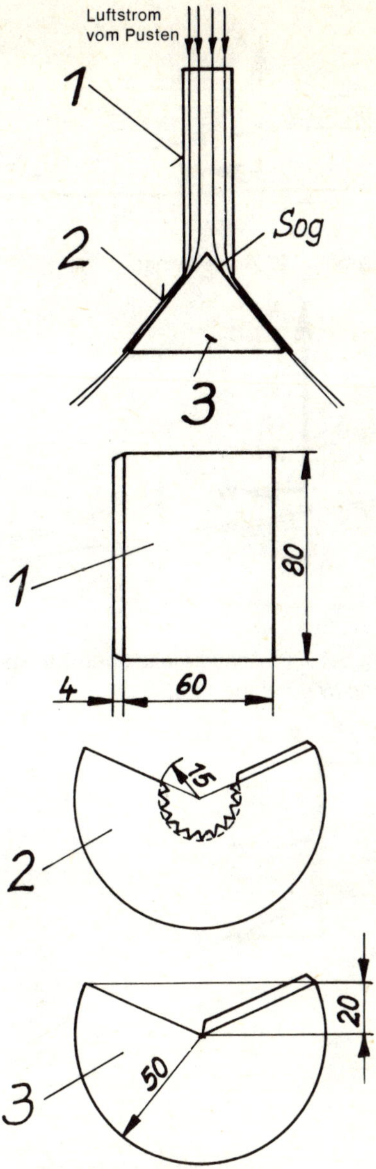

Abb. 42: Versuch mit Kegel und Blasrohr

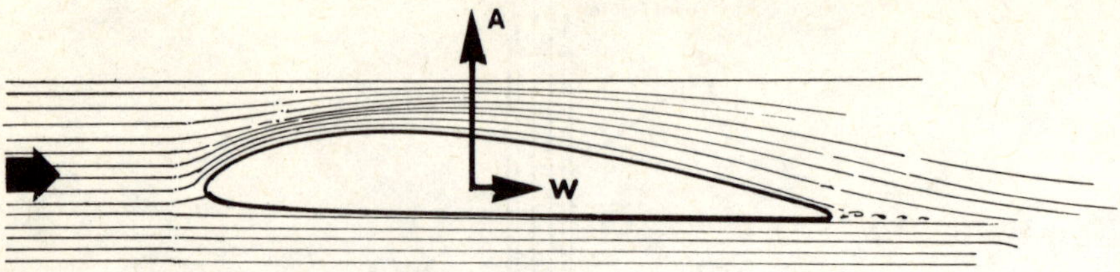

Abb. 43: Flügelströmung bei + 2° Anstellwinkel

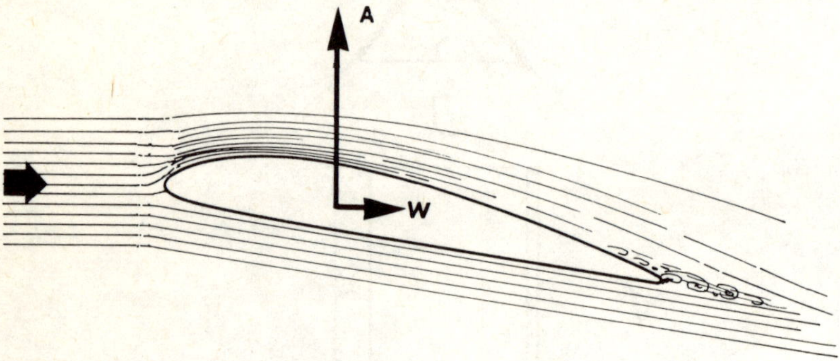

Abb. 44: Flügelströmung bei + 8° Anstellwinkel; der Druckpunkt ist etwas nach vorn gewandert, Auftrieb A und Widerstand W sind größer

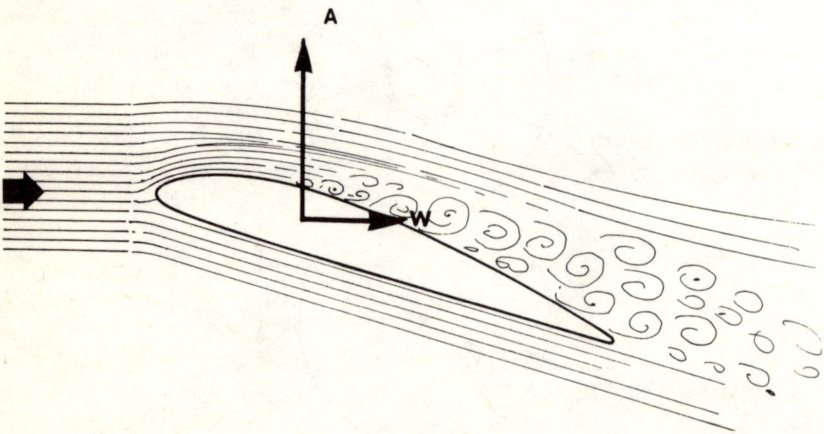

Abb. 45: Flügelströmung bei + 15° Anstellwinkel; die Strömung reißt an der Oberseite ab, der Widerstand wächst stark an, ohne daß der Auftrieb größer wird

ist, um so größer ist die Gleitflugstrecke, die ein Flugzeug aus einer bestimmten Höhe zurücklegt.
Wenn die Verhältnisse bei + 8° und + 15° Anstellwinkel für ein gutes Gleiten auch schlecht sind, so haben sie jedoch andererseits ihre Berechtigung, wenn ein Flugzeug landen möchte. Hier soll für den Langsamflug ein möglichst hoher Auftrieb vorhanden sein, während der große Widerstand die Landestrecke verkürzt.
Betrachtet man die Darstellungen näher, so fällt weiterhin auf, daß sich der Angriffspunkt der Auftriebskräfte mit zunehmendem Anstellwinkel immer weiter nach vorn zur Profilnase hin verlagert. Der Fachmann spricht hier von einer Druckpunktwanderung. Dieser Umstand ist es in erster Linie, der an den Modellen ein Leitwerk von ausreichender Größe notwendig macht, um die Stabilisierung im Fluge sicherzustellen. Im Kapitel »Flugmechanik« wird näher darauf eingegangen.
Nun verursacht nicht nur ein Tragflügel Luftwiderstand; auch alle anderen Teile des Modells sind von ihm betroffen, was die Flugleistungen natürlich herabsetzt. Das Bestreben geht deshalb dahin, diesen unerwünschten Luftwiderstand so gering wie möglich zu halten. Das gelingt durchweg, indem alle Teile der sogenannten Stromlinienform angenähert werden. Was es mit diesem Begriff auf sich hat, lehrt sehr eindrucksvoll die Durchführung einer kleinen Versuchsreihe. Dazu benötigt man zunächst einen Ventilator in der Art eines Propellers, sogenannte Querstromlüfter sind nicht besonders brauchbar. Zur Not geht jedoch auch die »Pusteseite« eines Staubsaugers. Weiterhin ist eine Briefwaage erforderlich. Besser ist dies natürlich mit einem Luftstromerzeuger, so wie er im Physikunterricht verwendet wird, möglich (Abb. 46). Wenn man aber selbst Versuche mit einem Ventilator machen will, so muß man sich einen Winkel-Umlenkhebel bauen, weil jede Briefwaage nach unten wirkt, die Widerstandsmessung aber horizontal vorgenommen wird. Die Versuchsanordnung, vor allem auch die Form des Umlenkhebels, geht aus Abb. 47 hervor.
Als Rundkörper wird ein Tischtennisball verwendet (Abb. 48; 3). Einen zweiten zerschneidet man, so daß zwei hohle Halbkugeln entstehen (1 und 4). Aus dünner Pappe wird dann eine Scheibe mit genau dem gleichen Durchmesser wie der Tischtennisball hergestellt (2). Als letzten Versuchskörper benötigt man noch die Stromlinienform (5). Hier wird ein Tischtennisball vorn und hinten mit Aufleimungen aus weichem Balsa oder nicht zu porösem Schaumstoff versehen. Dieser Stromlinienkörper muß sorgfältig verschliffen werden und auch einigermaßen symmetrisch sein. Zuletzt leimt man noch ein dünnes Holzstäbchen an den Versuchskörper, um ihn sicher am Umlenkhebel befestigen zu können. Als erstes wird die nach vorn offene Halbkugel festgemacht. Nun kann unsere »Windmaschine« vor dem Versuchskörper aufgestellt und eingeschaltet werden. Die Wirkung der Luftströmung ist durch entsprechenden Abstand so zu bemessen, daß beim genannten Versuchskörper die Skala der Briefwaage möglichst weitreichend durch den Zeiger bestrichen wird. Den Endwert schreibt man auf. Danach

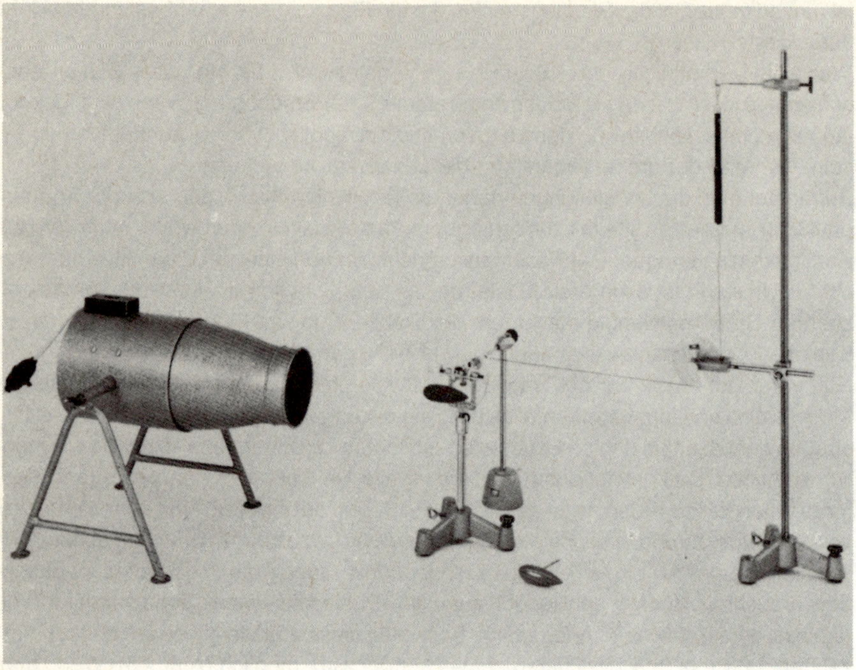

Form						
Luftwiderstand	6,3	5,6	3,8	3,4	2,7	p
Form						
Luftwiderstand	2,6	2,2	1,6	1,1		p

Abb. 46: Messung des Luftwiderstandes von Körpern mit Hilfe eines Luftstromerzeugers von PHYWE

befestigt man in der angegebenen Reihenfolge die anderen Versuchskörper. Auch hier wird der jeweilige Endwert des Zeigerausschlages notiert. Damit die Messungen keine Verfälschungen erfahren, ist nach Möglichkeit der Teller an der Briefwaage abzunehmen und durch ein kleines Gewicht auszugleichen; auch muß die Luftströmung immer exakt von vorn auf die Versuchskörper treffen. Auf diese Weise werden sich dann die Verhältnisse des Luftwiderstandes, wie sie auf der Abb. hinter jedem Körper

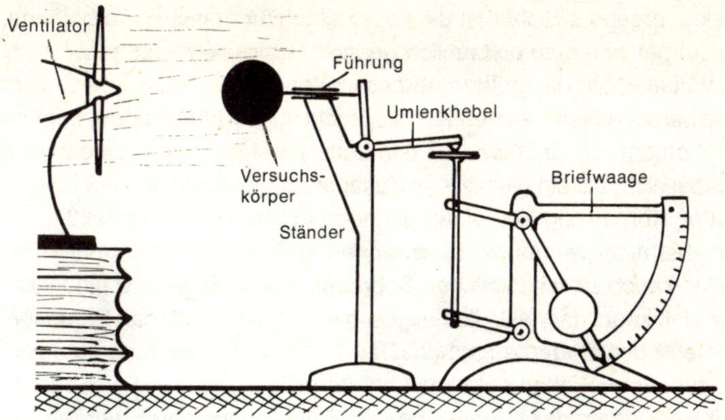

Abb. 47: Einfache Versuchsanordnung zur Widerstandsmessung

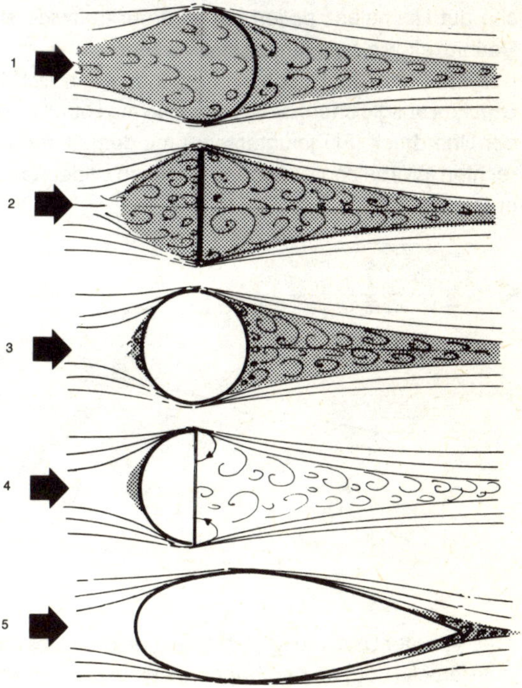

Abb. 48: Verschiedene Widerstandskörper. Der Widerstand der Scheibe ist am größten, der des Stromlinienkörpers am geringsten (vgl. Abb. 46)

1) Halber Tennisball = Halbkugel, vorne offen
2) Scheibe, Querschnittsfläche = Ballquerschnitt
3) Tischtennisball = Kugel
4) Halber Tennisball = Halbkugel, hinten offen
5) Stromlinienkörper, Querschnittsfläche wie Tennisball

vermerkt sind, ergeben. Sicher ist die Feststellung für manchen verblüffend, daß der Stromlinienkörper einen so erstaunlich geringen Luftwiderstand aufweist, obwohl er doch vom Volumen her die größten Abmessungen hat. Es macht jedoch verständlich, warum man bei schnellen Fahrzeugen (also nicht nur bei Flugzeugen) bemüht ist, alles der Stromlinienform anzunähern, um den Luftwiderstand möglichst gering zu halten. Kann es dabei nicht als ein glückliches Zusammentreffen gelten, daß man gerade bei einem großen Körper zugleich einen geringen Luftwiderstand erzielt?
Wir wollen aber nicht vergessen zu erwähnen, daß man von einem möglichst hohen Luftwiderstand auch zweckdienlichen Gebrauch macht. So bremst ein Fallschirm, der eine offene Halbkugel darstellt, die Fallgeschwindigkeit derart, daß Personen oder Lasten unversehrt den Boden erreichen. Den hohen Luftwiderstand von senkrecht im Luftstrom stehenden Platten nutzt man bei Segelflugzeugen in Form von Bremsplatten, die zur Verkürzung des Landeweges am Flügel ausgefahren werden. Ist der Luftwiderstand vor allem auf Grund der Form sehr unterschiedlich, so kann er auch bei gleicher Körperform und Strömungsgeschwindigkeit stark voneinander abweichen. Das ist dann die Folge unterschiedlicher Oberflächenrauhigkeiten. Wurde die Oberfläche auf Hochglanz poliert, so wird der Luftwiderstand geringer sein, als wenn eine Rauhigkeit wie bei Sandpapier vorliegt.
Außerdem entsteht noch Widerstand, wenn sich Luftströmungen unterschiedlichen Druckes ausgleichen, beispielsweise am Randbogen des Tragflügels. Hier verursacht der Überdruck (Flügelunterseite) mit dem Unterdruck (Flügeloberseite) einen regelrechten »Wirbelzopf« (Abb. 49), dessen Widerstand um so größer ist, je ausgeprägter er ist.

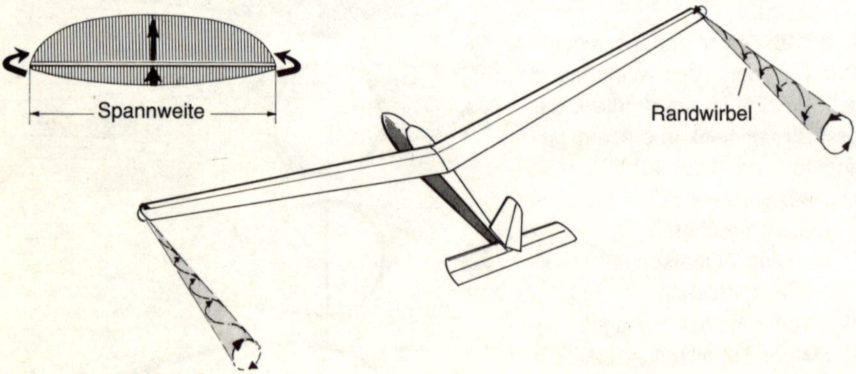

Abb. 49: Der Druckausgleich zwischen dem Überdruck der Flügelunterseite und dem Unterdruck (Sog) an der Flügeloberseite erzeugt Randwirbel, die sich als Widerstand auswirken

Es gibt eine Reihe von Möglichkeiten, um diesen sogenannten »induzierten« Widerstand zu vermindern. Beispielsweise kann man den Flügel, wie bei Segelflugzeugen üblich, lang und schmal bauen. Das Verhältnis von Spannweite zur Flügeltiefe nennt man Flügelstreckung. Bei einem Flügel mit hoher Streckung – etwa 20 – ist am Flügelende nur noch eine geringe Breite mit geringen Luftmengen unterschiedlicher Druckverhältnisse und damit kleinem Druckausgleich vorhanden (Abb. 50). Man kann aber auch den Flügel zum Randbogen hin an der Endleiste etwas hochziehen, was als Schränkung oder Verwindung bezeichnet wird (Abb. 51). Dadurch können am Flügelende gleichfalls die Druckverhältnisse und damit der Widerstand verringert werden.

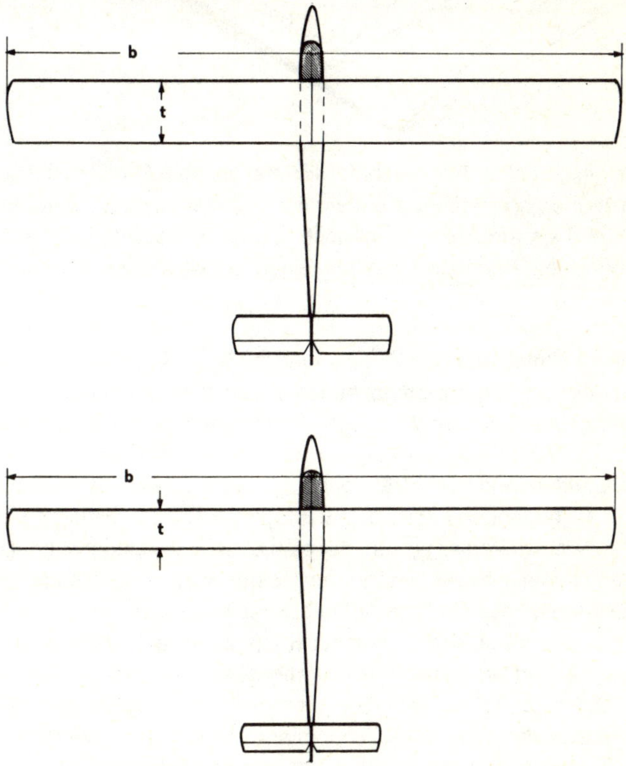

Abb 50: Segelflugmodelle gleicher Spannweite b, aber unterschiedlicher Flügelstrekkung A (A = b : t) : oben A = 10, unten A = 16. Ein Flügel mit hoher Streckung hat einen vergleichsweise geringeren Randwiderstand als ein Flügel mit gleicher Spannweite, aber geringerer Streckung

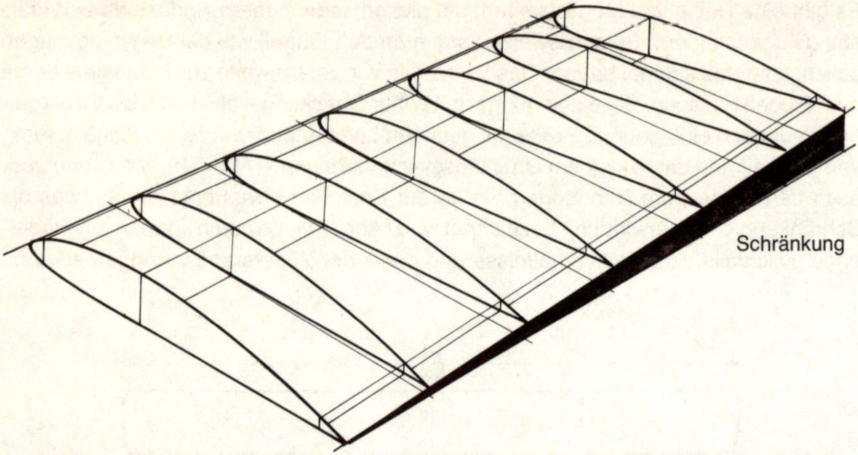

Abb. 51: Ein geschränkter Flügel schützt sicherer vor dem Abreißen der Luftströmung, weil bei ihm in überzogenem Flugzustand die Strömung zuerst nur in der Flügelmitte abreißt, während sie am Außenflügel noch anliegt. Außerdem kann sich der Randwiderstand bei einem Rechteckflügel oder einem schwach trapezförmigen Flügel verringern

Manchmal versieht man auch die Flügelenden mit Stromlinienkörpern, um die Wirbelbildung zu vermindern. Bei Motorflugzeugen dienen diese häufig als Kraftstoffzusatzbehälter. Sehr gebräuchlich sind indessen Kombinationen aus diesen Möglichkeiten. Meist benutzt man bei Segelflugzeugen einen schlanken Flügel, der geschränkt ist. Der induzierte Widerstand ist ein Naturgesetz. Er kann für eine gegebene Flügelstrekkung, also für ein gegebenes Verhältnis von Spannweite zur mittleren Flügeltiefe bestenfalls einen Minimalwert erreichen, der eine elliptische Auftriebsverteilung voraussetzt. Man kann daher mit einer besonderen Gestaltung der Flügelenden lediglich eine einer verbesserten Ellipse ähnliche Auftriebsverteilung erreichen. Damit läßt sich der induzierte Widerstand bei Segelflugmodellen bis zu etwa 12 % verringern.
Derartige Dinge haben bei kleinen Anfängermodellen verständlicherweise nur geringe Bedeutung. Anders ist es bei den großen ferngelenkten Segelflugmodellen. Es muß das Bestreben sein, den schädlichen Widerstand eines Segelflugzeuges so gering wie nur möglich zu halten. Darunter versteht man den Luftwiderstand, der von den Teilen des Flugzeuges verursacht wird, die keinen Auftrieb liefern. Dies sind vor allem der Rumpf und das Leitwerk. Mit einer Verringerung des schädlichen Widerstandsanteiles am Gesamtwiderstand wird der prozentuale Anteil des induzierten Widerstandes, vor allem beim Langsamflug, größer und kann durchaus Werte um 50 % des Gesamtwi-

derstandes erreichen. Es lohnt also nachzudenken, wie er verringert werden kann. Die Flügelstreckung spielt hier eine entscheidende Rolle. Große, besonders leistungsfähige Segelflugzeuge haben Streckungen von 20 bis 25, das heißt die Flügelspannweite ist 20- bis 25mal so groß wie die mittlere Flügeltiefe. Einfache ferngelenkte Segelflugmodelle haben Flügelstreckungen von 10 bis 12, größere und leistungsfähigere Segelflugmodelle solche von 15 bis 20 (Abb. 52).

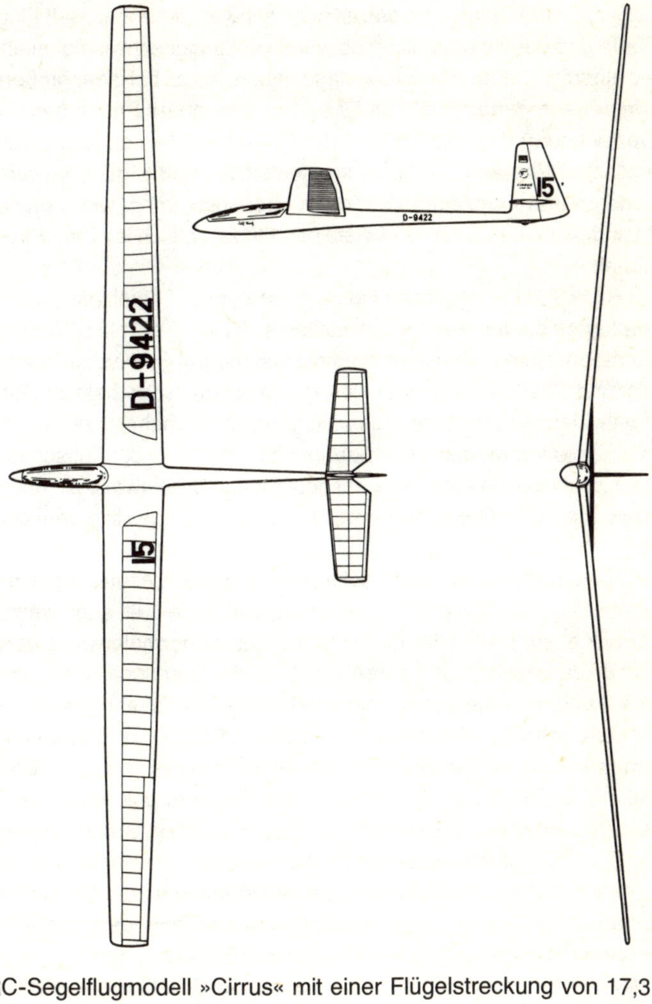

Abb. 52: RC-Segelflugmodell »Cirrus« mit einer Flügelstreckung von 17,3

Mancher wird sich nun fragen, weshalb man die Streckung nicht noch größer wählt, wenn doch der induzierte Widerstand mit ihr kleiner wird. Dafür gibt es einige gute Gründe. So wird bei einer gegebenen Spannweite mit einer größeren Flügelstreckung die Flügeltiefe kleiner. Da gute Flügelprofile aber nicht dicker als 10 bis 12 % der Tiefe sein sollten, wird die Holmhöhe immer geringer und die Biegefestigkeit erheblich verschlechtert.

Der Holm müßte also sehr schwer werden, um die notwendige Festigkeit zu gewährleisten. Es zeigt sich aber auch, und das ist noch schwerwiegender, daß Flügel mit einer geringen Tiefe und den im Modellflug üblichen Gleitfluggeschwindigkeiten von etwa 7 bis 9 m/sec einen größeren Profilwiderstand haben, als es bei einer größeren Tiefe der Fall wäre. In der Aerodynamik gibt es für dieses scheinbare Phänomen auch eine besondere Bezeichnung. Man spricht von der Kritischen Reynold'schen Zahl. Reynold war ein englischer Physiker, der als erster feststellte, daß Strömungsverhältnisse an Modellen und großen Flugzeugen nur dann übereinstimmen, wenn das Produkt aus Fluggeschwindigkeit, Luftdichte und Tiefe des Flügels gleich ist. Eine Faustformel der Re-Zahl lautet:

$$Re = 70 \times \text{Fluggeschwindigkeit (m/sec)} \times \text{Flügeltiefe (mm)}$$

Bei unseren ferngelenkten Segelflugmodellen sollte die Re-Zahl 80 000, besser noch 100 000 betragen. Unterhalb dieser Reynold'schen Zahl wird nämlich der Widerstand rasch größer und oft auch der Auftrieb geringer. Aber auch oberhalb von Re = 100 000 wird der Profilwiderstand noch geringer, allerdings nicht mehr so viel. Es muß also das Bestreben eines jeden Modellkonstrukteurs sein, oberhalb der kritischen Re-Zahl zu liegen. Damit ist aber dann auch bei einer bestimmten Spannweite die optimale Flügelstreckung und mit ihr die Größe des induzierten Widerstandes in einem engen Bereich festgelegt.

Da öfter vom Luftdruck die Rede war, sollen noch ein paar Erläuterungen hierzu folgen. Es ist doch etwas ungewöhnlich, daß die uns umgebende Luft, auch wenn sie in Ruhe ist, einen Druck ausübt. Weil der menschliche Körper normalerweise vollständig von diesem Druck »durchsetzt« ist, spüren wir ihn nicht. Und doch ist er ganz erheblich! Kleine Auswirkungen bemerken wir bei einer schnellen Talfahrt mit dem Auto, nachdem wir längere Zeit in größerer Höhe waren. Dann drückt es ebenso auf die Ohren, wie wenn man im Wasser tief taucht. Letzteres rührt daher, daß die oberen Wassermassen auf die darunterliegenden drücken, der Wasserdruck also in der Tiefe höher ist. Nicht anders verhält es sich mit der Luft. Weil wir auf dem Grunde dieses »Luftmeeres« leben, ist der Druck auf Höhe des Wasserspiegels (darauf wird er immer bezogen) am größten und nimmt mit zunehmender Höhe nach bestimmten Gesetzen ab. Das nutzt man übrigens aus, um mit Meßgeräten die Höhe festzustellen; auf diesem Prinzip beruhen die Höhenmesser der Flugzeuge und auch die der Bergsteiger. Der Luftdruck ist aber auch vom Wettergeschehen abhängig und drückt sich durch die Er-

scheinungen von Hoch- und Tiefdruckgebieten aus. Wer genauer hinhört, wird beim Wetterbericht erfahren, welchen Wert der Luftdruck zu einer bestimmten Tageszeit an einem bestimmten Ort aufwies, beispielsweise 760 mm Quecksilbersäule oder 1013 Millibar. Das ist der gleiche Wert, nur in unterschiedlichen Meßgrößen ausgedrückt. Angenähert beträgt der Luftdruck etwas über 1 Kilogramm pro Quadratzentimeter (kg/cm^2).
Was das für ein unglaublich hoher Wert ist, davon überzeugt ein ganz einfacher Versuch. Man nimmt eine stabile, nicht zu flache Tasse, drückt sie fest um die Mundpartien und saugt kräftig – möglichst in kleinen Intervallen – die Luft heraus. Sogleich preßt der nun stärkere Außendruck die Tasse so stark gegen das Fleisch, daß man sie nicht mehr mit den Händen zu halten braucht, ja man verspürt bald Schmerzen im Gesicht. Selbst wenn nur ein ganz kleiner Teil der Luft aus der Tasse herausgesaugt wurde, müßte man wegen unerträglicher Schmerzen aufhören. Man stelle sich nur einmal vor, daß ein anderer so kräftig gegen die Tasse pustet, daß sie ebenso stark gegen die Mundpartien gedrückt wird wie beim Ansaugen. Dabei könnte man bei einem Behälter in Tassengröße soviel Luft heraussaugen (natürlich mit Maschinen), daß ein Druck von über 50 kg entstehen würde. Es ist schlecht vorstellbar, den gleichen Druck durch Anblasen mit Preßluft zu erreichen. Nichts macht wohl deutlicher, daß sich mit Hilfe von Unterdruckerzeugung (so, wie sie am Tragflügel praktiziert wird) weit mehr erreichen läßt als durch bloßen Staudruck!
Über die besonderen Erfordernisse aerodynamischer Art bei Flugmodellen werden noch genauere Hinweise folgen.

Längsstabilität

Nachdem nun klar ist, warum die Tragfläche Auftrieb erzeugt, wenn wir sie angestellt gegen die Luft bewegen und der Propeller Vortrieb erzeugt, wenn er sich dreht, wäre es wohl das Einfachste, mit der Tragfläche allein zu fliegen: Man spart Gewicht und Widerstand vom Schwanz und vom ganzen Rumpf. Leider ist dies nicht ganz so einfach. Dazu ein kleiner Versuch: Man läßt eine Postkarte senkrecht nach unten fallen oder schräg zu Boden gleiten und stellt fest, daß sie sich immer nach kurzer Flugdauer am Vorderrand aufbäumt, in ihrer Flugrichtung umkehrt und schließlich im Zick-Zack-Flug zu Boden taumelt, wenn sie es nicht vorzieht, ihren Flug als Rollbewegung fortzusetzen. Folgerichtig bezeichnen wir diese Flugform als »fallendes Blatt«, eine sonderbare, vollkommen unkontrolliert scheinende Bewegung (Abb. 53).
Man darf nicht vergessen, daß die Luftkräfte (Auftrieb und Widerstand) nicht nur eine Größe haben, sondern auch eine gewisse Richtung und einen Angriffspunkt. Wenn viele Männer einen Balken vorwärtsschieben, so kann man ihnen einen einzigen Rie-

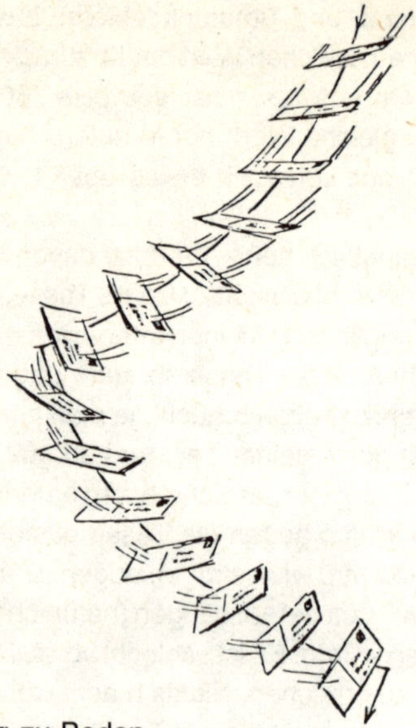

Abb. 53: Eine Postkarte
fällt niemals in gerader Linie,
sondern immer im Zick-Zack-Flug zu Boden

sen, der dieselbe Kraft aufbringt wie sie alle zusammen, entgegenstellen. Aber es kommt auch darauf an, an welchem Punkt man diesen Riesen einsetzt. Schieben die Männer symmetrisch, so muß der Ersatzriese in der Mitte stehen. Dieser Fall käme bei der Schwerkraft in Frage, die überall gleich stark ist und ein ebenes Brett genau senkrecht nach unten zieht. Der Schwerpunkt eines ebenen Brettes liegt genau in der Mitte. Aber wenn zwei Männer rechts schieben und nur einer links, so besteht rechts Übergewicht. Der Gigant müßte, damit er den Balken im Gegensinn dreht, etwas seitlich angesetzt werden (Abb. 54). Und tatsächlich ist bei den Luftkräften, wie man sehen konnte, das erste Drittel der Tragfläche so sehr bevorzugt, daß die Gesamtluftkraft, die Resultierende, stark vorn, etwa im ersten Drittel der Fläche angreift. Was passiert bei einer solchen Fläche (oder bei der Postkarte)? Sie fällt. Die Luftkraft zieht nach oben, aber sie greift wieder sehr weit vorn an: Sie richtet die Vorderkante auf. Dadurch ändert sich der Anstellwinkel und mit ihm die Luftkraft, sie wächst; aber – und das ist hier ausschlaggebend – sie rückt auch noch weiter nach vorn, wenn die Postkarte oder der

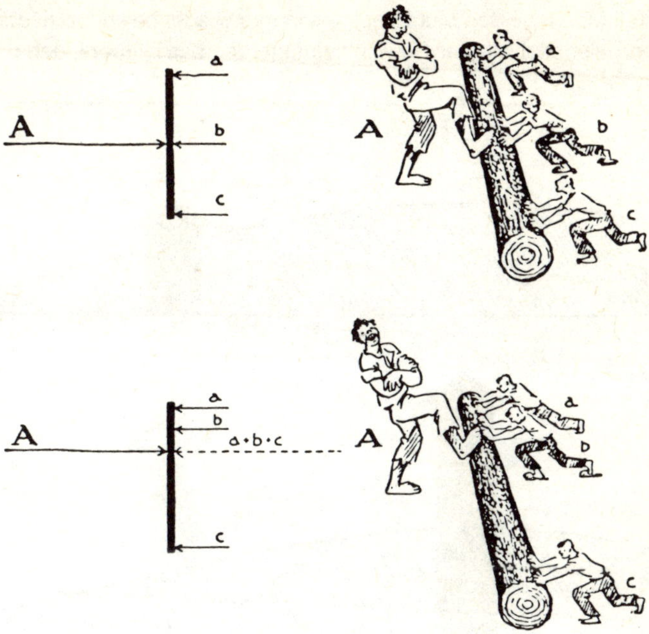

Abb. 54: Kräftegleichgewicht bei symmetrischer (oben) und unsymmetrischer Kraftverteilung

Flügel gewölbt ist. Bei wachsendem Anstellwinkel wandert der »Druckmittelpunkt« der Fläche immer weiter nach vorn (Abb. 55)! Und diese Eigenschaft bereitet viel Kummer, denn natürlich richtet sich die Fläche noch mehr auf, das aufbäumende Kraftmoment wird noch größer; dadurch wächst der Anstellwinkel weiter und diese beiden Kräfte treiben sich gegenseitig an. Es kann nicht gut gehen – und es geht auch nicht gut. Sehr bald ist der kritische Winkel erreicht, wo die Fläche »überzogen« ist und nun sinkt der Auftrieb, der Widerstand nimmt rasch zu. Das Blatt hält in der geneigten Lage an und setzt seinen Flug dann in der anderen Richtung fort. Dies ist einer der Gründe, warum fast alle früheren Flugmaschinenprojekte fluguntauglich waren; weil nämlich bei ihrem Entwurf nicht an die Druckpunktwanderung gedacht, geschweige denn auf Gegenmittel gesonnen wurde. Das Gegenmittel ist das Höhenleitwerk, und das wurde um 1800 von dem Engländer Caley entdeckt.
Die Tragfläche allein ist also unstabil. Die Luft mit einem einzigen Flügel durchsegeln zu wollen, gleicht etwa einem Spaziergang auf einer rollenden Kugel hoch oben auf ei-

nem Dachfirst. Man muß den Mut Lilienthals immer wieder bewundern, der mit einem so einfachen Hilfsmittel wie der Gewichtsverlagerung des Körpers, den Flug von der

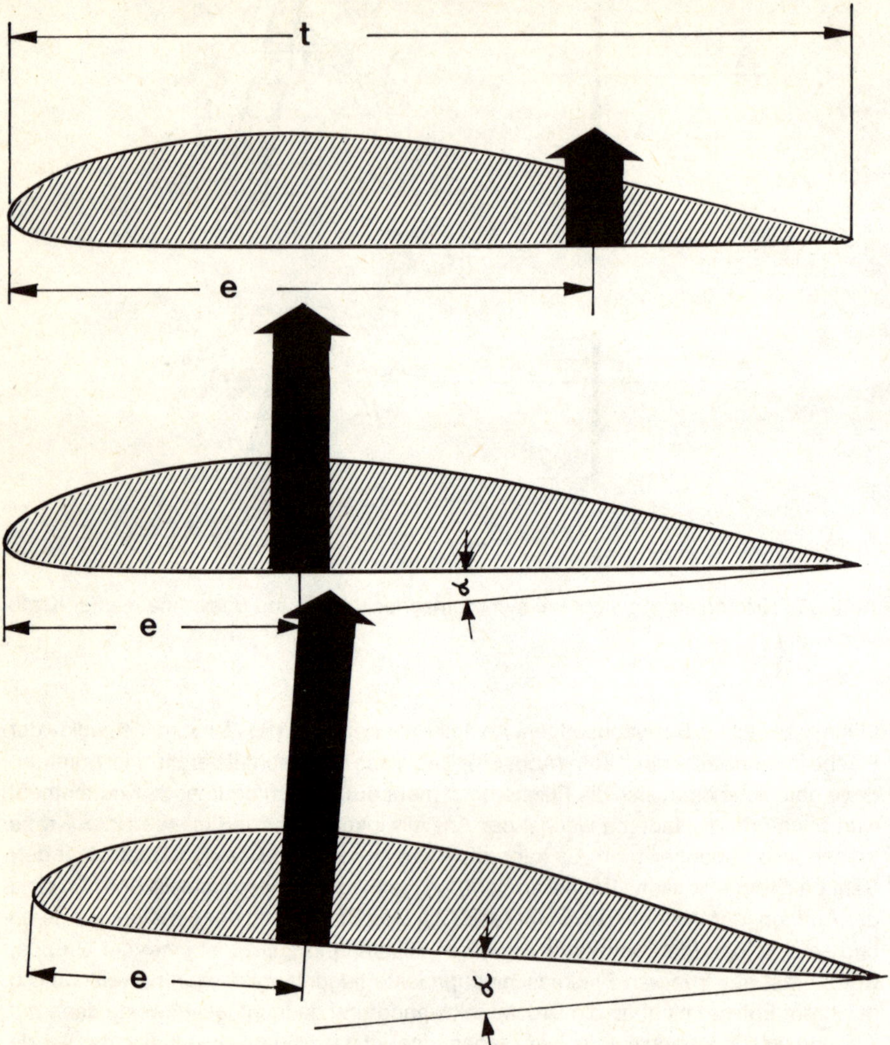

Abb. 55: Bei steigendem Anstellwinkel wandert der Angriffspunkt der Luftkraft bis auf etwa e = 0,3 · t (abhängig von der Profilform) nach vorn; die Luftkraft (Auftrieb) wird zudem größer

Höhe wagte. Der Schwanz, den er anbrachte, konnte seine Gleitapparate nicht vollständig stabilisieren. Er dämpfte lediglich ihre Bewegung. Das Höhenleitwerk am Schwanz des Flugzeuges kann es. Nach dem Engländer Caley Anfang des 19. Jahrhunderts machte es sich der Franzose Alphonse Pénaud zu nutze.

Dazu folgende Überlegung: Ein Flugzeug fliegt geradeaus. Aus irgend einem Grund, vielleicht wegen einer Bö, richtet sich der Flügel auf und der Druckpunkt wandert nach vorn. Da aber eine Schwanzfläche angebracht ist – und unter der Annahme, daß sie anfangs genau waagerecht gestanden habe – lieferte sie nur etwas Widerstand, aber keinen Auftrieb. Nun bäumt sich das Flugzeug auf. Die Schwanzfläche, das Höhenleitwerk, stellt sich ebenfalls schräg. Damit wird an ihr eine Luftkraft erzeugt, sie wird rasch größer und bewegt den Schwanz in die Höhe. Diese Luftkraft ist der Auftrieb, den das schräg angestellte Höhenleitwerk nun liefert. Nun, das Höhenleitwerk ist klein und die Luftkraft ist deshalb nicht sehr groß. Aber immerhin sitzt sie weit hinter dem Flügel und dreht an einem längeren Hebelarm; so wird sie trotz ihrer geringen Größe den Flugzeugschwanz wieder heben. Sie wird das Flugzeug in die ebene Lage zurückbringen; denn je länger der Hebelarm, desto größer ist die Wirkung ein und derselben Kraft (Abb. 56). Die Druckpunktwanderung am Flügel kann unter diesen Umständen eigent-

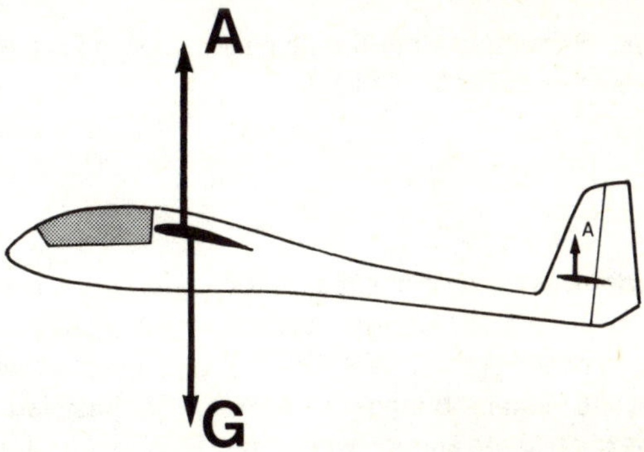

Abb. 56: Greift der Auftrieb vor dem Schwerpunkt eines Flugzeugs an, so muß zum Ausgleich der unsymmetrischen Kraft das Höhenleitwerk Auftrieb liefern

lich gar nicht erst beginnen. Sie erstickt im Anfangsstadium. Aber angenommen, durch einen Zufall, durch einen Windstoß, wird das Höhenleitwerk angehoben, dann kommt das Flugzeug in eine schiefe Lage. Die Tragflächen haben einen geringeren Anstellwinkel, ihr Druckpunkt wandert zurück und sucht, den Flügel weiter nach vorn zu drehen; aber er dreht auch die Höhenflosse, nun zu einem großen negativen Winkel und eine starke, abwärtsdrückende Luftkraft, ein negativer Auftrieb, zwingt das Höhenleitwerk in die Horizontale zurück. Diese auftretenden Schwankungen von selbst automatisch auszugleichen, ist die Aufgabe des Höhenleitwerks, denn man verlangt auch von einem Flugmodell, daß es alleine fliegt, also in der Luft automatisch stabil ist und die Steuerung wirklich nur zur Richtungsänderung herangezogen werden soll. Das Höhenleitwerk muß daher die richtige Größe und Lage haben, die natürlich noch von der Gewichtsverteilung, von der Lage des Schwerpunktes im Flugzeug abhängig ist (Abb. 57).

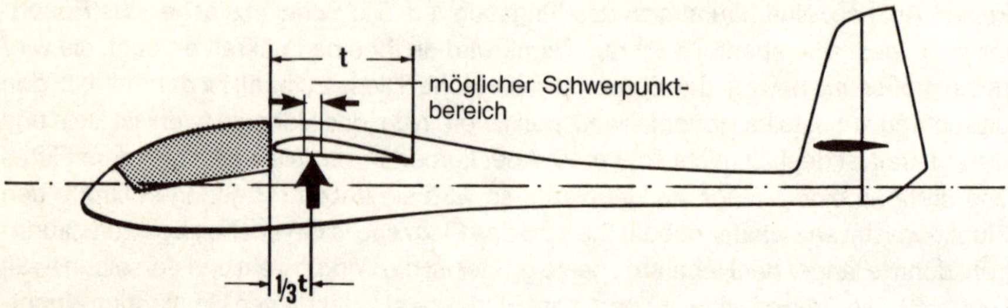

Abb. 57: Möglicher Schwerpunktbereich für einen stabilen Flug: etwa 5 % der Flügeltiefe t, wenn der Schwerpunkt in ¹/₃ t liegt

Soweit, so gut; leider wirkt sich noch ein anderer Faktor aus. Die Luft, die gegen den schräg angestellten Flügel bläst, wird schräg nach hinten unten abgeleitet. Man spricht von einem »Abwind hinter dem Flügel«. Bedingt durch den Abwind, dessen Winkel vom Anstellwinkel des Flügels abhängig ist, wird sich der Anstellwinkel des Höhenleitwerkes nicht im gleichen Maße ändern, wie der des Flügels. Ist nämlich der Anstellwinkel des Flügels groß, so ist der Abwindwinkel auch groß und damit der Anstellwinkel des Höhenleitwerkes entsprechend geringer. Dies ist der Grund dafür, daß das Höhenleitwerk immer ein bißchen größer sein muß, als es – lediglich auf Grund der Hebelgesetze errechnet – sein könnte.

So wie das starre Höhenleitwerk Bewegungen des Flugzeuges um die Querachse ausgleicht, genauso kann man mit einem beweglichen Höhenleitwerk Bewegungen um die Querachse erreichen. Man spricht von Nick-Bewegungen des Flugzeuges. Soll beispielsweise das Flugzeug langsamer fliegen, soll also der Anstellwinkel des Tragflügels größer werden, so schlägt man das Höhenruder ein wenig nach oben aus (Abb. 58). Das Höhenleitwerk erzeugt negativen Auftrieb und dreht das Flugzeug nach oben. Der Anstellwinkel des Tragflügels wird größer und das Flugzeug kann langsamer fliegen. Umgekehrt kann man auch schneller fliegen, den Anstellwinkel des Tragflügels also verringern, wenn man das Höhenruder ein wenig nach unten ausschlagen läßt (Abb. 59).

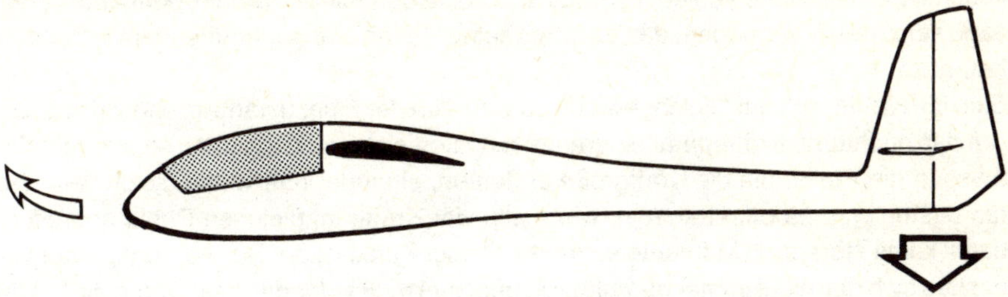

Abb. 58: Ein nach oben ausgeschlagenes Höhenruder bewirkt ein aufkippendes Moment

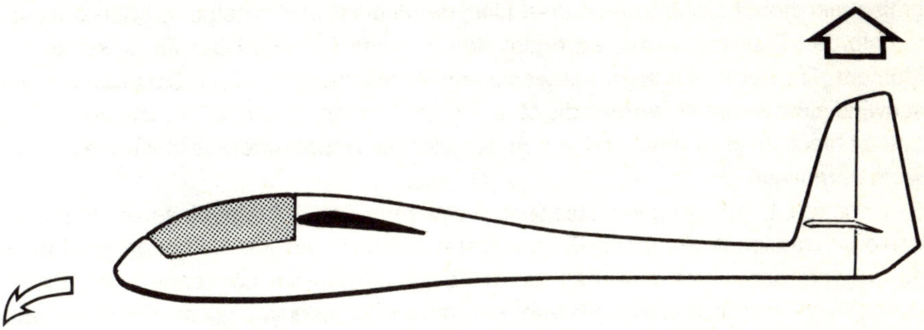

Abb. 59: Ein nach unten ausgeschlagenes Höhenruder bewirkt ein abkippendes Moment

An dem Experiment mit der Postkarte konnte man sehen, daß mehrere Kräfte gleichzeitig wirken: einmal die Schwerkraft, die die Postkarte nach unten zieht, zum anderen der Auftrieb, der an einer bestimmten Stelle der Postkarte angreift, aber auch wandert und eine Drehbewegung der Postkarte hervorruft, und zum dritten der Widerstand, der den Fall und die Bewegung der Postkarte bremst. Die Erdanziehungskraft, das Gewicht, greift in einem bestimmten Punkt an. Dieser Punkt wird Schwerpunkt genannt. Die Lage des Schwerpunktes in einem Flugzeug ist von außerordentlich großer Bedeutung für dessen Stabilität (siehe Abb. 57). Bei einem gleichförmig (»stationär«) fliegenden Flugzeug müssen alle Kräfte gleich groß sein, das heißt, der Auftrieb muß so groß sein wie das Gewicht und der Widerstand muß von der Schwerkraft, besser von einer Kraft, die bei der Zerlegung des Parallelogramms der Kräfte in Richtung der Flugbahn entsteht, überwunden werden. Das ist aber nur möglich, wenn das Flugzeug kontinuierlich an Höhe verliert. Es nutzt also seine potentielle Energie, oder anders gesagt, sein Arbeitsvermögen, das es durch seine Höhenlage gegenüber dem Erdboden hat, aus.

Sind die Kräfte nicht im Gleichgewicht, so wird sich der Flugzustand irgendwie ändern. Auf das nüchterne Kräfteparallelogramm reduziert sieht die Lage dann so aus: Wieder müssen die Pfeile, die die Kraftgröße andeuten, einander paarweise gleich sein und am besten wird es offenbar sein, wenn alle vier Kräfte im gleichen Punkt angreifen, damit keine störenden Momente eintreten. Dieser Punkt ist der Schwerpunkt. Aber leider läßt sich das nicht immer durchführen und man muß zufrieden sein, wenn die Kräfte sich wenigstens »sekundär« aufheben – das soll heißen, wenn auch ihre Momente sich ausgleichen.

Eine weitere Bedeutung hat der Widerstandsmittelpunkt eines Modells. Es ist der Angriffspunkt des Gesamtwiderstandes. Liegt der Widerstandsmittelpunkt ober- oder unterhalb des Schwerpunktes, so ergibt sich ein aufrichtendes oder ein abkippendes Moment. Da der Widerstand mit wachsender Geschwindigkeit im Quadrat der Geschwindigkeit zunimmt, werden die Momente im Langsamflug und im Schnellflug auch unterschiedlich groß sein und durch zusätzliche Höhenruderausschläge korrigiert werden müssen.

Es ist bekannt, auf welch verschiedene Weise man die Luftkräfte einsetzen kann und daß durch geeignete Ruder ein Flugzeug stabilisiert werden kann. Aber gerade hier ist es möglich, des Guten zuviel zu tun. Jede Steigerung der Lenkbarkeit und Bewegungsfreiheit muß durch eine größere Sorgfalt und Aufmerksamkeit des Piloten erkauft werden. So kann ein Flugzeug durch große Ruder, durch V- und pfeilförmige Flügelstellung gewissermaßen automatisch stabil gemacht werden; der Pilot sitzt dann nur noch drin und hält still oder der Modellflieger betätigt seine Anlage nicht und läßt das Modell allein fliegen. Aber je stabiler das Flugzeug ist, um so störrischer und widerspenstiger tritt es Störungen und Abweichungen von der Geraden entgegen. Um so schwerer wird es auch vom Piloten gewollten Abweichungen gehorchen. Höhere Stabilität geht mehr oder weniger auf Kosten der Lenkbarkeit.

Wir erwähnten bereits an anderer Stelle den Anstellwinkel mit dem ein Flügelprofil von der Luft angeblasen wird. Von der Größe dieses Anstellwinkels werden Auftrieb und Widerstand eines Flugmodells beeinflußt. Der günstigste Anstellwinkel ist jedoch konstruktiv nicht am Modell vorzusehen. Er wird nämlich von der Lage des Schwerpunktes und von der Einstellwinkeldifferenz zwischen dem Einstellwinkel des Flügels und dem Einstellwinkel des Höhenleitwerkes (Abb. 60) beeinflußt. Für einen längsstabilen Flug

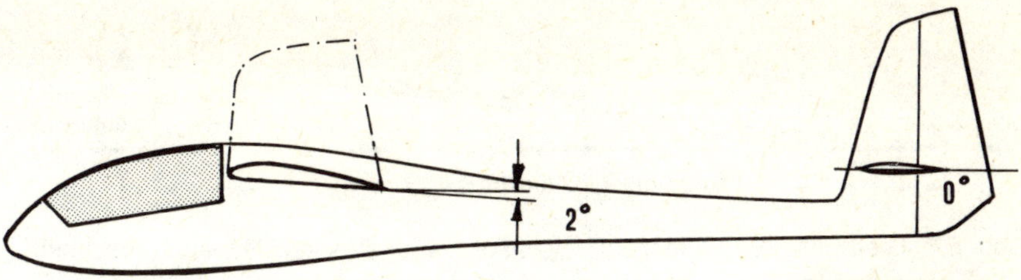

Abb. 60: Die Einstellwinkeldifferenz eines stabilen ferngelenkten Segelflugmodells muß immer positiv sein. Werte um + 2° sind optimal

muß die Einstellwinkeldifferenz etwa + 2° betragen. Wenn wir das Höhenruder nun nach oben ausschlagen, so wird damit die Einstellwinkeldifferenz und mit ihr der Anstellwinkel des Flügels vergrößert; natürlich auch umgekehrt bei einem Ausschlag des Höhenruders nach unten. In jedem Falle wird also die Fluggeschwindigkeit verändert. Im Falle des nach unten ausgeschlagenen Höhenruders geht dies bis hin zum senkrechten Sturzflug, bei dem der Anstellwinkel des Flügels meist negativ ist und der Auftrieb völlig verschwindet. Aber auch bei einem Ausschlag des Ruders nach oben gibt es eine aerodynamische Grenze, bei der die Strömung an der Flügeloberseite abreißt, der Auftrieb wieder geringer wird und das Modell abkippt.

Die Gleitzahl

Mit dem günstigsten Anstellwinkel fliegt ein Segelflugmodell immer dann, wenn der Gleitwinkel, mit dem das Modell zu Boden gleitet, besonders klein ist. Man spricht in der Fliegerei, wenn man die Leistungsfähigkeit eines Segelflugzeuges vergleicht, auch von der Gleitzahl. Sie ist das Verhältnis von im Gleitflug bei ruhender Luft zurückgelegter Flugstrecke zur Ausgangsflughöhe (Abb. 61). Wenn also ein Flugmodell aus 2 m Höhe startet und 30 m zurücklegt, so beträgt die Gleitzahl 15 (30 : 2 = 15). Nun ist, wie

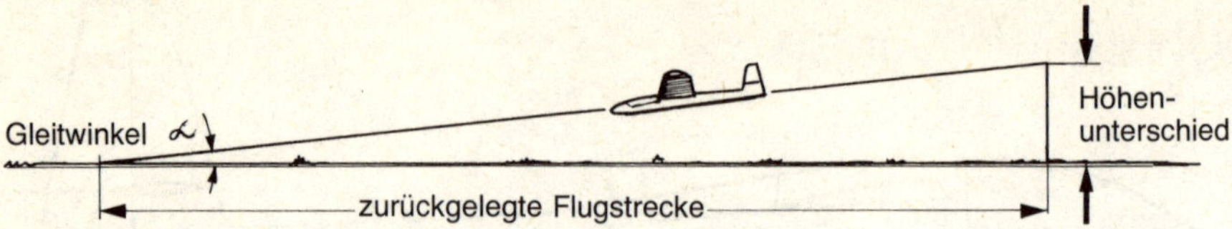

Abb. 61: Gleitwinkel und Gleitzahl; Gleitzahl = Flugstrecke : Höhenunterschied

bereits erwähnt, die Gleitzahl aber auch aus dem Verhältnis von Auftrieb zu Widerstand zu ermitteln. Je größer also dieses Verhältnis, um so weiter gleitet das Modell, um so besser ist es. Sehr gute ferngelenkte Segelflugmodelle erreichen Gleitzahlen bis zu 25. Die optimale Gleitzahl ist durch die Konstruktion vorgegeben. Sie ist abhängig von der Größe des Modells, vom Flügelprofil, von der Flügelstreckung sowie vom Anteil des schädlichen Luftwiderstandes, worunter man den Widerstand aller der Teile eines Flugzeugs versteht, die keinen Auftrieb erzeugen.

Die Fluggeschwindigkeit

Da die Fluggeschwindigkeit eines Segelflugmodells vom Anstellwinkel und von der Flächenbelastung abhängig ist, wäre es nützlich, wenn man die Größe des Anstellwinkels kennen würde. Das aber ist leider nicht möglich. Bei einer gegebenen Flächenbelastung sollte man daher systematische Meßflüge vornehmen, die Fluggeschwindigkeit, auch die Flugstrecke festhalten und mit der Trimmung des Senders vergleichen. Nur auf diese Weise erhält man Anhaltspunkte über die beste Einstellung. Bei den Freifliegern ist diese Methode weit verbreitet. Die Fernlenkflieger sollten sie wieder entdecken.
Aus vielen Meßflügen unterschiedlicher Segelflugmodelle ergab sich, daß Auftriebsbeiwerte von $c_a = 0{,}8$ bei Profilen mit gerader Unterseite, und bis zu ca = 1,1 bei Profilen mit stark konkaver Unterseite als Optimum angesehen werden können. Die entsprechenden Fluggeschwindigkeiten können der Tabelle entnommen werden.

Flächenbelastung (g/dm²)	Fluggeschwindigkeit bei Auftriebsbeiwert (c_a) $c_a = 0{,}8$ (m/sec)	$c_a = 1{,}0$ (m/sec)
20	7	5,65
25	7,9	6,3
30	8,7	6,9
35	9,4	7,5
40	10	8
45	10,6	8,5
50	11,2	8,9

In der Aerodynamik ist die Flächenbelastung ein feststehender Begriff und ist das Verhältnis von Flugmasse in kg zur tragenden Fläche des Flügels einschließlich des Teiles des Rumpfes, der von der Flügelnase und von der Endleiste durchschnitten wird, in m^2. Im Flugmodellbau ist das Verhältnis das gleiche, nur wird die Flugmasse in g und die tragende Fläche in dm^2 angegeben.

$$\text{Flächenbelastung} = \frac{\text{Flugmasse}}{\text{tragende Fläche}}$$

Nach dem neuen internationalen Einheitensystem (SI-System) müssen die gemessenen Werte in N/dm^2 (Newton pro Quadratdezimeter) angegeben werden. Somit würde die Formel für die Flächenbelastung heißen:

F_G = Gewicht (N)
A_F = Flächeninhalt des Tragflügels (dm^2)

$$\frac{F_G}{A_F} \text{ (N dm}^2\text{)}$$

Oft wird zur tragenden Fläche auch die Fläche des Höhenleitwerkes hinzugezählt. In sportlichen Bauvorschriften wird so verfahren. Aerodynamisch ist das jedoch nicht ganz korrekt, denn das Höhenleitwerk trägt meist gar nicht, hin und wieder nur sehr wenig zum Auftrieb des Flugmodelles bei.

Die Sinkgeschwindigkeit

Es ist das Bestreben eines Segelfliegers, aus einer bestimmten Höhe nicht nur weit, sondern auch möglichst lange zu fliegen. Wenn wir die möglichen Aufwinde, auf die wir

später noch eingehen werden, einmal ausschließen, dann heißt das, daß die Sinkgeschwindigkeit möglichst klein sein sollte.
Sie ist immer dann klein, wenn bei einer gegebenen Gleitzahl die Fluggeschwindigkeit gering ist. Aus dem vorherigen wissen wir noch, daß die Fluggeschwindigkeit nur dann gering sein kann, wenn der Auftriebsbeiwert c_a groß und die Flächenbelastung gering ist. Somit gilt dies auch für die Sinkgeschwindigkeit. Sie ist also das Verhältnis von Gleitfluggeschwindigkeit V zur Gleitzahl E.

$$\text{Sinkgeschwindigkeit (m/sec)} = \frac{\text{Fluggeschwindigkeit (v; m/sec)}}{\text{Gleitzahl (E)}}$$

Gute ferngelenkte Segelflugmodelle erreichen Sinkgeschwindigkeiten von weniger als 0,50 m/sec.

Querstabilität

Was alles geschehen muß, damit ein Flugzeug längsstabil fliegen kann, haben wir gelernt. Leider ist damit allein ein stabiler Flug noch nicht möglich. Es kann nämlich passieren, daß eine Bö eine Flügelhälfte hochhebt, das Modell seitlich abrutscht, und da die hinter dem Flügel vorhandene Seitenfläche mit dem weit hinten liegenden Seitenleitwerk des Rumpfes dieses Abrutschen nicht nur bremst, sondern auch um die Hochachse dreht, ist ein Spiral-Sturzflug die Folge. Das muß natürlich verhindert werden. Die Luftfahrtpioniere sind schon frühzeitig auf eine ausgezeichnete Idee gekommen. Sie ordneten ihre Flügel nämlich so an, daß die äußeren Enden höher lagen als die Flügelmitte. Dafür gibt es in der Fliegerei einen festen Begriff: Man nennt sie V-Form, weil der Flügel, von vorn gesehen, die Form eines großen offenen V hat. Die stabilisierende Wirkung der V-Form beruht unter anderem darauf, daß der seitlich geneigte Flügel mit seiner abwärts gesenkten Seite einen größeren Auftrieb erzeugt als es bei der aufwärts gerichteten Flügelhälfte der Fall ist (Abb. 62). Der größere Auftrieb auf der gesenkten Seite bewirkt ein Zurückdrehen des Flugzeugs in die Mittellage, in der beide Flächen den gleichen Auftrieb haben. Verstärkt wird der Auftrieb der abgesenkten Seite noch dadurch, daß beim seitlichen Abrutschen der Flügel nunmehr schräg seitlich angeblasen wird. Dies hat eine geometrische Vergrößerung des Anstellwinkels zur Folge. Es genügt schon eine ziemlich geringe V-Stellung des Flügels, um eine ausreichende Querstabilität zu erhalten. In der Praxis beträgt bei den ferngelenkten Segelflugmodellen ohne Querruder der Winkel der V-Form für eine Flügelhälfte etwa 6° bis 8°. Dieser Wert reicht auch aus – wie wir später sehen werden – um das Modell einwandfrei mit dem Seitenruder steuern zu können.

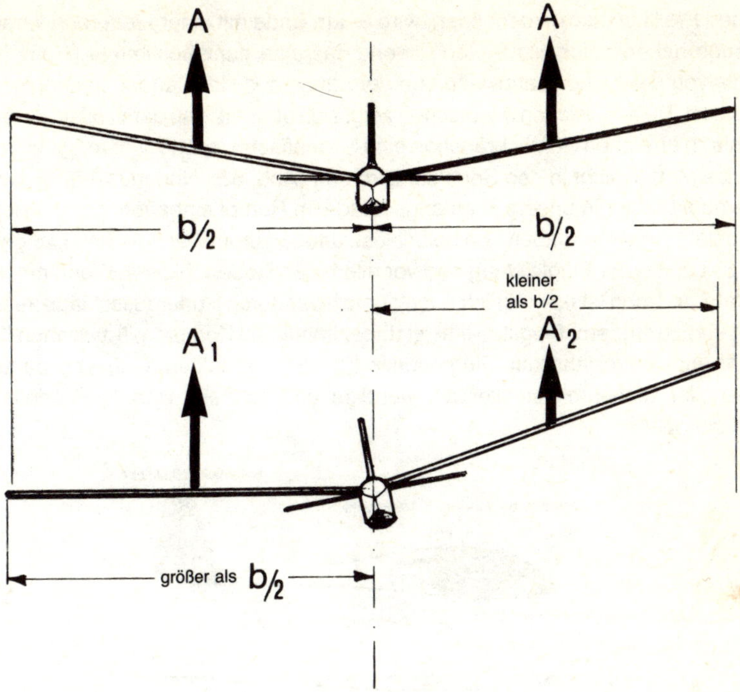

Abb. 62: Kräfte an einem Tragflügel mit V-Form: Bei einem normal fliegenden Flugzeug sind die Auftriebskräfte an beiden Flügelhälften gleich; fliegt das Flugzeug mit Schräglage, so sind die Auftriebskräfte der nach unten zeigenden Flügelhälfte größer und richten das Flugzeug wieder auf

Kursstabilität

Ein Flugzeug muß um drei Achsen stabil fliegen. Um die Querachse für die Längsstabilität, um die Längsachse für die Querstabilität und um die Hochachse, um kursstabil zu sein. Wenn wir ein Modell aus der Hand starten, dann erwarten wir natürlich, daß es geradeaus fliegt. Wir setzen dabei voraus, daß es sauber gebaut ist und Flügel und Leitwerk nicht verzogen sind. Aber fliegt es wirklich geradeaus, auch dann, wenn seine Flugbahn durch Böen oder Luftwirbel gestört wird? Am Beispiel eines seitlich abrutschenden Flugzeugs konnten wir erkennen, daß dies nicht ohne weiteres der Fall ist.

Um einen Pfeil kursstabil zu machen, wird er am Ende mit einer Fiederung versehen. Flugzeuge haben dafür das Seitenleitwerk, das eine ganz bestimmte Größe haben muß, die von der Flügelspannweite und der Länge des Hebelarmes abhängig ist, an dem es sitzt. Beim seitlichen Abrutschen zeigt sich aber oft, daß damit allein kein gutes Ergebnis zu erreichen ist. Wir brauchen eine Seitenfläche, auch vor dem Schwerpunkt, damit das Modell nicht in den Spiralsturz kommt (Abb. 63). Nun müssen wir vor dem Schwerpunkt ohnehin unsere Empfangsanlage im Rumpf einbauen, so daß sich dieses Problem gewissermaßen von selbst löst. Jede »automatische« Stabilität geht ein wenig zu Lasten der Flugleistung und vor allem der Steuerfähigkeit. Wenn ein Modell sehr stabil ist, dann ist es natürlich auch nur schwer durch Ruderausschläge zu beeinflussen und zu steuern. Flugstabilität ist daher immer ein Kompromiß zwischen Eigenstabilität und Steuerfähigkeit. Flugmodelle für den Normalgebrauch sind daher aus Gründen der Sicherheit stabiler als wendige und schnelle Hangflugmodelle oder Kunstflugmodelle.

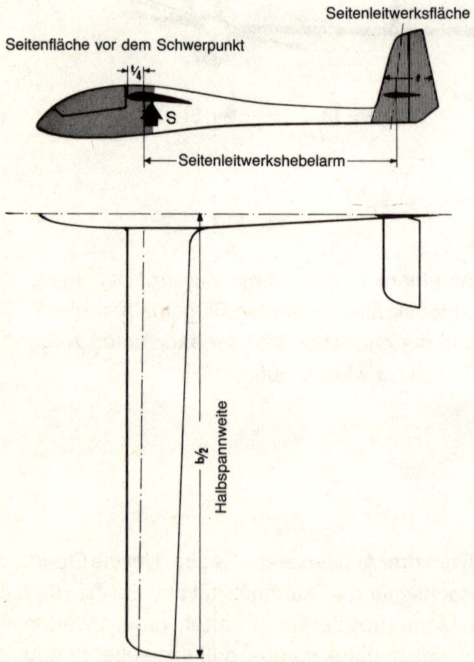

Abb. 63: Ein seitenstabiles Flugzeug benötigt eine ausreichend große Seitenfläche vor und hinter dem Schwerpunkt

Die Steuerwirkungen

Das Höhenruder

In der Fliegerschule wird einem zwar immer wieder gesagt, man möge das Höhenruder zunächst einmal stillhalten. Aber beginnen wir gerade mit ihm. Wenn man den kleinen Steuerknüppel am Sender zum Körper hin zieht, soll das Höhenruder nach oben ausschlagen. Das Flugmodell richtet sich auf. Knüppel drücken (vom Körper weg) bewirkt ein nach unten Schlagen des Höhenruders und damit eine Kippbewegung des Modells nach unten. Beim Ziehen erhält die Steuerfläche Druck von oben. Es entsteht ein Drehmoment, das den Schwanz des Modells senkt. Aber nicht deshalb, weil der Schwanz abwärts zeigt, steigt nun das Flugzeug. Nein – es wird überhaupt nicht steigen, es sei denn, es ist vorher wesentlich schneller geflogen, als dies bei einem normalen Gleitflug der Fall wäre. Das Flugzeug wird also nach dem Ziehen nur unter einem größeren Anstellwinkel fliegen. Ein großer Anstellwinkel aber bedeutet bei vorgegebener Fluggeschwindigkeit – etwa der vorher erwähnten »normalen« Gleitfluggeschwindigkeit auch einen größeren Auftrieb, oder wenn wir die Situation aerodynamisch betrachten einen größeren Auftriebsbeiwert c_a. Aus der Flugphysik ist es bekannt, daß

$$\text{Auftrieb} = \frac{\text{Fluggeschwindigkeit}^2}{2} \times \text{Luftdichte} \times \text{Flügelfläche} \times c_a$$

ist und daß der dimensionslose Auftriebsbeiwert c_a etwa linear, das heißt gleichmäßig bis zum Auftriebsmaximum, das je nach Art des Flügelprofils bei etwa 0,8 bis 1,2 liegt, ansteigt. Es könnte also der Auftrieb größer werden und das Modell steigen, wenn nicht auch gleichzeitig der Luftwiderstand größer werden würde. Bekanntlich hat ein Segelflugzeug keinen Propeller oder einen anders gearteten Antrieb, um diesen Widerstand zu überwinden. Das Flugzeug wird also zwangsläufig langsamer gleiten, so daß sich das Kräftegleichgewicht Auftrieb = Gewicht wieder herstellt.

Man merke daher: Durch vorsichtiges Ziehen fliegt ein Segelflugmodell langsamer, durch kräftiges, länger andauerndes Ziehen reißt die Strömung am Flügel ab und das Modell stürzt ab, durch vorsichtiges Drücken fliegt dagegen ein Segelflugzeug schneller,

durch kräftiges, länger andauerndes Drücken geht es in den Sturzflug.

Mit dem Drücken nämlich wird der Anstellwinkel vermindert, damit sinken Randwiderstand und Auftriebsbeiwert, die Fluggeschwindigkeit muß größer werden, um das Kräftegleichgewicht Auftrieb = Gewicht wieder herzustellen (Abb. 64).

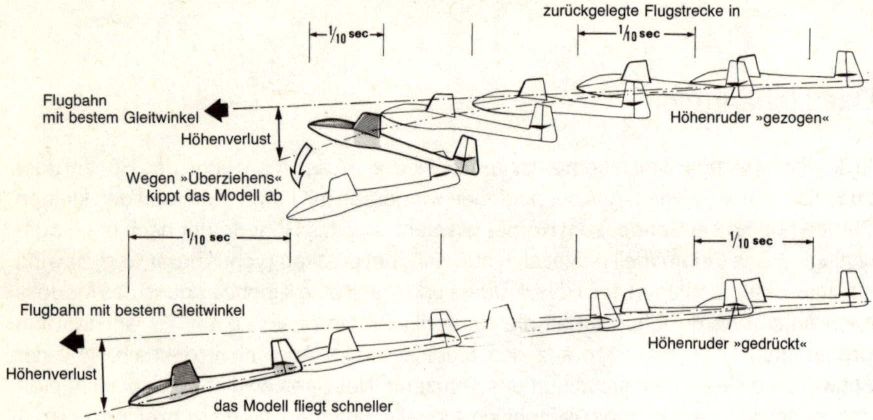

Abb 64: Flugbahnen nach Betätigung des Höhenruders

Wir sehen, mit einem Segelflugzeug kann man durch Betätigen des Höhenruders zunächst nur den Anstellwinkel ändern, damit kann aber auch schon ein sich in einem steilen Gleitflug befindendes Modell aufgerichtet werden; aber bitte nur kurze Zeit ziehen. Wenn man sieht, daß das Modell die Nase hochnimmt, dann muß der Knüppel wieder in die Normalstellung. Steigen lassen – einen, wenn auch nur kurzen Steigflug – kann man nur dann, wenn das Modell vorher schnell, also mit geringem Anstellwinkel geflogen wurde. Wenn man versucht im Normalflug, etwa im Flug mit kleinsten Gleitwinkel, noch weiter zu Ziehen, so wird man sehr schnell feststellen, wie das Modell die Nase höher nimmt, langsamer wird, um dann entweder über einen Flügel abzukippen, oder, wie in Abb. 63 dargestellt, die Nase ruckartig nach unten dreht und in den Sturzflug übergeht. Beides ist in Bodennähe gefährlich und keineswegs zu empfehlen. Andererseits muß man durch kurzfristiges Drücken reagieren, wenn das Modell durch eine äußere Störung, etwa durch Böen oder Luftwirbel sich aufbäumt. Aber auch hier nur kurzzeitig und nicht warten, bis es in den Sturzflug übergeht!

Doch nun noch einmal zurück zur Flugschule. Anfangs sagten wir, man möge das Höhensteuer zunächst einmal stillhalten. Jetzt wissen wir auch warum. Daß wir dennoch nicht darauf verzichten können, haben wir auch gesehen. Auch beim Kurvenfliegen benötigen wir oft das Höhenruder, denn jedes Flugzeug neigt beim »harten« Fliegen einer Steilkurve dazu, in den Spiralsturz zu gehen. »Ziehen« ist in solchen Situationen schon angebracht; aber bitte auch hier nur so lange, bis das Modell erkennbar reagiert. Auch vor der Landung sollte die Fluggeschwindigkeit durch vorsichtiges Ziehen verringert werden, um ein sanftes Aufsetzen zu erreichen.
Fassen wir nochmals zusammen: Nicht die Richtungsänderung der Rumpflängsachse, sondern nur die Anstellwinkelvergrößerung durch die Richtungsänderung beeinflußt bei einer Betätigung des Höhenruders den Flug. Auch eine Anstellwinkelvergrößerung durch andere Mittel, zum Beispiel durch eine Drehung der ganzen Tragflügel oder durch ein Ausschlagen an der Tragflügelhinterkante angeordneter Klappen nach unten würde das Flugzeug kurzzeitig zum Steigen bringen oder es langsamer fliegen lassen, obwohl seine Längsrichtung dabei überhaupt nicht geändert wird. Jede Änderung der Fluggeschwindigkeit aber von der Fluggeschwindigkeit des besten, das heißt kleinsten Gleitwinkels, führt zwangsläufig zu einem zusätzlichen Höhenverlust, zu einer größeren Sinkgeschwindigkeit.

Das Seitenruder

In gewissem Sinn ist das Höhenruder eine Enttäuschung – es wirkt zwar, aber anders als erwartet. Noch größer aber ist die Überraschung, die das Seitenruder bereitet. Man stelle sich vor, man säße in einem Segelflugzeug und hätte den Knüppel zum Steuern in der Hand. Man fliegt munter geradeaus und will etwas nach links fliegen. Ein Tritt ins linke Seitenruderpedal: Das Seitenruder schlägt aus und die Luftkraft treibt den Schwanz nach außen, nach rechts. So weit – so gut; aber die Maschine denkt nicht daran, dem Ruder zu gehorchen und in die Kurve zu gehen. Nein, sie schwebt flach nach rechts weg (Abb. 65 a und b). Das ist schlimm genug; gleichzeitig entdeckt man eine zweite Erscheinung: der rechte Flügel hebt sich, das Flugzeug neigt sich nach links. Man versuche nicht, durch Gegenverwindung die Flügel wieder gerade zu legen, sonst wird man niemals eine saubere Kurve fliegen können. Man lasse den Knüppel, wo er ist, dann beginnt die schrägliegende Maschine zu kurven. Wenn man weit genug herum ist, kann man das Seitenruder wieder gerade legen und das Flugzeug mit der Verwindung aufrichten. Genauso ist es auch bei unserem ferngelenkten Segelflugmodell.
Was ging hier vor? Nun, ganz klar: Als das Flugzeug auf den ersten Ruderausschlag hin den Schwanz nach rechts drehte, kam der rechte Flügel, der einen Außenbogen

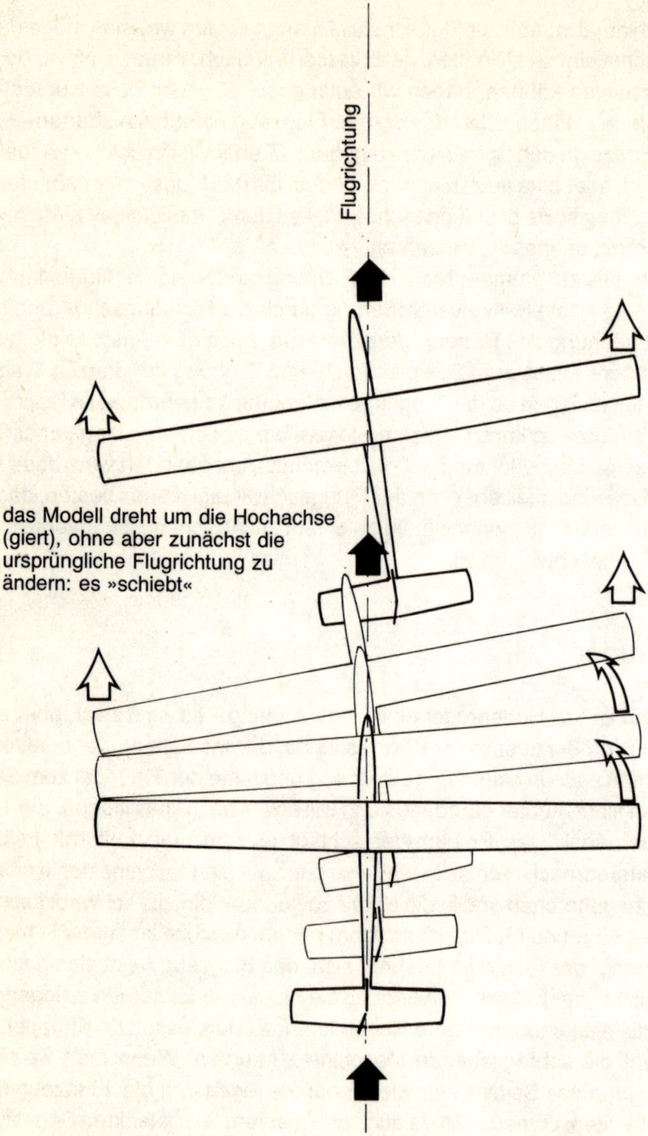

Abb. 65 a: Nach dem Seitenruderausschlag dreht sich das Flugzeug zunächst nur um die Hochachse

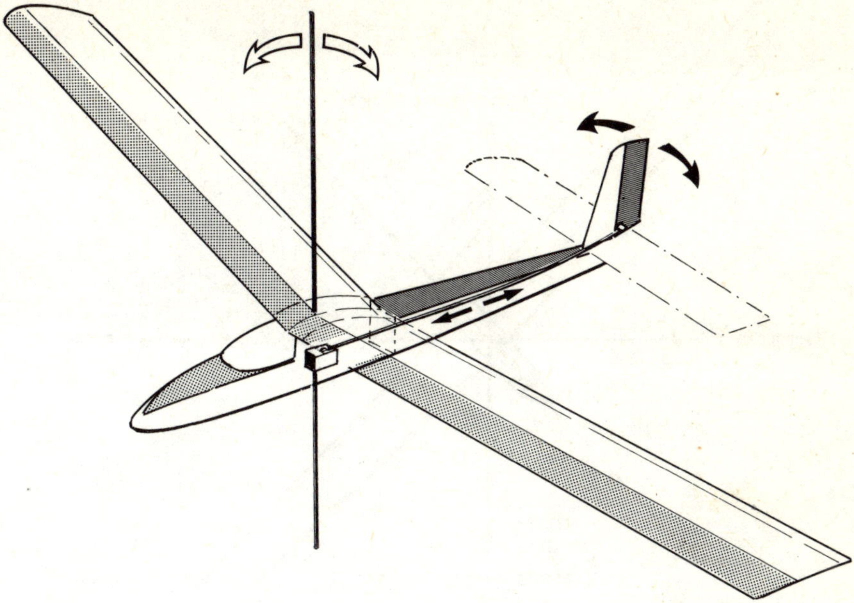

Abb. 65 b: Das ausgeschlagene Seitenruder bewirkt eine Drehung (gieren) um die Hochachse

beschrieb, rascher voran. Er hatte höhere Geschwindigkeit und deshalb höheren Auftrieb und so hob er sich und das Flugzeug stellte sich ein wenig schräg. Hinzu kommt, daß der Flügel V-Form hat. Dadurch, daß er sich nach links dreht, wird auch der rechte Flügel unter einem größeren geometrischen Winkel angeblasen, der Auftrieb wird größer, der Effekt, das Drehen um die Längsachse, wird größer. Noch immer zog das Gewicht genau nach unten; aber die Luftkraft zeigte nun schräg nach links. Nur ein Teil von ihr war noch bereit, das Gewicht zu kompensieren; der übrige Teil zog die ganze Maschine nach links herum. Dieser einwärts gerichtete Teil der Luftkraft hob die Fliehkraft auf, die in jeder Kurve das Flugzeug nach außen tragen will und führte zu der Abweichung von der Geraden, dem Kurvenflug (Abb. 66). Man sieht – ein Seitenruderausschlag bringt eine Querneigung, ein »Rollmoment« mit sich. Bewegungen um die Längsachse nennt man in der Fliegerei »Rollen«, und ebenso bringt ein Querruder-Ausschlag, ein Schiefstellen der Fläche, nur durch die Verwindung die eben beschriebene Abweichung der Luftkraft und eine seitliche Kursänderung, ein »Giermoment«, eine Kurve mit sich. Ein Kurvenfliegen mit dem Seitenleitwerk allein ist möglich, jedoch nicht direkt. Einfacher ist es daher, durch die Querruder das Flugzeug schräg zu legen

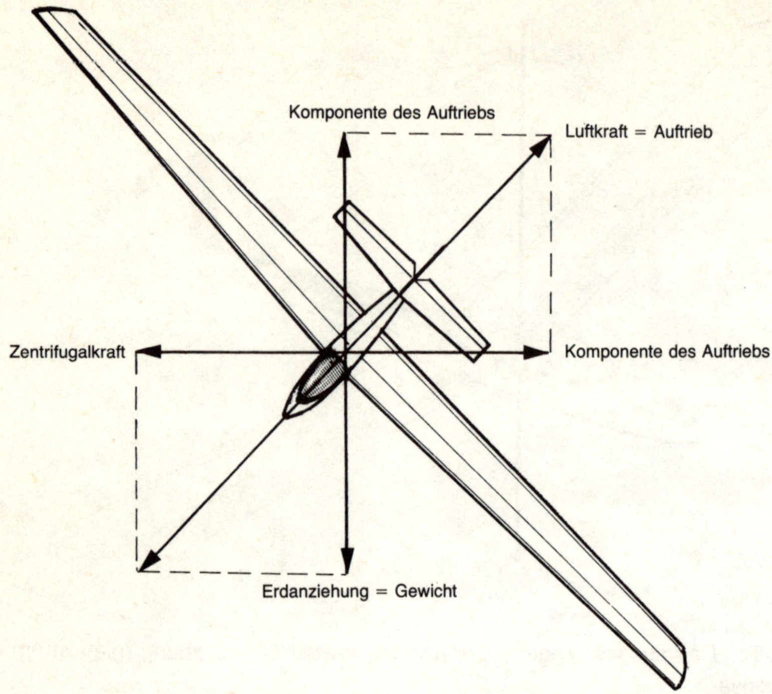

Abb. 66: Die Kräfte in der Kurve. Wegen der Querneigung des Flugmodells zeigt die Luftkraft nicht mehr senkrecht nach oben, sondern nach dem Kurveninneren. Nur ein Teil kann als Gegenkraft zum Gewicht wirken, der andere muß die Zentrifugalkraft aufheben. Das Verhältnis Auftrieb/Gewicht kann nur durch einen größeren Anstellwinkel = größerer Auftrieb oder durch einen schnelleren Flug (ebenfalls größerer Auftrieb) wieder hergestellt werden. Da dies im Gleitflug nicht möglich ist, wird im Kurvenflug zusätzlich an Höhe verloren

und dann entweder durch einen zusätzlichen Seitenruderausschlag oder besser, weil das Flugzeug etwa 45° schräg liegt, durch einen Höhenruderausschlag die Kurve einzuleiten und zu durchfliegen (Abb. 67). Bei schnellen Segelflugmodellen verzichtet man aus diesem Grunde auf eine Betätigung des Seitenruders beim Kurvenflug. Das Seitenruder wird hier lediglich für einige Flugfiguren, wie den »Turn«, für das Trudeln, hier das Einleiten und Ausleiten aus dem Trudeln und für den Messerflug benötigt.

Abb. 67: Im steilen Kurvenflug tritt ein Steuerwechsel ein: Das Höhenruder wirkt auch als Seitenruder, das Seitenruder als Tiefenruder

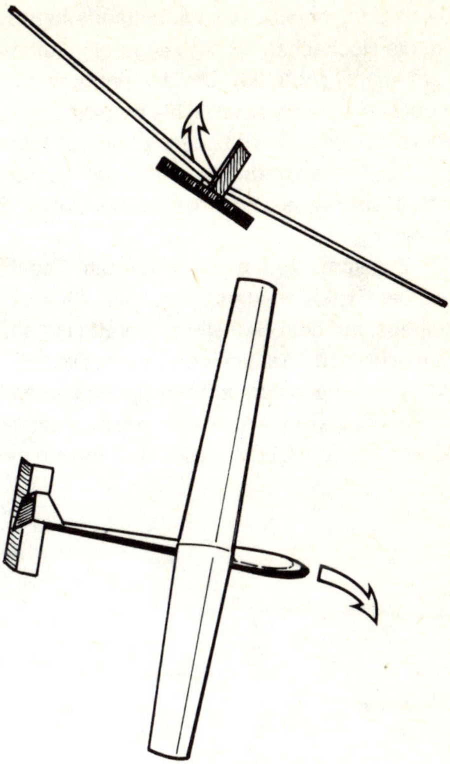

Das Querruder

Bei einem großen Flugzeug werden die Rollbewegungen, das sind die Bewegungen um die Längsachse des Flugzeuges, mit dem Querruder eingeleitet oder auch korrigiert. Wenn zum Beispiel eine Bö das Flugzeug um die Längsachse dreht, so schlägt man das Querruder entgegengesetzt aus. Angenommen, das Flugzeug rollt nach links; man schlägt dann das rechte Querruder nach oben, das linke nach unten aus. Auf der rechten Tragfläche entsteht ein geringerer Auftrieb, auf der linken Tragfläche ein größerer Auftrieb, das Flugzeug dreht in die Normallage zurück. Leider entstehen aber beim Ausschlagen der Querruder unterschiedliche Widerstände an den beiden Tragflügelhälften, und zwar an dem nach unten ausgeschlagenen Querruder immer ein etwas größerer Widerstand als an dem nach oben ausgeschlagenen Querruder.

Diese Unsymmetrie der Widerstände führt zu einem Giermoment, zu einer Drehung um die Hochachse. In der Fliegerei nennt man diese Erscheinung: »negatives Wendemoment« (Abb. 68). Um das unangenehme und gar nicht erwünschte Wendemoment auszugleichen, erdachte man eine ganze Reihe von Vorrichtungen. Die einfachste ist die, daß man das nach oben ausgeschlagene Querruder höher ausschlägt als das nach unten gedrehte Querruder. $1/3$ nach oben (etwa 10°) und $2/3$ nach unten ist eine in der Praxis bewährte Lösung. Durch 120° Winkelhebel in der Tragfläche ist dies möglich.

Der Zusammenbau eines solchen im Fachhandel erhältlichen 120° Winkelhebels ist aus der Explosionsdarstellung Abb. 69 ersichtlich. Durch 2 Muttern (7) wird der Winkelhebel auf dem Befestigungsbrett (1) gehalten. Den überstehenden Teil der Halbrundschraube (2) schneidet man ab. Die Größe und Länge des Befestigungsbrettes (1) richtet sich nach dem zur Verfügung stehenden Raum im Tragflügel. Der Einbau des Winkelhebels sollte so vorgenommen werden, daß der zum Querruder zeigende Hebelarm mit dem Gestänge fluchtet, um ein Verkanten des Gestänges auszuschließen.

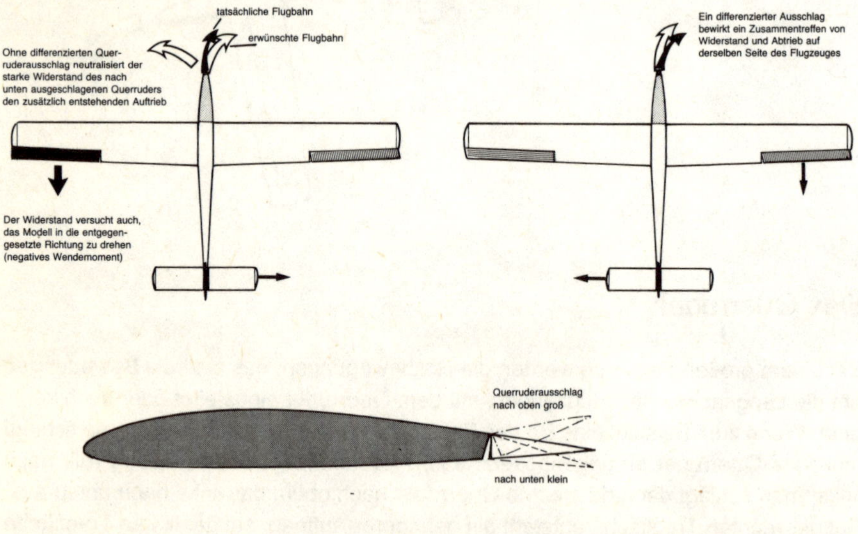

Abb. 68: Giermoment eines Segelflugmodells mit Querrudern, die gleich große Ausschläge nach oben und unten haben, und Giermoment eines Segelflugmodells mit Querrudern, die differenzierte, also nach oben größere Ausschläge als nach unten haben

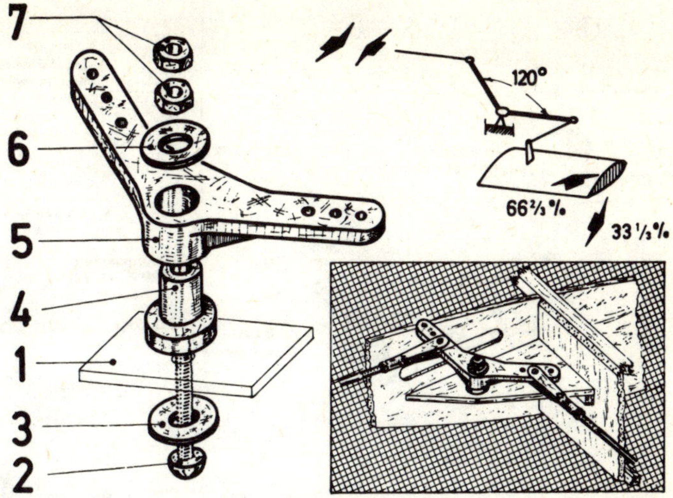

Abb. 69:
120°-Winkelhebel

Einfache Flugmodelle werden indes nur mit dem Seitenruder gesteuert. Sie stabilisieren sich automatisch um die Längsachse durch eine ausreichend bemessene V-Form des Tragflügels. Schnelle Segelflugmodelle und Kunstflugmodelle aber sollten mit dem Querruder gesteuert werden. Hier werden dann auch die Kurven mit dem Querruder eingeleitet und das Modell nach links oder rechts schräggelegt. Dabei fliegt es aber zunächst weiterhin geradeaus. Wenn das Modell genügend Schräglage hat, wird die Kurve mit dem Höhenruder vollendet: Linkskurve – linkes Querruder nach oben, rechtes Querruder nach unten, Höhenruder ziehen; Rechtskurve – rechtes Querruder nach oben, linkes Querruder nach unten, Höhenruder ziehen. Ein großer Höhenruderausschlag ergibt enge Kurven, ein kleiner Höhenruderausschlag weite Kurven. Das Höhenruder wirkt in der Schräglage also als Seitenruder.

Im Gegensatz zu den einteiligen Tragflügeln der Motorflugmodelle sind die Flügel der Segelflugmodelle wegen ihrer großen Spannweite teilbar. Sie werden, wie im Abschnitt Flügelbefestigungen beschrieben, mittels Stahlstiften oder Federstahlbändern mit dem Rumpf leicht lösbar verbunden. Entsprechend müssen auch die Querruderanschlüsse teilbar sein. Bei der in der Abb. 70 gezeigten Ausführung wird die Rudermaschine im Rumpf eingebaut. Von ihr führt eine Stoßstange zum ebenfalls im Rumpf befestigten Doppelhebel (1). Die Hebel (2) mit Drahtbügel sind in jeder Tragflügelhälfte drehbar befestigt und rasten selbsttätig in die drehbaren Röhrchen (14) von (1) ein. Durch den Kraftschluß zwischen Drahtbügel von (2) und Röhrchen des Hebels (1) funktioniert auch bei geringer Verschiebung der Tragflügelhälften gegenüber dem

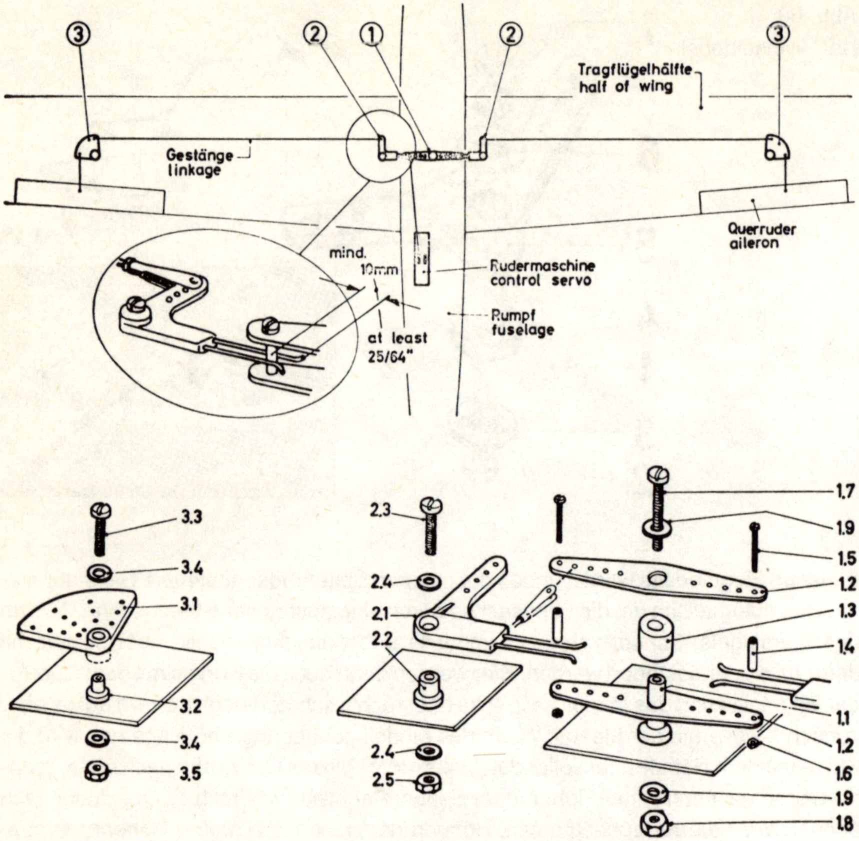

Abb. 70: Querruderanschlüsse für geteilte Tragflügel

Rumpf die Übertragung noch sicher. Vom Hebel (2) wird die Bewegung der Rudermaschine mittels der Stoßstange weitergeleitet zum drehbaren Winkelhebel (3) und von dort durch eine Stoßstange zum jeweiligen Querruder.

Die Landeklappen (Störklappen)

Hochleistungssegelflugmodelle zeichnen sich vor allem durch einen sehr flachen Gleitwinkel aus. Dies ist auch der Grund dafür, daß eine Landung in einem kleinen

Landefeld gar nicht so einfach ist. Dem Vorbild der großen Segelflugzeuge folgend, bei denen um die Mitte der dreißiger Jahre Störklappen in den Flügel eingebaut wurden, entstanden auch für die Segelflugmodelle eine Reihe von Konstruktionen, die alle die Aufgabe zu erfüllen hatten, den Luftwiderstand des Modelles zu erhöhen, um damit den Gleitflug zu verkürzen. Wir erinnern uns:

$$\text{Gleitzahl} = \frac{\text{Auftrieb}}{\text{Widerstand}}$$

Je größer also der Widerstand, um so kleiner die Gleitzahl. Wenn es zudem noch gelingt, den Auftrieb durch die ausgefahrene Störklappe etwas zu verringern, so wird die Wirkung dieser Landeklappe noch größer (Abb. 71). Sehr schnell fand man heraus, daß die beste Lage der Störklappe auf der Flügeloberseite liegt, etwa um 30 bis 35 % der Flügeltiefe von der Flügelnase entfernt (Abb. 72). Damit nun die an der ausgefahrenen Klappe entstehenden Wirbel nicht unnötig die Wirkung des Höhenleitwerkes vermindern, sollte die Klappe nicht direkt am Rumpf, sondern um etwa die Halbspannweite des Höhenleitwerkes vom Rumpf entfernt eingebaut werden. Eine einfache Landeklappe wird beispielsweise von Graupner angeboten (Abb. 73).
Sie ist für den Betrieb mit einer proportional- und selbstneutralisierenden Rudermaschine ausgelegt und hat keine Rückstellfeder. Mit einer Proportional-Rudermaschine läßt sich der Ausschlagwinkel und damit die Wirkung der Klappe stufenlos und feinfühlig verändern. Die Landeklappe besitzt die geringe Bauhöhe von 4 mm und läßt sich daher auch in Tragflügel mit geringer Profildicke einbauen.

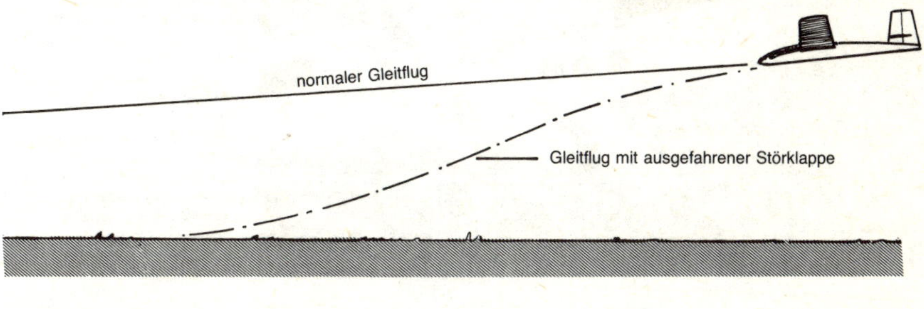

Abb. 71: Gleitflug eines Segelflugmodells ohne und mit ausgefahrener Störklappe

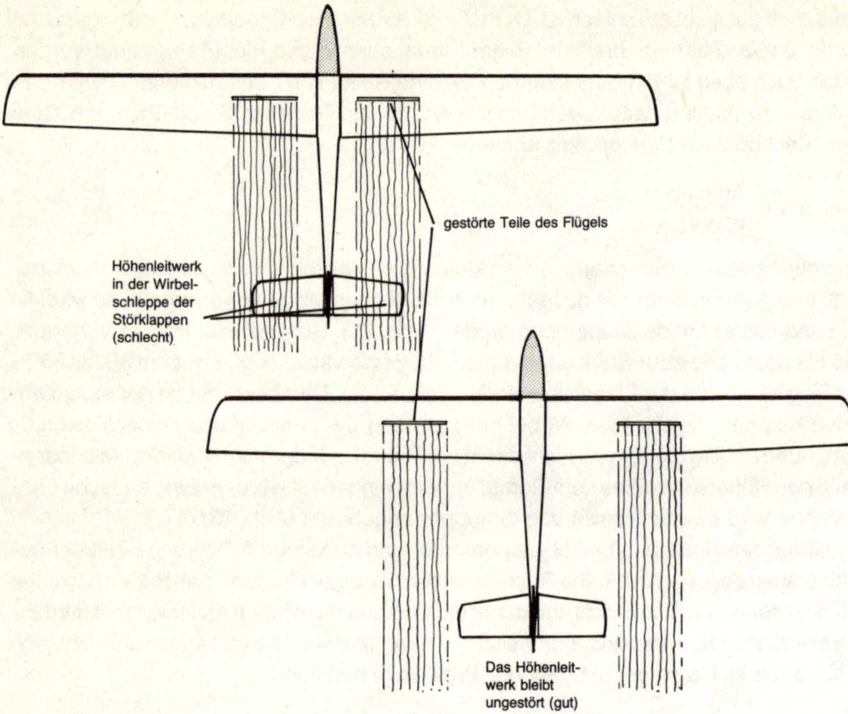

Abb. 72: Anordnung der Störklappen an einem Flügel

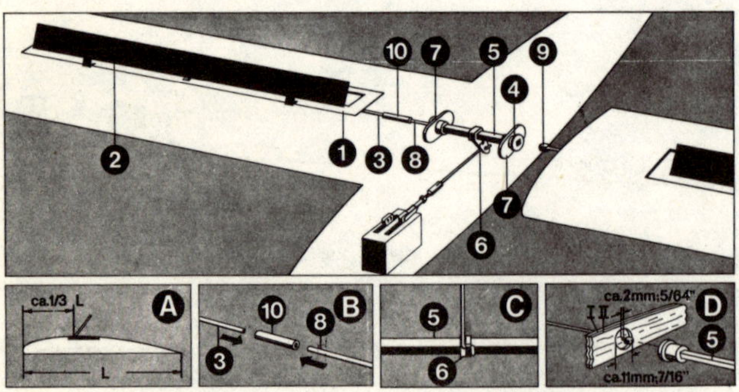

1) Klappenrahmen
2) Klappen
3) abgewinkelter Stahldraht als Klappendrehachse und Lager
4) Lagerbuchse mit Vierkantloch
5) im Rumpf liegende Achse
6) Anlenkhebel
7) an den Rumpfseitenwänden geklebte Lagerhalterung
8) Stahldraht
9) auf dem Stahldraht 8 sitzendes Vierkant-Messingteil
10) Messingröhrchen als in seiner Länge veränderbares Verbindungselement zwischen den Stahldrähten 8) und 3)

Abb. 73: Störklappe von Graupner, die als Bausatz angeboten wird

Die Funkfernsteuerung

Die Entwicklung von Funkfernsteuerungen für Flugmodelle hat in den letzten 20 Jahren einen stürmischen Verlauf genommen. Galt es anfangs als Abenteuer, ein Modell funkferngesteuert zu fliegen – und war es auch wirklich ein Abenteuer – so stehen dem Modellflieger heute ausgereifte Anlagen in miniaturisierter Ausführung zur Verfügung, die alle Anforderungen erfüllen. Grundsätzlich unterscheiden wir heute zwei Systeme: das AM- und das FM-System.

Was ist »AM« und »FM«?

In jedem Sender mit Proportionalsteuerung werden Impulse erzeugt, deren Dauer von der jeweiligen Stellung der einzelnen Steuerknüppel abhängig ist. Diese »Steuerbefehle« können der vom Sender abgestrahlten Hochfrequenz (HF) mittels »AM« oder »FM« aufgeprägt werden. Dies sind Abkürzungen für die technischen Begriffe »Amplitudenmodulation« und »Frequenzmodulation«.
Bei AM bleibt die HF in ihrer Frequenz konstant, während die »Amplitude«, also die Schwingungsweite des Antennensignals im Rhythmus der Steuerimpulse verändert wird, das heißt, die Information für den Empfänger liegt in der Amplitude.
Bei FM dagegen bleibt die Amplitude des Antennensignals konstant, die HF wird dagegen im Rhythmus der Steuerimpulse zwischen zwei Frequenzen hin- und hergeschaltet. Der Abstand zwischen diesen Frequenzen wird als »Frequenzhub« bezeichnet und beträgt zum Beispiel 3 kHz. Die Information liegt bei FM in den beiden Frequenzen. Da die HF gewissermaßen die Steuerbefehle zum Empfänger transportiert, wird sie auch Trägerfrequenz genannt (Abb. 74).
Welche Vorteile bringt FM?
Das FM-System ist gegenüber Änderungen der Amplitude weitgehend unempfindlich. Das bedeutet eine merkliche Verbesserung gegenüber Störungen insbesondere durch die in steigendem Maße im 27 MHz-Band eingesetzten AM-Funksprechgeräte. Außerdem ergibt sich eine höhere Sicherheit gegenüber starken Feldstärkeschwankungen und Übersteuerungen. Kreuzmodulationseffekte und Funkenstörungen werden merklich unterdrückt.

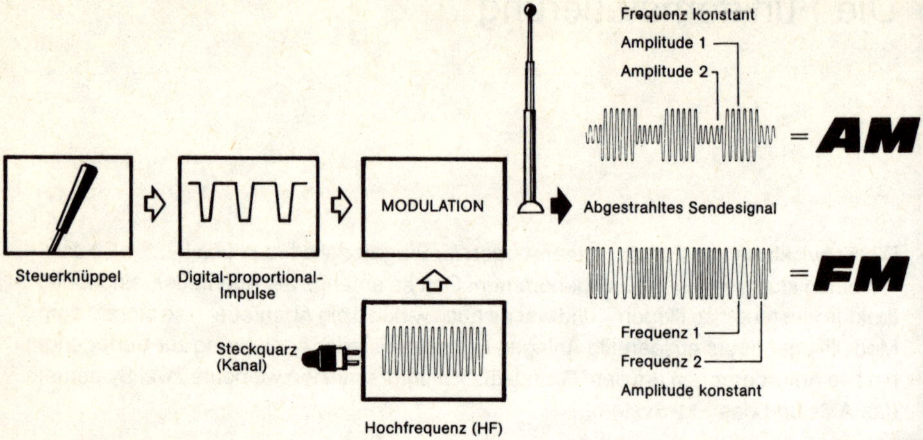

Abb. 74: Darstellung der Wirkungsweise einer modernen Fernsteuerungsanlage

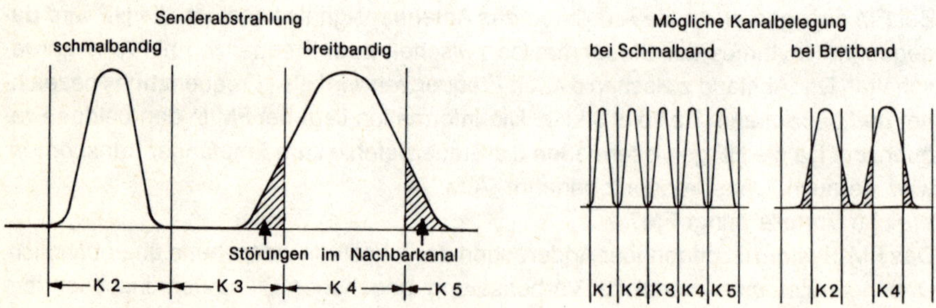

Abb. 75: Schmalband und Breitband

Warum Schmalband-System?
Ein Schmalband-Betrieb ist grundsätzlich sowohl bei AM als auch bei FM möglich. Er erfordert jedoch besondere Maßnahmen und einen entsprechend hohen technischen Aufwand. Erst in Verbindung mit FM kommen die Vorteile voll zur Geltung.
Jeder Sender strahlt neben der eigentlichen Trägerfrequenz noch Seitenbänder ab. Je nach abgestrahlter Breite der Seitenbänder unterscheidet man zwischen breitbandig und schmalbandig. In einem bestimmten, zur Verfügung stehenden Frequenzbereich können naturgemäß schmalbandig strahlende Sender in größerer Stückzahl untergebracht werden (Abb. 75).
Auch der Empfänger nimmt entsprechend seiner technischen Auslegung neben der eigentlichen Trägerfrequenz einen mehr oder weniger breiten Ausschnitt aus dem Frequenzband auf (Bandbreite). Je schmalbandiger nun der Empfänger ist, um so trennschärfer ist er und um so weniger Störungen nimmt er auf, da alles, was außerhalb der Bandbreite des Empfängers liegt, nicht wahrgenommen wird. Der aufzunehmende Ausschnitt aus dem Frequenzbereich muß für optimalen Betrieb der Bandbreite des Senders angeglichen sein. Bei den neuen Schmalband-Anlagen kann der Frequenzabstand zwischen benachbarten Hochfrequenzkanälen von den üblichen 20 bis 30 kHz auf 10 kHz verringert werden. Somit steigt die Anzahl der belegbaren HF-Kanäle im 27 MHz-Band von 12 auf 32 an. Nach den neuesten Bestimmungen der Deutschen Bundespost sind im 35 MHz-Band 20 Kanäle der Frequenzgruppe D nur für Flugmodelle zugelassen. Ihr Kanalabstand beträgt 10 kHz. Es sind dies die Kanäle 61 bis 80.
Bei der Frequenzgruppe im 434 MHz-Band sind 33 Kanäle vorgesehen. Ihr Abstand beträgt 50 kHz. Es sind dies die gradzahligen Kanäle der Nummern 101 bis 167, also Kanal 102, 104 und so weiter. Im 40 MHz-Band stehen 4 Kanäle der Frequenzgruppe A, das sind die Kanäle 50 bis 53, für Funkfernsteuerung zur Verfügung.

Kombination von Anlagen mit unterschiedlichen Systemen

Nach den Bestimmungen der Deutschen Bundespost dürfen bis zum 31. 12. 1982 Anlagen mit einer Serienprüfnummer der F-Reihe betrieben werden. Beim Parallelbetrieb mit Geräten der Serienprüfnummernreihen MF und FE, das sind die neueren Anlagen, ist folgendes zu beachten:
1) 27 MHz-Band
Hier gelten die bereits bekannten Regeln für Schmalband-(FM) und Breitband-(AM) Anlagen. Das bedeutet, daß schmalbandige Anlagen, gleichgültig ob aus der F- oder MF-Reihe, im Kanalabstand von 10 kHz nebeneinander betrieben werden dürfen. Le-

diglich zu den breitbandigen AM-Sendern der F-Serie ist ein Mindestabstand von 20 kHz einzuhalten.

Quarze der verschiedenen Gerätetypen dürfen nicht vertauscht werden!

2) 35 MHz-Band

Zu beachten ist, daß Kanal 42 (35,00 MHz) vorgesehen für die Geräte der F-Typenreihe nur 10 kHz neben Kanal 61 der neuen FE-Reihe liegt (35,01 MHz). Ein FE-Sender, mit Quarz für Kanal 61 bestückt, könnte also einen breitbandigen AM-Empfänger der F-Reihe im Kanal 42 stören und umgekehrt.

Ein Betrieb von breitbandigen (AM)-Sendern der F-Reihe (Kanäle 36–48) auf den Frequenzen der neuen FE-Reihe (Kanäle 61 bis 80) ist nicht zugelassen, da AM-Sender mit F-Serienprüfnummern die verschärften technischen Richtlinien für die FE-Reihe nicht in allen Punkten erfüllen. FE-Empfänger im benachbarten Kanalabstand (10 kHz Kanalabstand) würden gestört werden. Außerdem sind die Quarze für schmalbandige (FM)-Anlagen der FE-Reihe meist ungeeignet für AM-Geräte der F-Reihe. Es gibt möglicherweise einzelne FM-Sender im 35 MHz-Band mit der Serienprüfnummer F, die bereits die Forderung für FE-Geräte im 35 MHz-Band erfüllen. In diesem Fall empfiehlt sich eine Rücksprache mit dem Hersteller.

3) 40 MHz-Band

Hier sind keine Probleme zu erwarten, da im 40 MHz-Band von vornherein nur schmalbandige FM-Anlagen verwendet werden (10 kHz Kanalabstand).

4) 434 MHz-Band

Wegen der geringen in Betrieb befindlichen Stückzahlen mit nur wenigen über das Band verteilten Frequenzen (Quarze fest eingebaut) gibt es auch hier beim Parallelbetrieb keine Probleme, wenn die benachbarten Frequenzen mindestens 50 kHz auseinander liegen, zum Beispiel Kanal 2 mit 433,125 MHz und Kanal 4 mit 433,175 MHz.

Wie funktioniert eine Fernsteuerungsanlage?

Die heute fast ausschließlich verwendeten Digital-Proportional-Fernlenkanlagen arbeiten nach folgendem Prinzip:

Die Bewegung am Steuerknüppel wird im Sender multiplex verschlüsselt, das heißt in Impulse unterschiedlicher Länge umgeformt, die nacheinander ausgesendet werden (Codierung). Diese Impulse gelangen zum Modulator gemeinsam mit der HF des Oszillators, das ist der Kanalquarz, und dann in den Endverstärker des Senders zur Sendeantenne und werden hier ausgestrahlt. Diese technische Lösung ergibt einen geringen Bandbreitenbedarf, so daß mehrere Anlagen gleichzeitig betrieben werden können, ohne daß dies zu gegenseitigen Störungen führt. Von der Empfangsantenne aufgenommen, werden die Impulse im HF/ZF-Verstärker verstärkt, im Demodulator demoduliert, anschließend decodiert und gelangen dann zu den hierfür vorgesehenen Servos (Rudermaschinen), die sich entsprechend der Auslenkung der Steuerknüppel am Sender bewegen und deren Bewegung über Stangen oder Bowdenzüge zu den entsprechenden Rudern geführt werden (Abb. 76). Die Energie für den Sender liefert ein eingebauter 12-Volt Akku. Die Empfangsanlage wird in fast allen Fällen über einen 4,8-Volt Akku betrieben.

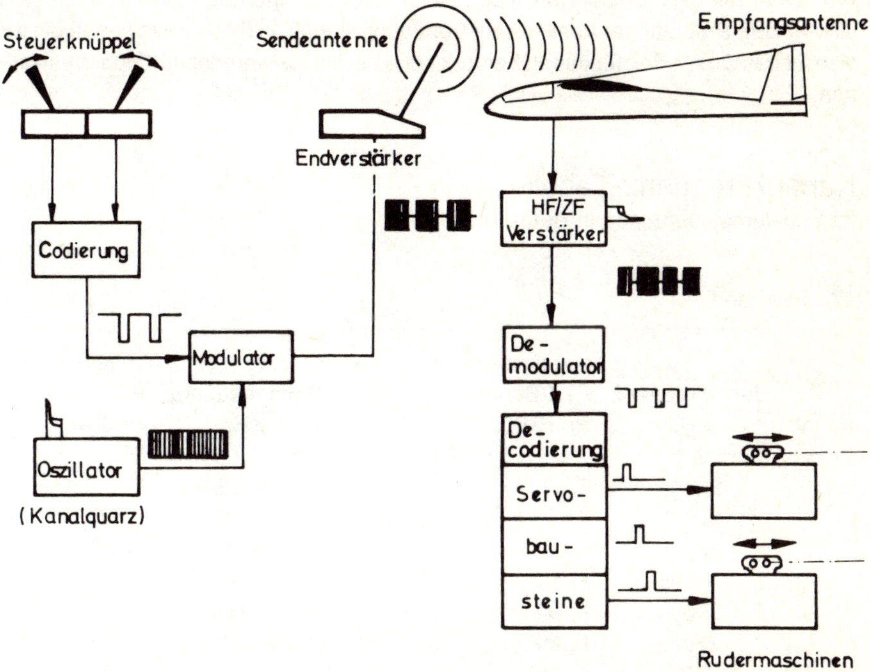

Abb. 76: Funktionsschema einer modernen Fernsteuerungsanlage

Welche Fernlenkanlage benötigt man?

Man spricht bei den modernen Fernlenkanlagen von Funktionskanälen. So benötigt man für jedes zu steuernde Ruder eine Proportional-Funktion oder einen Proportional-Kanal. Verschiedene Hersteller benutzen auch die Bezeichnung »Zwei Kanäle« für

einen Proportional-Kanal. Eindeutig wird die Angabe über die benötigten Funktionen, wenn man von der Zahl der Rudermaschinen (Servos) ausgeht.
Für ein Segelflugmodell benötigt man drei Proportional-Funktionen oder sechs Kanäle, und zwar im einzelnen:

– Für das Seitenruder eine Funktion oder einen Kanal links, einen Kanal rechts;
– für das Höhenruder eine Funktion oder zwei Kanäle, hoch und tief und
– für die Störklappen eine Funktion oder zwei Kanäle, ausgefahren und eingezogen.

Wollen wir mit dem Modell Kunstflug machen und ein Querruder einbauen, so muß eine weitere Proportional-Funktion zur Verfügung stehen. In diesem Fall benötigen wir also für das Querruder, für das Höhenruder und für das Seitenruder drei Rudermaschinen.

Kanal-/Frequenz-Tabelle

für Funkfernsteuerungen in Deutschland

27-MHz-Band

Kanal	Sendefrequenz KHz	zugelassene FTZ-Serien-Prüf-Nr.	Kanal	Sendefrequenz KHz	zugelassene FTZ-Serien-Prüf-Nr.
1	26965	F	17	27125	F, MF
2	26975	F	18	27135	F, MF
3	26985	F	19	27145	F, MF
4	26995	F, MF	20	27155	F
5	27005	F, MF	21	27165	F
6	27015	F, MF	22	27175	F
7	27025	F, MF	23	27185	F
8	27035	F, MF	24	27195	F, MF
9	27045	F, MF	25	27205	F
10	27055	F, MF	26	27215	F
11	27065	F, MF	27	27225	F
12	27075	F, MF	28	27235	F
13	27085	F, MF	29	27245	F
14	27095	F, MF	30	27255	F, MF
15	27105	F, MF	31	27265	F
16	27115	F, MF	32	27275	F

35 MHz-Band

Kanal	Sendefrequenz KHz	zugelassene FTZ-Serien-Prüf-Nr.	Kanal	Sendefrequenz- KHz	zugelassene FTZ-Serien-Prüf-Nr.
36	34400	F	45	35300	F
39	34700	F	48	35600	F
42	35000	F			
61	35010	FE	71	35110	FE *)
62	35020	FE	72	35120	FE *)
63	35030	FE	73	35130	FE *)
64	35040	FE	74	35140	FE *)
65	35050	FE	75	35150	FE *)
66	35060	FE	76	35160	FE *)
67	35070	FE	77	35170	FE *)
68	35080	FE	78	35180	FE *)
69	35090	FE	79	35190	FE *)
70	35100	FE	80	35200	FE *)

*) AM (Breitband-) Sender für 35 MHz sind auf diesen Frequenzen nicht zugelassen (»F«-Serienprüfnummer)

40 MHz-Band

Kanal	Sendefrequenz KHz	zugelassene FTZ-Serien-Prüf-Nr.	Kanal	Sendefrequenz KHz	zugelassene FTZ-Serien-Prüf-Nr.
50	40664	F, MF	52	40685	F, MF
51	40675	F, MF	53	40695	F, MF

434-MHz-Band

102	433125	FE	*)	136	433975	FE	*)
104	433175	FE		138	434025	FE	
106	433225	FE		140	434075	FE	
108	433275	FE		142	434125	FE	
110	433325	FE		144	434175	FE	
112	433375	FE		146	434225	FE	
114	433425	FE		148	434275	FE	
116	433475	FE		150	434325	FE	
118	433525	FE		152	434375	FE	
120	433575	FE		154	434425	FE	
122	433625	FE		156	434475	FE	
124	433675	FE		158	434525	FE	
126	433725	FE		160	434575	FE	
128	433775	FE		162	434625	FE	
130	433825	FE		164	434675	FE	
132	433875	FE		166	434725	FE	
134	433925	FE					

*) Sender mit »F«-Serienprüfnummer sind ebenfalls zugelassen, sofern sie die FTZ-Richtlinie 17 R 2012 erfüllen.

Die bis 31. 12. 1975 verwendeten Kanäle 66 bis 99 im 434 MHz-Band sind ungültig.

Der Einbau der Fernlenkanlage

Die häufigsten Gründe, weshalb die heutigen Digital-Proportional-Systeme zur Reparatur in die Fabrik geschickt werden, sind nicht ein Versagen der Anlage, sondern:

1. Fehler des Piloten beim Fliegen,
2. Fehler beim Einbau der Anlage und der Rudergestänge.

Den ersten dieser Gründe, das »Versagen des Piloten«, soll hier ausgeklammert werden. In einem der späteren Kapitel wird eingehend über das Einfliegen und über das Fliegen berichtet. Es dreht sich also um den Einbau, besser um den richtigen Einbau der Empfangsanlage, der Rudermaschinen und der Stromversorgung sowie um die Verbindung der Rudermaschinen mit den Rudern.

Der Akku

Zwar ist die Empfängerbatterie nicht sehr empfindlich gegen die Vibration, dennoch ist es immer vorteilhaft, sie in Schaumgummi zu verpacken und vor allem im Modell festzulegen. Es ist schon aus Gründen der Schwerpunktlage vorteilhaft, den Akku möglichst weit vorn, vor allem aber hinter einem kräftigen Spant zu lagern. Der Akku selbst darf auch während des Fluges, auch bei Kunstflugfiguren, seine Lage nicht verändern. Die Kabel müssen locker aus dem Akku herauskommen, dürfen also nicht eingeklemmt sein.

Der Empfänger

Deutsche und auch viele importierte Empfänger verfügen über keine besonderen Befestigungslaschen, so daß man sie in Schaumgummi eingewickelt im Modell placieren muß. Normalerweise wird der Empfänger im vorderen Teil des Rumpfes festgelegt, bei einem Schulterdecker meist vor der Nasenleiste des Flügels. Auch der Empfänger muß absolut festliegen. Er darf sich während des Fluges nicht wesentlich bewegen. Das Schaumgummi, in den wir den Empfänger einwickeln, darf nicht mehr als unbedingt nötig zusammengedrückt sein, da sonst die Wirkung, die man anstrebt, nämlich eine Dämpfung der Schwingungen, nicht in dem notwendigen Maße eintritt. Selbstverständlich sollte auch der Empfänger so angeordnet sein, daß er beim Montieren des Modelles leicht und sicher zu überprüfen ist.

Die Schalter

Als Schalter werden normalerweise kleine Schiebeschalter verwendet (Abb. 77). Ihr sorgfältiger Einbau ist von entscheidender Bedeutung für die einwandfreie Funktion der Fernlenkanlage. Der Schalter wird in die Rumpfseitenwand des Modells eingebaut. Die Ein- und Aus-Stellung des Schalters soll gut sichtbar gekennzeichnet sein, so daß weder das Einschalten bei Beginn, noch das Ausschalten beim Ende des Fluges vergessen werden kann. Eine nicht ausgeschaltete Fernlenkanlage verbraucht natürlich Strom. Das kann zu einer Tiefentladung der Nickel-Kadmium-Akkus führen. Das mögen diese an sich sehr robusten Akkus nicht gern. Tiefentladungen können zu einer Umpolung der Akkus führen, in jedem Fall aber auch zu einer Verkürzung der Lebenszeit.

Abb. 77: Als Ein-Aus-Schalter sollte man wirklich kontaktsichere Präzisionsschalter verwenden

Die Rudermaschinen (Servos)

Für die Rudermaschinen gilt das gleiche wie für die übrige Empfangsanlage: Sie müssen elastisch – vibrationsgeschützt – eingebaut werden. Die Art, wie dies geschieht, ist von der Bauart der Rudermaschine abhängig. Man kennt in Deutschland zwei Systeme:

Die Rudermaschinen des einen Typs werden unter Verwendung von Gummitüllen an Befestigungslaschen festgeschraubt (Abb. 78). Hierbei ist darauf zu achten, daß die Gummitüllen auf keinen Fall fest zusammengepreßt werden, denn dann wären die Rudermaschinen nicht mehr elastisch gelagert. Daher ist es notwendig, die Befestigungsschrauben gerade soweit einzudrehen, daß eine Unterlegscheibe zwischen dem Schraubenkopf und der Gummitülle sich gerade noch verschieben läßt, das Servo aber von den Schrauben fest in seiner Stellung gehalten wird. Die Schrauben müssen gesichert werden. Zwei Hartholzleisten von etwa 10 mm × 10 mm im Querschnitt werden genau passend zwischen die beiden Rumpfseitenwände eingeklebt. Der Abstand der beiden Leisten voneinander muß natürlich der Länge der Servos entsprechen. Paßstücke aus 2 bis 3 mm Sperrholz und etwa 25 mm × 25 mm im Quadrat groß, entsprechend dem Leistenquerschnitt ausgeklinkt, werden an die Rumpfseitenwände geklebt und halten die Hartholzleisten zuverlässig fest.

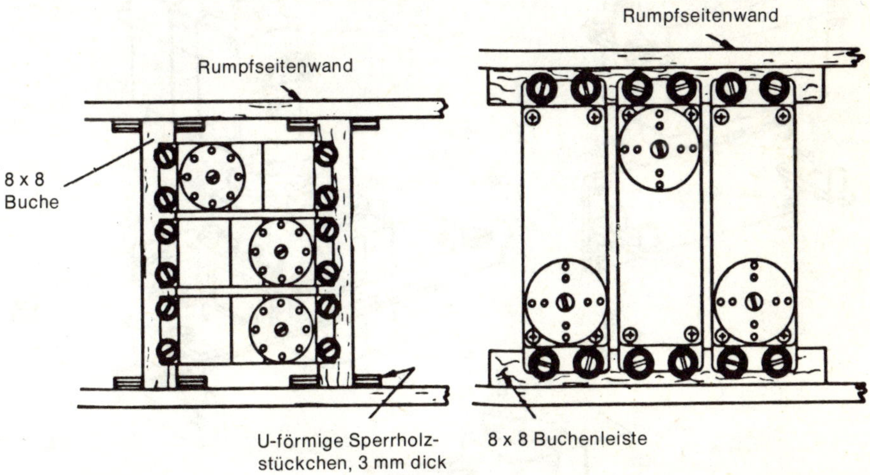

Abb. 78: Schwingungsarmer Einbau von Rudermaschinen

Wenn man die handelsüblichen Schnellbefestigungen aus Kunststoff in das Modell einbaut, können die Rudermaschinen in kürzester Zeit herausgenommen und in ein anderes Modell eingesetzt werden (Abb. 79 a).

Die Höhenlage der Servos, also die Lage ihrer Anlenkungspunkte, soll natürlich mit der auf dem Bauplan angegebenen Lage übereinstimmen. Bei Eigenkonstruktionen sollte man darauf achten, daß sie weder zu hoch noch zu tief eingebaut werden, damit die Schubstangen oder auch Bowdenzüge nicht unnötig abgewinkelt werden müssen. Die richtige Gestängelänge wird nach dem Einschalten der Anlage nach Festlegen der Neutralstellung ermittelt. Geringe Abweichungen von der Neutralstellung sind ohne Bedeutung.

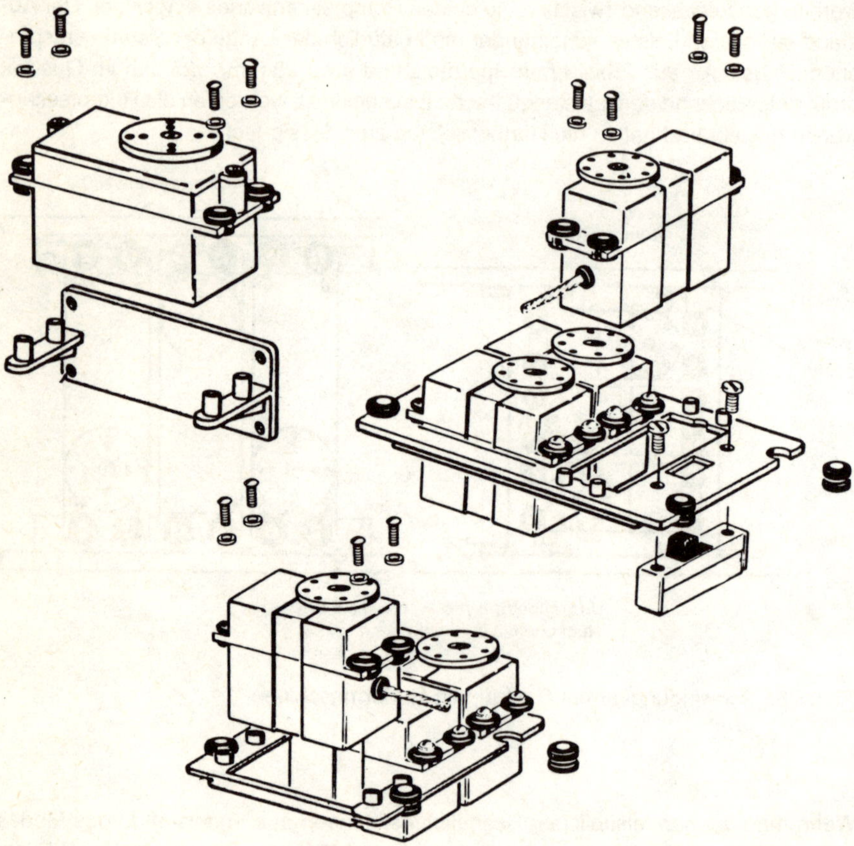

Abb. 79a: Servo-Halterungen aus Kunststoff, wie sie vielfach zu kaufen sind

Das zweite System der Befestigung der Servos wird vornehmlich bei Modellen der Fa. Graupner angewendet. Die Abb. 79 b zeigt die Befestigung der Rudermaschine auf einem Sperrholzbrett (A) (mindestens 3 mm dick). Zum Schutz gegen Erschütterungen sollte zwischen Servo und Brett selbstklebender Zellkautschuk (B) aufgeklebt werden. Die Muttern (C) müssen unterhalb des Brettchens mit UHU plus oder Stabilit express befestigt werden. Die Senkschrauben (D) sind nur so anzuziehen, daß die Rudermaschine festsitzt, aber die Zellkautschukplatte noch genügend dämpfende Wirkung hat. In dem zum Ausschlag des Senders sinngemäß laufenden Gabelkopfanschluß wird der Gabelkopf des Gestänges eingehängt. Gegebenenfalls sollte die Gewindestange hinter dem Gewinde etwas abgekröpft werden, damit genügend Spiel zwischen der Mutter und dem Oberteil vorhanden ist.

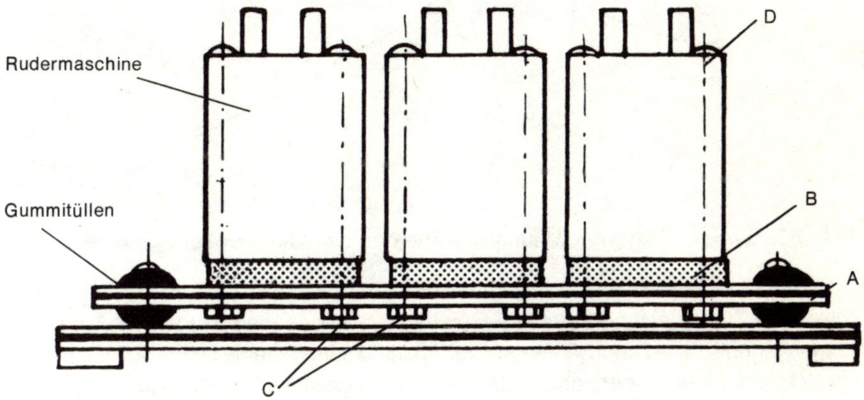

Abb. 79 b: Vorschlag für eine schwingungsarme Befestigung von Rudermaschinen

Die Antenne

Die Antennenlänge muß bei den heutigen Empfängern etwa 1000 mm betragen. Die Antenne soll möglichst geradlinig und möglichst weit weg von Elektromotoren, Rudermaschinen, metallischen Gegenständen oder stromführenden Leitungen verlegt werden. Im allgemeinen wird die Antenne bei Flugmodellen auf kürzest möglichem Wege aus dem Rumpf herausgeführt und zum Seitenleitwerk gespannt (Abb. 80). Hierbei

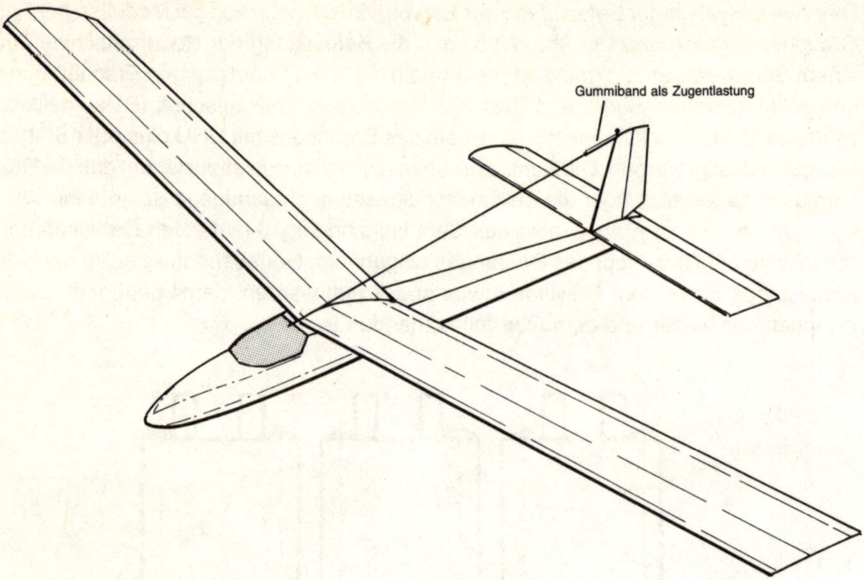

Abb. 80: Zweckmäßige Anordnung der Antenne bei einem Segelflugmodell

sollte eine Zugentlastung durch ein Gummiband vorgesehen werden. Ist bei einem kleinen Modell die Antenne länger als der Abstand zum Seitenleitwerk, so läßt man sie als Schleppantenne überstehen oder führt sie abgewinkelt an den Randbogen des Höhenleitwerks. Jede Verkürzung der Antenne bringt eine Einbuße der Reichweite. Das gilt natürlich auch für den Sender. Außerdem sollte man beachten, daß in geradliniger Verlängerung der Senderantenne sich eine geringe Feldstärke ausbildet. Es ist demnach falsch, mit der Antenne des Senders auf das Modell zu zielen, wie dies von einigen Modellfliegern gemacht wird, um die Empfangsverhältnisse günstig zu beeinflussen.

Bei extrem ungünstigen Umwelteinflüssen, wie sie durch Geländeform, durch hohes Gras, Getreide, starke Feuchtigkeit, Regen, elektrische Weidezäune, Hochspannungsleitungen, Diathermie-Geräte oder industrielle Anlagen auf der gleichen Frequenz vorkommen können, kann der Empfang beeinträchtigt werden. In diesen Fällen soll die in der Abb. 81 dargestellte Stabantenne verwendet werden, die die Empfangsverhältnisse günstig beeinflußt. Auch hier soll die Gesamtlänge der Stabantenne etwa 1000 bis 1100 mm betragen. Da der Luftwiderstand einer solchen Stabantenne nicht unbeträchtlich ist, kommt sie nur für Motorflugmodelle in Betracht.

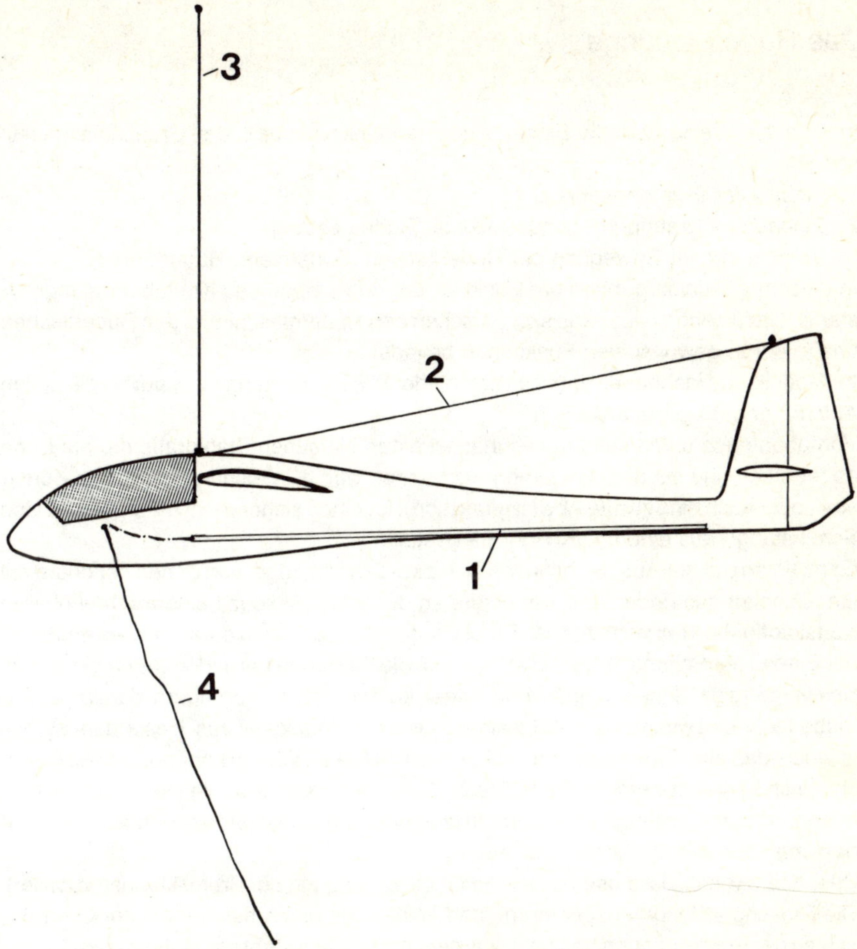

Abb. 81: Vorschläge zur Anordnung der Antenne bei Digitalanlagen

1) Antenne innerhalb des Rumpfes in einem Kunststoffrohr verlegt; kein zusätzlicher Luftwiderstand
2) Antenne außerhalb des Rumpfes zum Seitenleitwerk gespannt; geringer zusätzlicher Luftwiderstand
3) Stabantenne aus Stahldraht ∅ 1,5 mm; hoher Luftwiderstand aber beste Empfangsleistung
4) Schleppantenne, einfach zu installieren; hoher Luftwiderstand, gute Empfangsleistung

Das Rudergestänge

In einfacher Weise kann der Einbau eines Fernlenksystems in drei Gruppen eingeteilt werden:

1. Einbau der Empfangsanlage,
2. Einbau des Kraftübertragungssystems (Rudergestänge),
3. Vorrichtung zur Bewegung der Ruderflächen (Scharniere, Ruderhörner).

In diesem Abschnitt geht es um Punkt 2., um den Einbau des Kraftübertragungssystems. Dazu gehört alles, was sich zwischen den Rudermaschinen, den Ruderflächen und anderen gewünschten Funktionen befindet.
Im Modellbau-Fachhandel gibt es verschiedene Rudergestänge zu kaufen, die in den Abb. 82 und 83 gezeigt werden.
Von oben nach unten sieht man zunächst einen einfachen Stahldraht, der am Ende abgewinkelt und mit dem Ruderhorn verbunden wird. Ein Sicherungsclip aus Kunststoff, oder auch eine zweite Abwinkelung sorgt für einen sicheren Sitz. Darunter ist eine Schubstange aus einem GfK-Rohr dargestellt.
Ganz unten auf der Abb. 82 befinden sich zwei Bowdenzüge, von denen der obere mit Gabelköpfen aus Federstahl, der untere an der linken Seite mit einem schraubbaren Kunststoffgabelkopf versehen ist. Es ist verständlich, daß man darauf achten muß, daß der Einbau der Schubstangen so erfolgt, daß die Gestänge frei und leichtgängig laufen. Schwergängige Schubstangen und Lager kosten Strom, verringern damit die Betriebsdauer und wirken sich nachteilig auf die Stellgenauigkeit aus. Besonders wichtig ist auch, daß alle Ruderhebel ihre vollen Ausschläge ausführen können, also nicht mechanisch begrenzt werden! Nach diesen Gesichtspunkten sind die Durchführungsöffnungen für die Gestänge im Rumpf auszulegen und selbstverständlich auch die Ruderscharniere auf Gängigkeit zu prüfen.
Besonders wichtig ist diese Forderung für die Betätigung der Bremsklappen (Spoiler). Die Stellung »Klappe ausgefahren« darf keinesfalls durch einen mechanischen Anschlag der Bremsklappen bestimmt werden. Andernfalls steht der Motor der Rudermaschine während der Betätigung der Bremsklappe ständig unter Vollast. Das hat zur Folge, daß eine hohe Stromaufnahme vorgenommen wird und die Empfängerbatterie schneller entleert wird, als es wünschenswert ist.
Der Vorteil der Schubstange ist zweifellos die reibungslose Übertragung unter der Voraussetzung, daß sie geradlinig eingebaut wird; andererseits ist das nicht immer möglich. Auch kommt es nicht selten vor, daß lange Schubstangen bei starker Schubbelastung durchbiegen, also der Weg der Rudermaschine, der oft nicht mehr als 6 mm beträgt, verringert wird und damit der Ruderausschlag beispielsweise des Höhenruders nicht im gewünschten Maße erfolgen kann. Das muß nicht unbedingt zum Absturz

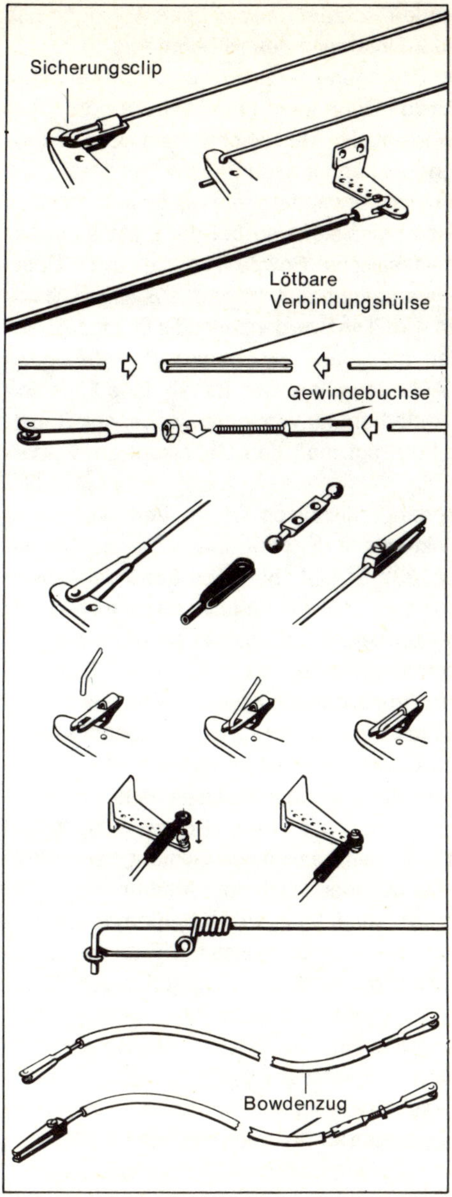

Abb. 82: Anlenkung des Rudergestänges am Ruderhorn

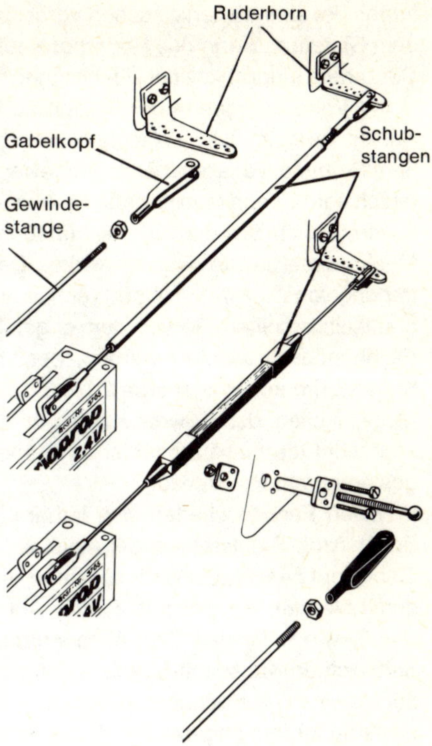

Abb. 83: Rudergestänge

führen, ist aber sicherlich schon vorgekommen, so zum Beispiel beim Abfangen aus dem Sturzflug, wenn das Ruderhorn auf der Unterseite des Höhenruders sitzt.
Die andere Möglichkeit der Übertragung der Bewegung der Servos ist der Bowdenzug. Seine Vorteile liegen in der Flexibilität. Bowdenzüge kann man in Kreisbögen oder Kurven verlegen. Seine Nachteile sollen indes auch nicht verschwiegen werden: größere Reibung, vor allem bei Schubbewegungen. Längenänderung bei Temperaturunterschieden, wenn man Kunststoff-Bowdenzüge verwendet. Aber wie gesagt, oft ist es unvermeidlich Bowdenzüge einzubauen, so beispielsweise bei der Installation der Motordrossel und des Bugfahrwerkes. Der »klassische« Bowdenzug, der nur zur Übertragung von Zugkräften in der Technik Verwendung findet, besteht aus einem Stahldrahtseil und einem Rohr, in dem er geführt wird. Die Bowdenzüge, die im Modellbau-Fachhandel angeboten werden, bestehen meist aus zwei ineinander gleitenden Kunststoffröhrchen von etwa 2 bis 3 mm Außendurchmesser. Es gibt eine Fülle von Möglichkeiten, den Bowdenzug mit dem Ruderhorn zu verbinden, wobei der Gabelkopf wohl die bewährteste ist. Wie aber befestigt man den Gabelkopf am Rudergestänge, am Bowdenzug?
In vielen Fachgeschäften sind lötbare Verbindungshülsen für die Verbindung des Bowdenzug-Stahldrahtes, der meist verzinkt ist, mit der Gewindestange, auf die der Gabelkopf geschraubt wird, zu haben (Abb. 83). Es gibt aber auch Gewindebuchsen zum Löten für den gleichen Zweck. Auf solch einer Gewindebuchse sitzt also schon das Gewinde für den Clip. Auch werden klemmbare Gabelköpfe gefertigt, die vornehmlich an Kunststoff-Bowdenzüge geschraubt werden, denn Kunststoff-Bowdenzüge sind schwer sicher zu kleben. Bei den oftmals dünnen Kunststoff-Bowdenzügen ist es außerdem angebracht, Versteifungsdrähte mit einem Zwei-Komponenten-Kleber in das innere, also das dünnere, Rohr zu stecken, damit ein Einknicken des im letzten Teil ohne Führung zum Ruder gehenden Rudergestängestückes verhindert wird. Der Stahldraht, der natürlich dem Innendurchmesser des inneren Rohres entsprechen muß, soll so lang gewählt werden, daß er sich beim maximalen Gestängeweg (etwa 12 mm) noch innerhalb des Außenröhrchens befindet. Nach dem Aufdrehen der Gabelköpfe mit ihren Federstahlbacken wird das Versteifungsdrähtchen am Ende kurz abgewinkelt. Es wurden schon die Längenänderungen der Kunststoff-Rudergestänge bei unterschiedlichen Temperaturen erwähnt, die auch am Flugmodell von 0° bis + 50°C erreichen können. Will man Ärger vermeiden, so sollte das Führungsrohr – wenn überhaupt – nur an den beiden Enden mit einem Zwei-Komponenten-Kleber am Rumpf beziehungsweise am Flügel (Querruder) befestigt werden.
Der letzte Teil des Rudergestänges und die schon erwähnte Gewindestange darf nicht zu stark abgewinkelt werden. Diese Abwinkelungen können sich nämlich bei größeren Beanspruchungen durchbiegen, so daß eine genaue Übertragung der Bewegung der Rudermaschine auf das Ruder nicht gewährleistet ist.

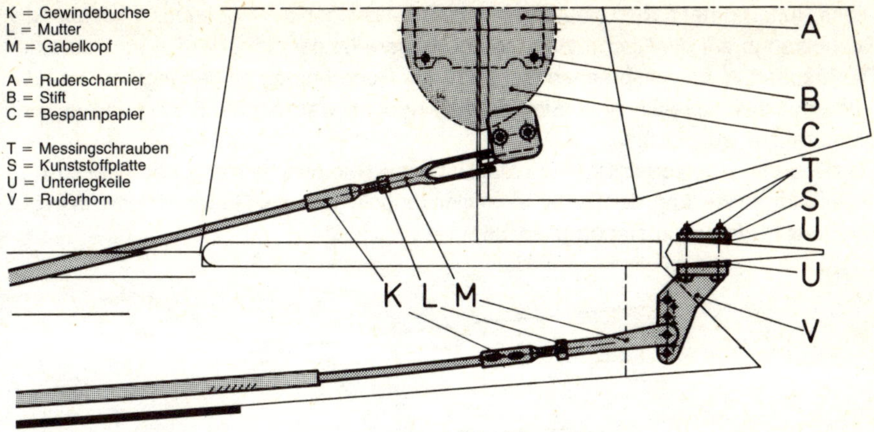

Abb. 84: Anlenkung des Höhenruders und des Seitenruders bei einem einfachen Fernlenksegler (»BETA»)

Die Ruderhörner

Während noch zu Beginn der Entwicklung der Funk-Fernsteuerung die Modellflieger die Ruderhörner selbst aus Sperrholz oder Messingblech herstellen mußten, verwenden die Modellflieger heute handelsübliche Ruderhörner, die aus Nylon oder einem anderen Kunststoff gefertigt sind (Abb. 85).

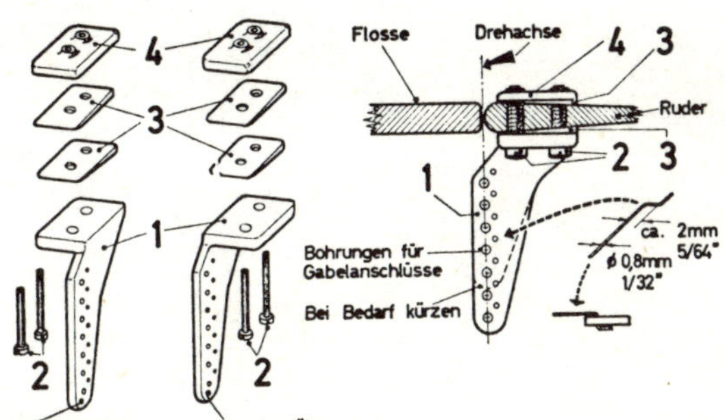

Abb. 85: Ruderhorn mit keilförmigen Unterlagen

Diese Ruderhörner haben die Aufgabe, die Bewegungen der Rudermaschine über die Schubstange auf die Ruderblätter zu übertragen. Ist der Gabelkopf in der Nähe der Ruderachse in ein entsprechendes Loch des Ruderhornes eingehängt, so sind die Ruderausschläge relativ groß. Sie werden kleiner mit wachsender Entfernung der Einhängung zur Ruderachse.

Das Ruderhorn selbst wird immer in der Nähe des Rumpfes befestigt, und zwar so, daß in der Normalstellung der Ruder die Anlenkungslöcher des Ruderhornes senkrecht über der Ruderachse stehen (Abb. 86).

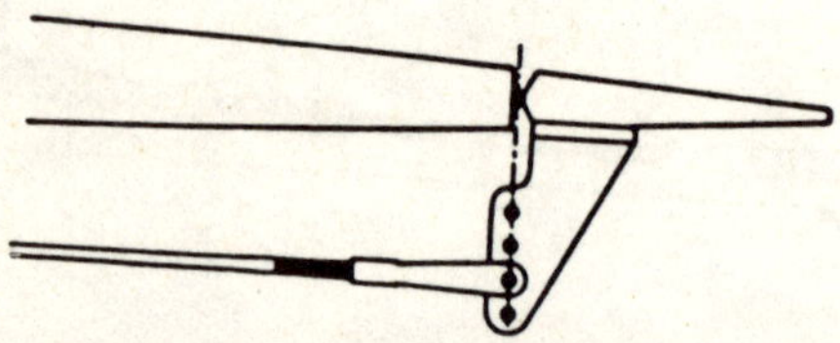

Abb. 86: Ruderhorn so festschrauben, daß der Anlenkungspunkt der Schubstange senkrecht über der Drehachse des Ruders liegt

Wie man steuert

In dem folgenden Text und in den Abbildungen wird gezeigt, welche Möglichkeiten es gibt, mit den beiden Knüppeln des Senders das Flugmodell zu steuern. Die Zuordnung der Ruder zu den beiden Steuerknüppeln ist unterschiedlich. Viele Modellflieger fliegen nach dem »Modell 1« (Abb. 87), bei dem auf der rechten Seite mit Links-/Rechts-Bewegungen das Seitenruder betätigt wird.

Auf der linken Seite wird durch die Hoch- (vom Piloten weg) Bewegung des Steuerknüppels das Höhenruder nach unten und durch die Tief- (zum Piloten hin) Bewegung das Höhenruder nach oben bewegt.

Auf den rechten Knüppel kann dann noch eine Zusatzfunktion wie zum Beispiel die Betätigung der Störklappen gelegt werden.

Falls Querruder eingebaut werden sollen, so legt man diese bei diesem Steuermodell anstelle des Seitenruders zweckmäßigerweise auf den rechten Knüppel und das Seitenruder auf den linken Knüppel.

Nach »Modell 2« (Abb. 88) ist es so, daß auf der rechten Seite mit Hoch-/Tief-Bewegungen, also vom Piloten weg nach oben, das Höhenruder gedrückt – also nach unten ausgeschlagen wird – und durch Bewegungen des Knüppels zum Piloten hin das Höhenruder gezogen wird. Auf der linken Seite wird das Seitenruder mit Links-/Rechts-Bewegungen betätigt.

Hinsichtlich der Querruder gilt analog zu Modell 1, daß die Quersteuerung auf den linken Knüppel gelegt wird, während das Seitenruder nun mit dem rechten Steuerknüppel betätigt wird.

Es hat sich in der praktischen Fliegerei nämlich gezeigt, daß bei solchen Modellen Kurven vor allem mit dem Querruder eingeleitet und mit einem Höhenruderausschlag vollendet werden. Das Seitenruder dient jetzt nur noch zur Stützung des Querruderausschlages, etwa um das negative Wendemoment auszugleichen (siehe auch ›Das Querruder‹) oder für bestimmte Kunstflugfiguren wie zum Beispiel den Turn.

2 Funktions-Kanäle (2 Servos)

Tiefenruder
↕
Höhenruder

Links ← Seitenruder → Rechts

3 Funktions-Kanäle (3 Servos)

Tiefenruder
↑
Links ← Seitenruder → Rechts
↓
Höhenruder

Links ← Querruder → Rechts

oder

Tiefenruder
↕
Höhenruder

Links ← Seitenruder → Rechts
↓
Störklappe
(aus)

Abb. 87: Das Steuern nach »Modell 1«

2 Funktions-Kanäle (2 Servos)

Links ← Seitenruder → Rechts

Tiefenruder
↕
Höhenruder

3 Funktions-Kanäle (3 Servos)

Links ← Querruder → Rechts

Tiefenruder
↑
Links ← Seitenruder → Rechts
↓
Höhenruder

oder

Links ← Seitenruder → Rechts
↓
Störklappe
(aus)

Tiefenruder
↕
Höhenruder

Abb. 88: Das Steuern nach »Modell 2«

Das Einfliegen

Letzte Überprüfungen vor dem Start

Das Einfliegen eines ferngelenkten Segelflugmodelles bedeutet für einen Anfänger oft die Überwindung vieler Tücken. So manches Modell zerschellte schon nach dem ersten Start und mit ihm die Hoffnung auf weitere Flüge. »Gut gebaut ist halb geflogen« heißt daher die Abwandlung eines bekannten Sprichwortes. Noch in der Werkstatt ist es unerläßlich, vor dem ersten Start das Modell auf Verzug, verschieden große und schwere Tragflügelhälften zu untersuchen. Auch muß das zusammengebaute Modell sorgfältig vermessen werden, um Abweichungen von der Symmetrie festzustellen (Abb. 89). Werden Fehler bemerkt, sind sie sofort zu beseitigen! Man sollte sich nicht der trügerischen Hoffnung hingeben, daß derartige Fehler auf dem Fluggelände durch »Gegenfehler«, also durch Befestigung Widerstand erzeugender Gegenstände auf einer Tragflügelhälfte, auszubügeln seien. Dies ist immer nur ein sehr unvollkommener Ersatz und immer mit einer beträchtlichen Leistungsminderung und mit dem großen Risiko, daß diese »Gegenfehler« bei unterschiedlichen Geschwindigkeiten auch unterschiedlich stark wirken, verbunden.
Erfahrene Modellflieger, die für ihre unerfahreneren Freunde Modelle eingeflogen haben, stellten immer wieder fest, daß zwei an sich gleiche Flugmodelle, selbst vom gleichen Muster, nicht die gleichen Flugeigenschaften haben. Dabei spielt es keine Rolle, ob die Erbauer versicherten, sie hätten sich strikt an den Bauplan gehalten. Nach einigen Nachforschungen und Überprüfungen konnten die Modellflieger dann feststellen, daß der Grund dieser Abweichungen in einer Summe vieler kleiner Fehler lag, die sich bei Bau und Montage der Modelle eingeschlichen hatten.
Oft anzutreffende Fehler sind unterschiedliche Gewichte der Tragflügelhälften, falscher Einstellwinkel des Tragflügels, oder auch falsche Einstellwinkeldifferenz des Tragflügels zum Höhenleitwerk, falsche Lage des Schwerpunktes, nicht exakt ausgearbeiteter Nasenradius der Tragflügel, falsche Einstellung der Ruder und verzogene

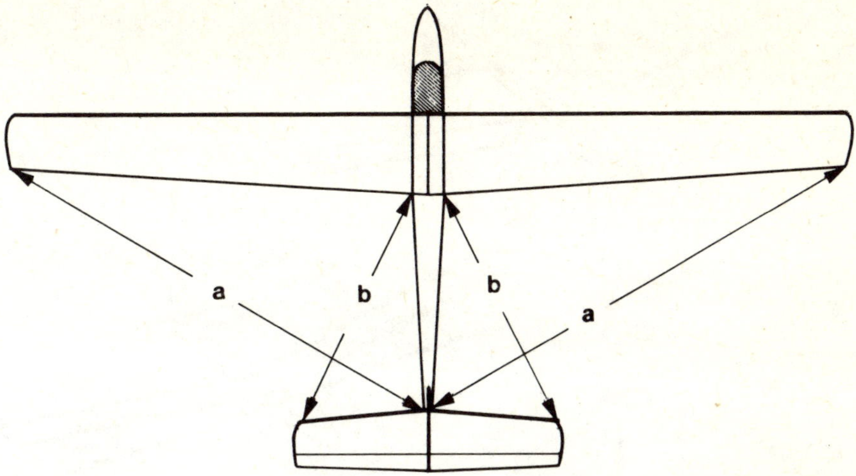

Abb. 89: Überprüfung des Flügels und des Höhenleitwerkes; es muß a = a und b = b sein

Ruderblätter. Jeder einzelne, oder die Summe einiger dieser Fehler können dazu führen, daß das Modell schlecht oder zumindest schwierig zu fliegen ist. Wenn man die Funktion aller Teile kennt, ist es leichter, das Modell auszutrimmen. Man übertreibt nicht, wenn man sagt, daß etwa 75 % aller Modelle schlecht getrimmt sind. Um dieses Trimmen zu lernen, geht man Punkt für Punkt durch:

Als erstes muß man lernen, daß alle Flugfiguren um drei Achsen ausgeführt werden, um die Kipp-, Roll- und Gierachse; es sind dies die Querachse (Kippachse), die Längsachse (Rollachse) und die Hochachse (Gierachse) (Abb. 90). Das Austrimmen ist die Bestimmung der Kräfte, die die Flugcharakteristik des Modells bestimmen.

Die zwei wichtigsten zu beachtenden Punkte sind zweifellos die Lage des Schwerpunktes und der Einstellwinkel (Differenz der Einstellwinkel von Tragflügel und Höhenleitwerk). Der Schwerpunkt liegt normalerweise in etwa 35 % Flügeltiefe, und zwar der mittleren Flügeltiefe von der Flügelnase entfernt (siehe auch Abb. 57). Seine Lage ist jedoch auch abhängig von der Art des verwendeten Profiles. Auf den Bauplänen ist die Lage des Schwerpunktes durch einen Pfeil angegeben. Man sollte immer versuchen, diese Lage auch zu realisieren. Keinesfalls darf der Schwerpunkt weit hinter dem angegebenen Punkt liegen. Liegt der Schwerpunkt zu weit nach vorn, braucht das Modell

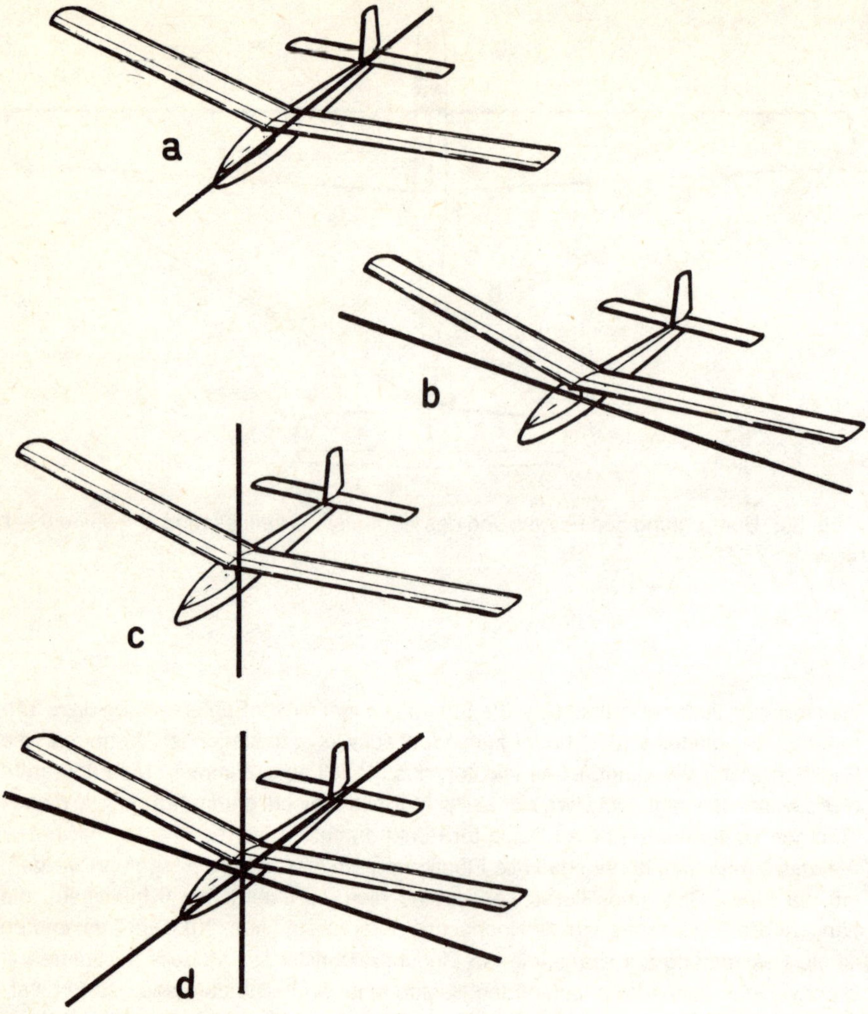

Abb. 90: Die drei gedachten Achsen beim Flugzeug:

a) Die Längsachse ist die Bewegungsachse der Querstabilität

b) Die Querachse ist die Bewegungsachse der Längsstabilität

c) Die Hochachse ist die Bewegungsachse der Richtungsstabilität

d) Alle drei Achsen schneiden sich im Schwerpunkt

mehr Einstellwinkeldifferenz, das heißt, die Differenz zwischen dem Winkel des Tragflügels zum Höhenleitwerk muß größer sein (das Höhenleitwerk muß Abtrieb liefern, um das Modell aufzurichten), was wiederum einen höheren Widerstand und geringeren Gesamtauftrieb bewirkt. Dadurch wird die Flugleistung ein wenig schlechter. Liegt andererseits der Schwerpunkt zu weit hinten, wird das Modell sehr höhenruderempfindlich. Es ist sehr schwierig zu fliegen, besonders bei bockigem Wind.
Verlegt man den Schwerpunkt noch weiter nach hinten, ohne die Einstellwinkeldifferenz zu verringern, wird das Modell schon gleich nach dem Start die Nase hochnehmen und zu »pumpen« beginnen.
Das aber will man nicht, da die Gefahr eines Strömungsabrisses größer wird. Man muß also die Einstellwinkeldifferenz berichtigen (verringern). Dies tut man durch Unterfüttern der Vorderkante des Höhenleitwerkes, soweit dies nicht fest mit dem Rumpf verbunden ist. Andernfalls müßte man unter die Hinterkante des Tragflügels dünne Sperrholzstreifen kleben. Bei einem Modell mit Pendelruder wird die »0«-Stellung des Höhenruders durch Verlängern der Schubstange berichtigt.
Alle Berichtigungen der Schwerpunktlage und jede Berichtigung der Einstellwinkeldifferenz müssen mit absoluter Nullstellung des Höhenruders gemacht werden. Das ist sehr wichtig und darf auf keinen Fall übersehen werden.
Eine leichte Verstellung des Höhenruders nach oben oder nach unten soll und wird wie eine Klappe wirken und die Nickeigenschaften des Modells, also die Drehbewegungen um die Querachse, werden sich bei den verschiedenen Fluggeschwindigkeiten verschieden stark ändern. Aus diesem Grunde müssen die Steig- oder Sinktendenzen des Modells durch Veränderung der Einstellwinkeldifferenz korrigiert werden, nicht durch nach oben oder nach unten Ausschlagen des Höhenruders. Dabei ist auch darauf zu achten, daß durch das Unterfüttern der Höhenflosse, also des fest mit dem Rumpf verbundenen Teils des Höhenruders, nicht die Nullstellung des Höhenruders, also der beweglichen Klappe, verändert wird. Man sollte nach jeder Neueinstellung die Nullstellung des Höhenruders überprüfen und notfalls wiederherstellen. Das entfällt natürlich bei einem Pendelruder, bei dem die gesamte Leitwerksfläche gedreht wird.
Auch wenn die Lage des Schwerpunktes und die Einstellwinkeldifferenz im Bauplan exakt festgelegt sind, so sind dies immer Kompromisse und können letztlich nur durch Versuche ermittelt werden. Es ist immer vorteilhaft, nur kleine Korrekturen vorzunehmen, also fliegen und dann die Verbesserungen der Flugeigenschaften oder auch die Verschlechterung sorgfältig beobachten und gegebenenfalls weiter ändern. Es sei noch ein Wort zur Lage des Schwerpunktes gesagt: Das Trudeln, das ist eine Kunstflugfigur, geht mit einem weit zurückliegenden Schwerpunkt leichter, auch Außenloopings, also Loopings nach oben, sind mit zurückliegendem Schwerpunkt einfacher zu fliegen, während Innenloopings etwas enger werden. Aber wie schon gesagt, es ist eben alles nur ein Kompromiß.

Verzüge von Tragflügel und Leitwerk sind auf jeden Fall zu vermeiden, andernfalls ist der Flügel oder das Leitwerk neu zu bespannen, denn Verzüge bringen ebenfalls einen Klappen-Effekt zustande und können letztlich nicht durch Trimmen der Ruder ausgeschaltet werden. Es ist besser die Flächen des Flugzeugs genau zu bauen.
Erfahrene Modellflieger wissen, daß trotz genau gebauter Flügel auch ohne Verzüge manche Modelle einfach keine Loopings zustande bringen wollen, ohne daß sie ausbrechen. Genauere Untersuchungen zeigten dann oft, daß in solchen Fällen der Nasenradius von Flügelspitze zu Flügelspitze nicht gleichmäßig war. Die Folge war die Neigung des Modells zum Rollen und zum Gieren. Dies kann und muß durch ein Nachschleifen der Nasenleiste und durch sorgfältige Korrektur mittels einer Negativschablone korrigiert werden (Abb. 91).

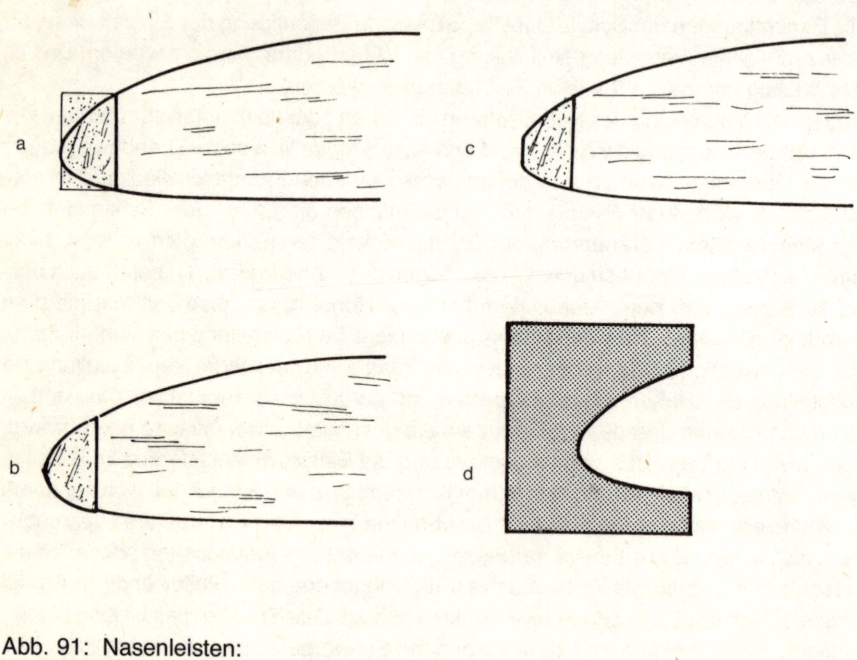

Abb. 91: Nasenleisten:
a) Idealform
b, c) Nicht einwandfrei verschliffene Nasenleisten
d) Negativschablone

Nicht ganz unwichtig ist es auch, wie weit die Ruder ausschlagen. Hier sollte man laufend Versuche durchführen. Am besten ist es, wenn man mit mittleren Ausschlägen, das sind etwa 15° bis 20°, anfangen und nach oben und unten größere Ausschläge einstellen, um optimale Resultate zu erhalten (Abb. 92). Je weniger Ausschlag wir für die Flugfiguren benötigen, um so besser ist es. Weiche Übergänge in den Flugfiguren sind wichtig. Schnell ist zuviel Ruder gegeben und das hat oft katastrophale Folgen. Also sollten wir möglichst hoch fliegen, bis wir das Modell einwandfrei beherrschen.

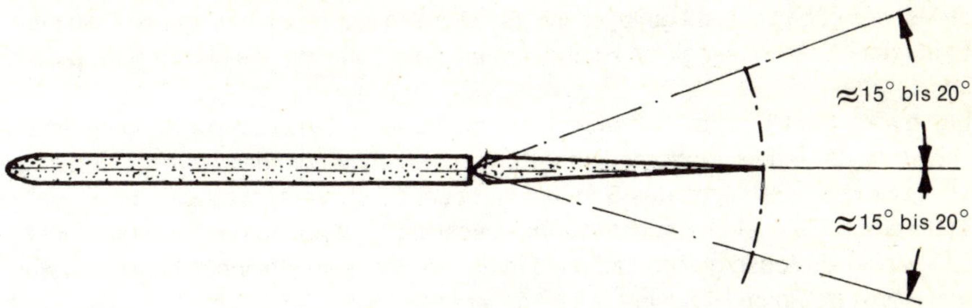

Abb. 92: Beim Einfliegen beginnt man mit Ruderausschlägen von etwa 15° bis 20°

Eine schlecht ausgerichtete Seitenflosse bringt ebenfalls erhebliche Trimmprobleme bei einem ferngelenkten Modell. Eine gute Methode, die Seitenflosse zur Mittelachse des Rumpfes auszurichten, ist es, einen Faden mit einer Nadel vorn in der Mitte der Flosse zu befestigen und dann zum Flügelende hin den Abstand zu messen (vgl. Abb. 89). Ist der Abstand an beiden Seiten gleich, so ist auch die Flosse in Rumpflängsachse eingebaut, vorausgesetzt der Flügel sitzt gerade. Alles dies gehört zum exakten Bauen und die aufgewendete zusätzliche Bauzeit zahlt sich aus, wenn das Modell weich und einfach zu fliegen ist. Eine vollkommene Trimmung des Modells erlernt man nur durch dauerndes Probieren und durch Erfahrungen. Mit jedem schrittweisen Erfolg wächst das Interesse daran ganz von selbst.

Die ersten Flugversuche

Die Voraussetzung für die ersten Flugversuche – für das Einfliegen wie die Modellflieger sagen – ist geeignetes Wetter und eine ausreichend große Wiese. Es muß nicht immer die Sonne scheinen, wenn wir die ersten Starts machen – keineswegs sollte

aber der Wind zu stark sein. Ein kräftiger Wind erzeugt nämlich hinter Bäumen, Häusern und Knicks zum Teil recht kräftige Wirbel, die sich auch noch nach vielen Metern unangenehm bemerkbar machen und ein sorgfältiges Einfliegen unmöglich machen.
Alle Segelflugmodelle werden beim ersten Flugversuch aus der Hand gestartet. Man hält das Modell dabei mit der rechten Hand etwa im Schwerpunkt gefaßt so gegen den Wind, daß seine Rumpfnase leicht nach unten geneigt ist. Aus dieser Lage wird es mit seiner normalen Fluggeschwindigkeit in die Luft geschoben. Das wird nicht beim erstenmal gelingen, denn wer kennt schon die normale Fluggeschwindigkeit seines Modelles, das noch gar nicht geflogen ist? Es wird also nicht ohne eine ganze Reihe von Starts gehen. Auch hier gilt es zu üben. Keinesfalls darf man das Modell schräg nach oben starten!
Wenn man den Handstart beherrscht, beginnt man mit den Probeflügen, nach denen immer wieder – soweit erforderlich – Korrekturen vorgenommen werden. Und zwar nicht nur durch Betätigen des Senders, sondern durch Veränderungen am Modell!
Erst wenn das Modell im Handstart ohne »Lenkhilfen« geradeaus und in einem flachen Gleitwinkel zu Boden gleitet, darf mit den ersten Hochstartversuchen begonnen werden. Meist ist ein im Handstart gut eingeflogenes Modell auch beim Hochstart ohne Probleme – sollten sie aber auftauchen, so gilt es die Ursachen zu erkunden und für Abhilfe zu sorgen. Die Fehlertabelle kann dabei hilfreich sein.

Fehlertabelle

Einfliegen eines ferngelenkten Segelflugmodells

Handstart

Beobachteter Fehler	Mögliche Ursache	Abhilfe
Das Modell schießt nach dem Start in die Höhe, kippt anschließend ab und geht im Sturzflug zu Boden	Startschwung zu groß	noch einmal mit geringerem Schwung starten
	Einstellwinkeldifferenz zu groß	Einstellwinkel des Flügels, oder falls nicht möglich, des Höhenleitwerks verkleinern
	Das Modell ist schwanzlastig, der Schwerpunkt liegt zu weit hinten	Trimmblei in der Rumpfnase befestigen
Das Modell fliegt in wellenförmiger Flugbahn – es »pumpt« wie die Flieger sagen	Startschwung zu groß	noch einmal mit geringerem Schwung starten
	Einstellwinkeldifferenz noch zu groß	Einstellwinkel am Modell verändern
	Modell ist leicht schwanzlastig	noch ein wenig Trimmblei in der Rumpfnase befestigen
Das Modell gleitet nach kurzer Flugstrecke zu Boden	Startschwung zu gering	noch einmal mit größerem Schwung starten
	Einstellwinkeldifferenz zu klein	Einstellwinkel am Modell vergrößern
	Modell ist kopflastig	Blei aus der Rumpfnase nehmen oder falls nicht möglich, Blei am Rumpfende befestigen

Handstart

Beobachteter Fehler	Mögliche Ursache	Abhilfe
Das Modell fliegt eine Links- oder Rechtskurve	Start mit hängendem Flügel	noch einmal starten, Modell waagerecht halten
	eine Flügelhälfte ist verzogen	Flügelverzug ist in der Werkstatt zu beseitigen
	eine Flügelhälfte ist schwerer als die andere	so viel Blei an die andere Flügelhälfte geben, daß beide Flügel gleich schwer sind
	Der Rumpf ist nicht gerade	Bei Balsaholzrümpfen ist dieser Fehler nur durch ein Verstellen des Seitenleitwerkes auszugleichen. Kunststoffrümpfe müssen stark erwärmt und dann gerade gerichtet eingespannt werden
	Das Seitenleitwerk steht schief auf dem Rumpf oder ist verzogen	Seitenleitwerk richten bzw. Verzug in der Werkstatt beseitigen
	Das Höhenleitwerk steht schief (nicht im rechten Winkel zum Seitenleitwerk)	Fehler in der Werkstatt beseitigen

Hochstart

Beobachteter Fehler	Mögliche Ursache	Abhilfe
Das Modell pendelt an der Hochstartleine und steigt wenig	Starthaken zu weit vorn	Starthaken stufenweise so weit nach hinten verlegen bis der Hochstart einwandfrei ist
	zu geringe Startgeschwindigkeit	das Modell schneller hochziehen mehr Gummiseilzug
Das Modell steigt sehr schnell, bricht aus und kommt ohne Gegensteuern nicht wieder in die Startrichtung zurück	Starthaken zu weit hinten, zu hohe Startgeschwindigkeit	Starthaken nach vorn verlegen Modell langsamer hochziehen, weniger Gummiseilzug
Das Modell klinkt schon kurz nach dem Start aus	Starthaken zu weit hinten zu geringer Zug an der Hochstartleine	Starthaken nach vorn verlegen, schneller schleppen, mehr Gummiseilzug
Das Modell bricht immer wieder nach einer Seite aus	Verzug einer Flügelhälfte, unterschiedlich schwere Flügelhälften	Fehler sorgfältig in der Werkstatt beseitigen
Das Modell steigt zunächst einwandfrei, bricht aber kurz vor dem Ausklinken unregelmäßig mal nach links oder nach rechts aus	schiefes Seiten- oder Höhenleitwerk	
	Verzug von Flügeln oder Leitwerk. der sich durch einen anderen Verzug während der ersten Startphase ausgleicht, weil das Flügelprofil hier unter einem großen Anstellwinkel angeblasen wird	Modell sorgfältig überprüfen und alle, auch kleinste Verzüge in der Werkstatt beseitigen

Die Wartung

Zur Wartung eines ferngelenkten Segelflugmodells gehören ein paar einfache Dinge, die ein störungsfreies Fliegen während langer Zeit gewährleisten. Der richtige Augenblick, diese Wartungsarbeiten durchzuführen, ist nach jedem Fliegen oder bevor man zum Fliegen geht. Man sollte schon ein paar Minuten oder auch mehr damit verbringen, um das Modell sorgfältig zu überprüfen. Man wird dann bestimmt mehr Freude und weniger Bruch haben. Nachstehend sind einige Punkte aufgeführt, die man beachten muß, wenn man eine Wartungsüberprüfung vornimmt. Man sollte dabei keinen dieser Punkte vergessen, denn es sind wichtige Dinge.

Tragflügel und Ruder

Alle Gelenkverbindungen (Scharniere) auf Unversehrtheit und festen Sitz überprüfen. Gelenkverbindungen sind zwischen der Höhenflosse und dem Höhenruder, zwischen der Seitenleitwerksflosse und dem Seitenruder und eventuell zwischen dem Flügel und dem Querruder. Alle defekten Scharniere sofort erneuern. Ein Höhenruder mit nicht einwandfreier Befestigung kann sich in der Luft lösen. Das ist oft in der Praxis vorgekommen; die Folgen sind katastrophal. Man sollte auch überprüfen, ob die Ruderhörner alle gut und fest sitzen und ob die Clips noch einwandfrei sind. Defekte Ruderhörner sofort ersetzen. Wenn man darüber hinaus Schäden an den Ruderklappen feststellt, dann sollte man sich nicht scheuen, das ganze Ruder neu zu bauen und anzusetzen.

Sender und Empfänger

Der Sender und Empfänger zur Steuerung des Modells sind das Herz des Steuersystems. Das ist ein Grund, um sie mit besonders liebevoller Sorgfalt zu warten. Sie kosten eine beträchtliche Summe und ein wenig mehr Pflege als für andere Teile üblich, ist dafür schon angebracht. Hat man einmal eine superharte Landung oder einen

Bruch gemacht, so sollte man sofort den Empfänger und die Servos auf einwandfreie Funktion überprüfen, notfalls Teile ausbauen und zur Fabrik zur Reparatur schicken. Es muß selbstverständlich sein, daß man den Sender auf dem Modellflugplatz nur dann einschaltet, wenn andere Modellflieger nicht gestört werden. Also vor dem Start oder vor dem Einschalten feststellen welche Kanäle belegt sind. Viele Abstürze durch sogenannte Fremdstörungen passieren nur durch Nachlässigkeit. Da kommen beispielsweise Modellflieger auf den zum Fluggelände gehörenden Parkplatz, bauen ihr Modell auf und beginnen sofort mit der Überprüfung der Fernlenkanlage, ohne sich zu vergewissern, ob nicht schon ein anderer auf der gleichen Frequenz fliegt. Die Folgen sind vermeidbare Abstürze und vor allem vermeidbarer Ärger. Wie groß der Ärger sein kann, bemerkt man spätestens dann, wenn man selbst betroffen ist.

Der Hochstart

Die Entwicklung der Segelflugmodelle hängt eng zusammen mit der Entdeckung der Möglichkeit ein solches Modell auf eine größere Höhe zu schleppen. Vorher hatten die Modellflieger nämlich nur die Wahl das Modell entweder von einem Hang aus zu starten und damit von einem Punkt, der etliche Meter über dem Tal lag, oder aber das Modell mit einem Drachen hochzuziehen. Der Drachenstart – bis etwa 1930 angewandt – erwies sich als sehr aufwendig. Man mußte mehrere Helfer haben und es war natürlich auch Wind notwendig, denn ohne Wind steigt kein Drachen. Das Modell wurde am Schwanz des Drachens festgemacht und mit ihm hochgeschleppt. Nach einer bestimmten Zeit, die durch eine Glimmschnur gegeben war, wurde es ausgelöst, ging in den Sturzflug über und mußte sich beruhigen, um dann einen Gleitflug durchführen zu können. Das war nicht ganz einfach und oft sind solche Drachenstarts mißlungen. Als dann um 1930 die Modellflieger auf die Idee kamen, auch ihr Flugmodell wie einen Drachen hochzuziehen, begann die eigentliche Aera der Segelflugmodelle. Das Problem des Hochstartes war das Problem der Lage des Hochstarthakens, also des Punktes am Rumpf des Modells, an dem ein nach hinten offener Haken befestigt werden muß. Von der Lage dieses Hochstarthakens hängt, wie man bald erkannte, weitgehend die Hochstartstabilität ab. Sehr schnell erkannte man, daß der Hochstarthaken immer vor dem Schwerpunkt des Modelles liegen muß. Je weiter entfernt er vor dem Schwerpunkt angeordnet ist, um so größer ist die Hochstartstabilität.

Je näher er am Schwerpunkt liegt, um so größer ist aber auch die mögliche Ausklinkhöhe und möglichst hoch soll ja das Modell an der Hochstartleine steigen. So eine Hochstartleine ist eigentlich nicht viel mehr als eine Drachenschnur. An dem einen Ende befindet sich eine Aufwickelvorrichtung oder mindestens ein Haltegriff, an dem anderen Ende ein Ring – der Hochstartring –, und damit dieser Ring leichter aus dem Haken herausrutscht, wenn das Modell seine Gipfelhöhe erreicht hat, ein Wimpel oder auch ein Fallschirm. Dieser Wimpel oder Fallschirm erzeugt beim Hochstart Widerstand und bewirkt, daß beim Geradeausflug aus der Gipfelhöhe heraus das Seil langsam aus dem Haken rutscht (Abb. 93). Es sind drei Hochstartarten entwickelt worden, die alle ihre Vor- und Nachteile haben. Beginnen wir mit dem Gummiseilstart (Abb. 94). Etwa 25 % Gummi und 75 % Schnur werden zusammengeknotet. Das Gummi wird am Boden befestigt, die Schnur, am Ende mit dem Hochstartring und einem Fallschirm

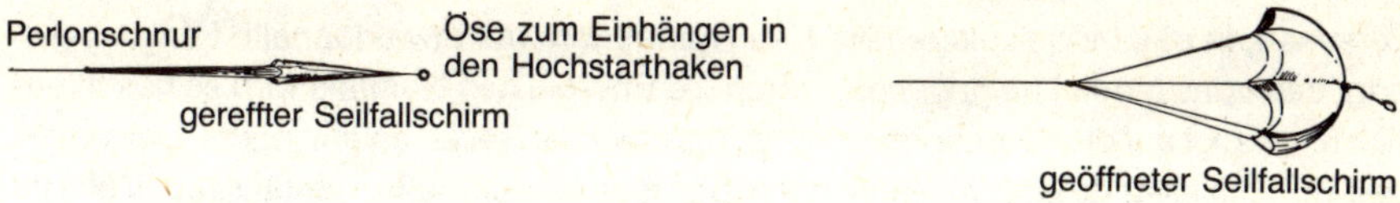

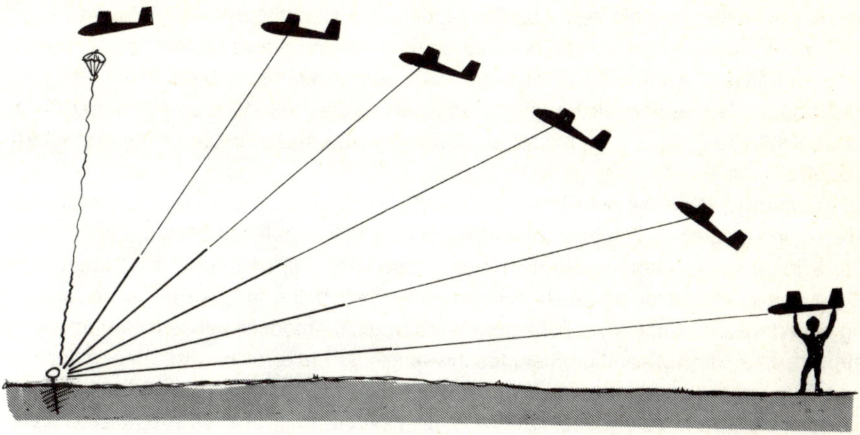

Abb. 93: Gummiseil-Hochstart. Das Startseil besteht im ungedehnten Zustand zu 25 % aus einem Gummifaden von etwa 3 mm × 3 mm bis 6 mm × 6 mm je nach Gewicht des Segelflugmodells und zu 75 % aus einem Perlonseil von ∅ 0,5 mm bis ∅ 1 mm

Abb. 94: Mit der linken Hand wird die Hochstartleine in den Haken eingehängt, mit der rechten Hand das Modell gehalten, wenn man alleine startet

versehen, in das Modell eingehakt. Das Gummi wird auf etwa doppelte Länge gezogen, dann das Modell freigegeben. Durch die Energie des Gummis wird es beschleunigt und steigt auf die vorgesehene Höhe, die etwa der Seillänge entspricht. Der Vorteil des Gummiseilstarts liegt vor allem darin, daß man keinen Helfer benötigt; auch gleicht das Gummi Windböen aus, ohne daß das Modell Gefahren ausgesetzt ist. Die Voraussetzung ist allerdings ein sehr stabiles Modell. Der Nachteil des Gummiseilstarts ist einmal der, daß wir uns Gummi beschaffen müssen und dieser Gummi ist nicht ganz billig. Er hält auch nicht ewig. Nach einem Jahr etwa muß man sich einen neuen Gummistrang kaufen. Außerdem benötigt man einen relativ großen Platz. Wenn man 30 m Gummi mit 100 m Schnur verbindet, so erhält man 130 m Gesamtlänge der Hochstartschnur.

Das Gummi wird auf doppelte Länge, also auf etwa 60 m ausgezogen, zusammen also 160 m und so groß muß mindestens dann auch das Fluggelände sein, und zwar in jeder Windrichtung. Das ist natürlich nicht immer der Fall und somit sind auch dem Gummiseilstart Grenzen gesetzt. Außerdem, und auch das sei erwähnt, ist es schwierig bei Windstille oder sehr schwachem Wind Segelflugmodelle mit dem Gummiseil zu starten, da oft die notwendige Steiggeschwindigkeit nicht erreicht wird. Wegen des hohen Gummigewichtes ist es auch nicht möglich, eine Ausklinkhöhe wie in unserem Beispiel von 130 m zu erreichen. Meist ist die Höhe nicht größer als 100 m. Die zweite Möglichkeit des Hochstarts ist der Laufstart (Abb. 95). Hier benötigt man nur die Hochstartleine mit dem Griff, dem Haken und dem Wimpel oder dem Fallschirm. Sehr wichtig ist aber der Helfer, und zwar ein erfahrener Helfer, der das Modell auf Höhe ziehen muß. Bei Windstille ist das sehr schwierig. Er muß, vor allem wenn das Modell schwer ist, schon ein sehr guter Läufer sein, und auch das Fluggelände muß sehr eben sein.

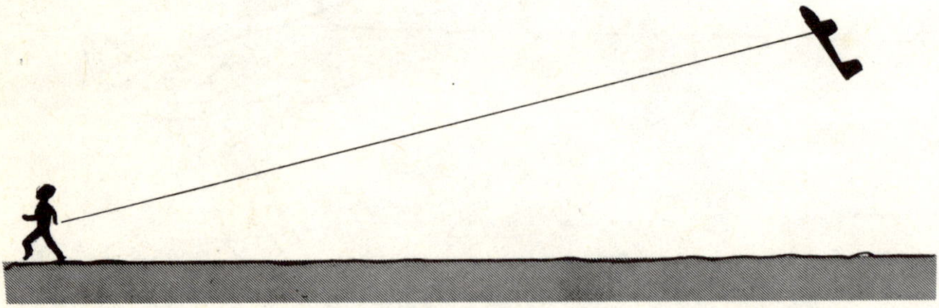

Abb. 95: Hochstart im Laufen. Der Helfer zieht das Modell durch Laufen gegen den Wind hoch; das Hochstartseil besteht insgesamt aus einer Perlonschnur

Mit einer Umlenkrolle kann die Schleppgeschwindigkeit verdoppelt werden, so daß der Hochstart bei Windstille oder leichten Wind erleichtert wird; leider aber wird dadurch auch die mögliche Ausklinkhöhe verringert. Umlenkrollen sollten so konstruiert sein, daß sie an jeder beliebigen Stelle der Hochstartschnur ein- bzw. ausgehängt werden können. Damit entfällt das umständliche Einfädeln der Hochstartschnur von einem Ende aus (Abb. 96).

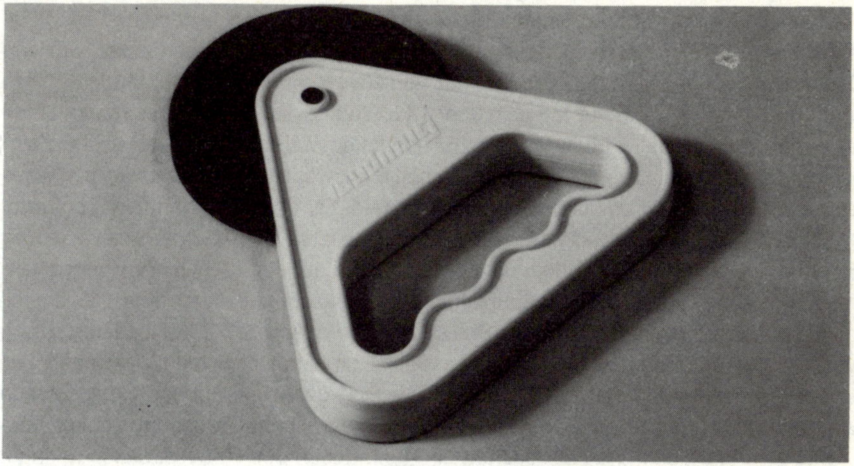

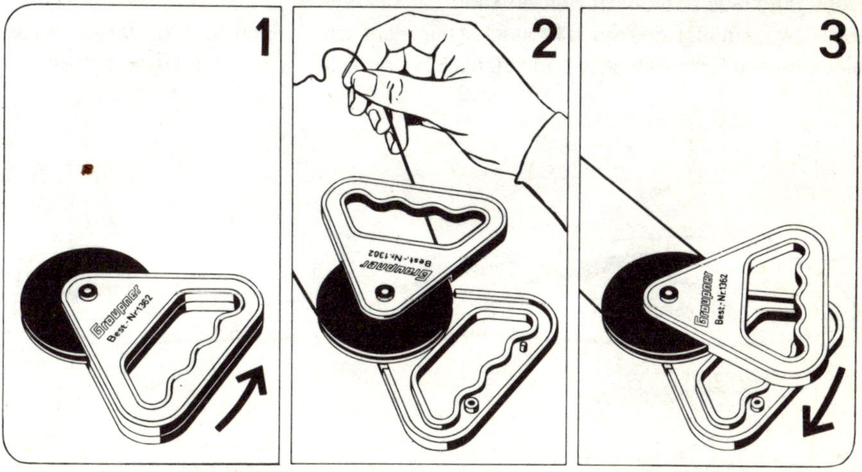

Abb. 96: Umlenkrolle für den Hochstart

Ein erfahrener Helfer kann aber während des Hochstarts auch das Modell beeinflussen und Gefahren abwehren. Gut betuchte Modellflieger haben sich in letzter Zeit Seilwinden angeschafft, die mit einem Elektromotor das Modell hochziehen. Solche Seilwinden sind nicht ganz billig. Ihr Preis liegt etwa bei 1000,– DM oder darüber.
Die Dicke der Hochstartleine ist abhängig von der Flugmasse des Segelflugmodells. Segelflugmodelle bis zu etwa 1 kg Masse können mit einer Leine von 0,5 mm Durchmesser gut und sicher hochgezogen werden. Bei Modellen bis zu 2 kg Masse sollten Perlonschnüre von etwa 0,7 mm Durchmesser Verwendung finden, und bei noch schwereren und größeren Modellen solche von etwa 1 mm Durchmesser. Für den Gummiseilstart genügt ein Vierkantgummi von etwa 4 mm × 4 mm für Modelle bis zu 1 kg, und 6 mm × 6 mm für Modelle über 1 kg Flugmasse. Der Hochstarthaken muß sicher mit dem Modell verbunden sein. Er darf keineswegs lediglich in Balsaholz eingeschraubt werden. Eine optimale Lage erhält man, wenn man vom Schwerpunkt aus einen Winkel von 30° an den Rumpf zeichnet und hier den Hochstarthaken befestigt (Abb. 97). Damit das Aufwickeln der Hochstartleine nicht allzu umständlich ist, gibt es Hochstartwinden. Dies sind kleine Handwinden, die auf der Basis einer Handschleifmaschine konstruiert sind, eine Spulvorrichtung besitzen, und die es ermöglichen, mit einer sechsfachen Übersetzung das Seil aufzuwickeln (Abb. 98). Der Hochstart selbst, vor allem eines ferngelenkten Segelflugmodells, ist nicht schwierig. Allerdings ist es unbedingt notwendig, daß das Modell im Gleitflug genau geradeaus fliegt. Gerade während des Hochstartes wirken sich Fehler wie verzogene Flügel und schiefe Leitwerke sehr stark aus und verursachen ein Ausbrechen des Modells, das in geringer Höhe durchaus bedrohlich werden kann.
Es ist zweckmäßig, das Modell zunächst nur leicht schräg nach oben zu starten, bis es eine gewisse Sicherheitshöhe von 30 bis 50 m erreicht hat. Während dieses Steigvor-

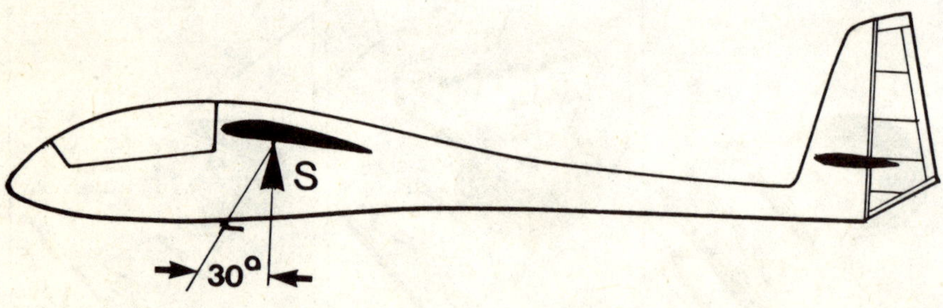

Abb. 97: Der Hochstarthaken sollte etwa um 30° vor der Schwerlinie des waagerecht gehaltenen Modells am Rumpfboden angebracht sein

Abb. 98: Hochstartwinden und Hochstartschnüre aus Perlon

ganges sorgfältig darauf achten, daß es genau geradeaus fliegt – eventuell durch kleine Seitenruderausschläge Abweichungen vom Kurs korrigieren. Von dieser Sicherheitshöhe ab ziehen wir ein klein wenig das Höhenruder, damit der Auftrieb des Modells noch steigt und die Ausklinkhöhe etwas größer wird. Beim Start mit einem Gummiseil (Abb. 99) wird es oftmals notwendig sein, vor dem Ausklinken – also vor

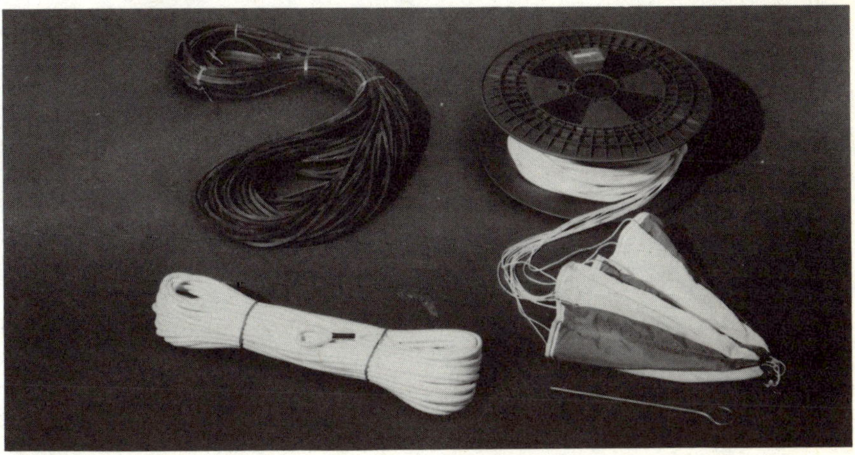

Abb. 99: Hochstartgummi, Trommel zum Aufwickeln und Seilfallschirm

dem Punkt der größten Höhe – leicht anzudrücken, damit das straffe Hochstartseil aus dem Haken rutscht. Windstille oder schwacher Wind erschweren in jedem Fall den Hochstart. Verwendet man ein Gummiseil zum Hochziehen, so ist es eventuell möglich nach Erreichen einer gewissen Sicherheitshöhe wegzukurven, um damit das Gummiseil ein wenig nachzuspannen; dann wieder in einen normalen Kurs hineingehen, wieder zu kurven und so zu versuchen, etwas mehr Höhe zu gewinnen. Starkes Ziehen ist aber gefährlich, weil hierbei auch frühzeitig das Seil aus dem Haken rutschen kann und das Modell in einer sehr ungünstigen Fluglage abschmiert. Bei sehr starkem Wind wird es notwendig sein, sofern wir mit einem Gummiseil starten, während des gesamten Startvorganges ein wenig nachzudrücken. Andernfalls würde das Gummiseil immer weiter gedehnt, die Zugkraft immer stärker, die Fluggeschwindigkeit des Modells immer größer: ein Flügelbruch ist dann nicht mehr auszuschließen.
Wird das Modell bei starkem Wind im Laufstart hochgezogen, so kann es erforderlich sein, daß der Läufer dem Modell entgegenläuft, also mit dem Wind läuft, um die Hochstartgeschwindigkeit dadurch zu verringern. Hin und wieder erleben es die Modellflieger auch, daß das Modell genau in eine Thermikblase hineingezogen wird. Diese oftmals starken Vertikalböen ziehen sehr stark an der Leine und können durchaus Flügelbrüche verursachen. Wird das Modell hochgezogen, so reagiert der Helfer damit, daß er die Leine wegwirft, also der Zug entlastet wird. Wie beim Modellflug überhaupt, gehört auch zum Hochstart Erfahrung. Diese Erfahrung bekommt man nur durch andauernde Übung.

Die Thermik

Seit Jahrtausenden konnten die Menschen Vögel beobachten, die scheinbar schwerelos im Kreise fliegend Höhe gewannen und segelten. Das Geheimnis dieses Segelfluges blieb auch dann noch unentdeckt, als die Menschen schon das Fliegen gelernt hatten. Es bedurfte noch etlicher Jahre, bis man dahinterkam, daß Wärmeaufwinde offensichtlich die Voraussetzung für den Segelflug der Vögel waren. Beobachtungen ergaben, daß die großen Landsegler immer nur dann segeln konnten, wenn die Sonne schien, wenn der Boden erwärmt wurde und warme Luft nach oben stieg. Zu Beginn der Entwicklung des Segelfluges auf der Wasserkuppe segelten die Flugzeuge zunächst im Hangaufwind und erst um die 30iger Jahre dieses Jahrhunderts gelangen erste thermische Segelflüge. Durch sorgfältige meteorologische Untersuchungen stellte man fest, daß die Erdoberfläche durch die Sonneneinstrahlung sehr unterschiedlich erwärmt wird. Bedingt durch die unterschiedliche Bodenart, Bebauung und Vegetation führt das zu unterschiedlichen Lufttemperaturen, die durchaus um einige Grad voneinander differieren können (Abb. 100). Die Luft, das wissen wir aus dem Physikunterricht, mit höherer Temperatur als ihre Umgebung, dehnt sich aus. Sie wird damit leichter als die umgebende Luft und beginnt wie ein Warmluftballon zu steigen.

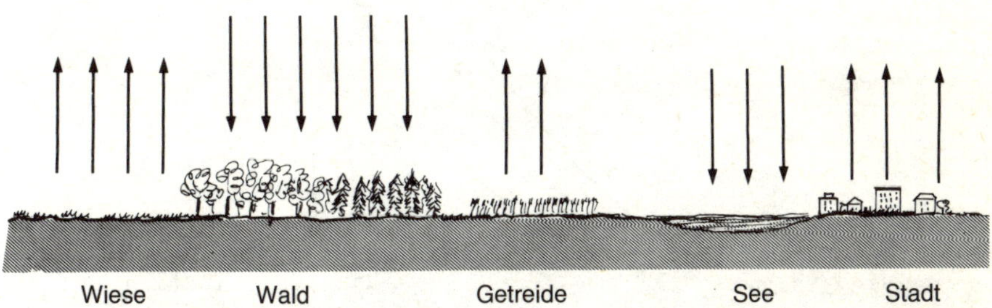

Abb. 100: Trockene und bebaute Flächen (z.B. Städte und Straßen) erwärmen sich durch Sonneneinstrahlung schneller als feuchte Bodenflächen. Über ihnen werden die bodennahen Luftschichten aufgeheizt und steigen in Intervallen in die Höhe.

Trockene und bebaute Flächen erwärmen sich schneller als feuchte Bodenflächen, da die spezifische Wärme des Wassers größer ist als beispielsweise die von Sand und Gestein. Besonders stark erwärmen sich nach Süden liegende unbewachsene Berghänge, so daß hier im Frühjahr und im Sommer außerordentlich starke Wärmeaufwinde zu finden sind.

Man unterscheidet im Segelflug einen Thermikschlauch und Thermikblasen. Dabei wird als Thermikschlauch ein Warmluftstrom bezeichnet, der längere Zeit besteht. Er wird durch seitlich nachströmende Luft am Boden aufrechterhalten. In einem solchen Schlauch findet man beständiges und gleichmäßiges Steigen (Abb. 101). Allerdings ist es meist schwächer als in einer Blase. Man kann jedoch erhebliche Höhe gewinnen, wenn man sauber im Schlauch kurbelt, das heißt im Schlauch kreist. Eine Thermikblase löst sich oft, wenn sie durch den Wind gegen ein Hindernis, etwa einen Waldrand oder gegen Häuser gedrückt wird, vom Boden ab und steigt dann in die Höhe. Beide genannten Formen, Blase und Schlauch, treten aber nur selten in reiner Form auf. Man findet oft den Thermikschlauch sowie größere und kleinere Thermikblasen relativ eng auf einem Raum, den man als Aufwindfeld bezeichnet (Abb. 102). Nun ist es keineswegs so, daß der thermische Aufwind andauernd vorhält. Nachdem nämlich die Warm-

Abb. 101: Als Thermikschlauch wird ein aufsteigender Warmluftstrom bezeichnet, der längere Zeit besteht. Er wird durch seitlich nachströmende Luft aufrechterhalten

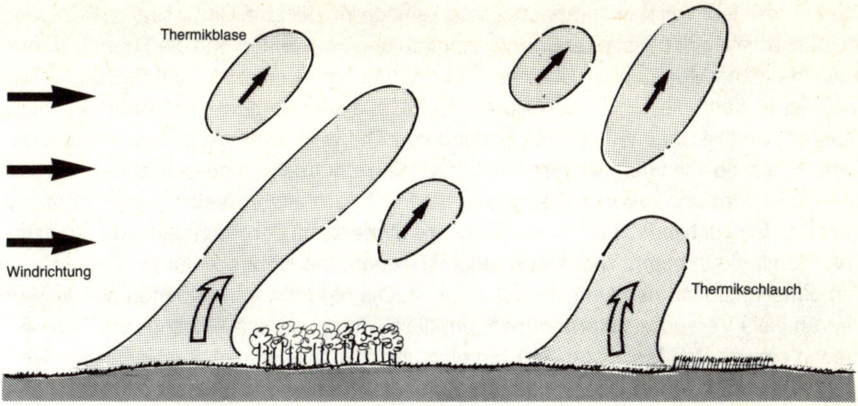

Abb. 102: Thermikblasen und Thermikschläuche treten selten in reiner Form auf. Man findet beide oft auf engem Raum im sogenannten Aufwindfeld

luft aufgestiegen ist, muß sich am Boden wieder kältere nachströmende Luft erwärmen, ehe ein neues Aufwindgebiet entsteht. Diese Luft bildet zunächst am Boden eine riesige Warmluftblase, die sich ständig vergrößert und bei genügender Größe und Temperatur ablöst und aufsteigt. Diese Ablösung der Thermikblase ist oft mit einer wirbelwindartigen Erscheinung verbunden, die durch hochfliegenden Staub, Gras, Papier, Blätter usw. sichtbar wird. Gewitzte Modellflieger versuchen anhand von Zeitnahme die Abstände zwischen zwei Ablösungen festzuhalten. Dabei stellt sich heraus, daß am frühen Morgen mindestens mit einer Zeit von 20 bis 30 Minuten zu rechnen ist, daß aber um die Mittagszeit diese Ablösungen durchaus in Intervallen von 5 bis 10 Minuten erfolgen können.

Durch die allgemeine Temperaturerhöhung der Luft am Nachmittag wird die Thermik schwächer, Thermikblasen lösen sich nur noch selten vom Boden. Allerdings sind sie dann auch großflächiger. Flächiger heißt, daß über einem größeren Gebiet von vielleicht 100 oder 200 m im Durchmesser ein geringes Steigen bemerkbar ist. Unter 60 m über Grund findet man nur selten Ablösung von größerem Durchmesser. Aber schon aus 10 m Höhe konnten Flugmodelle mit einer Thermikblase auf einige hundert Meter steigen. Ein längerer, schöner und warmer Sommer wirkt der Thermik entgegen, da die Luft allgemein besser durchmischt und gleichmäßiger erhitzt ist.

Die Thermik lebt von den Temperaturunterschieden in der Luft. Diese sind im Frühjahr, im März oder April, bei starker Sonneneinstrahlung am größten und die Thermik daher auch in diesen Monaten am stärksten; ja, sie ist oftmals so stark, daß Gefahr für die Modelle besteht, die, wenn man nicht aufpaßt, auseinandergerissen werden können. Starker Wind ist ungünstig für die Bildung von Thermikblasen. Auch hier werden die Luftteilchen so miteinander vermischt, daß eine unterschiedlich starke und ausreichende Erwärmung kaum noch stattfindet. Windstille ist andererseits auch nicht immer günstig, denn schließlich müssen wir unsere Modelle mit der Hochstartleine hochziehen, damit sie in einen Thermikschlauch kommen und Höhe gewinnen können.
Am günstigsten ist also ein schwacher Wind. Die Modellflieger haben in den letzten Jahren viele Versuche unternommen, um die Bildung und das Ablösen von Thermikblasen einwandfrei festzustellen. Eine einfache Methode ist das Ausblasen von Seifenblasen, die in warmer aufsteigender Luft schweben und von dieser mit nach oben genommen werden. Die Seifenblasen werden mit Röhrchen, Spiralring oder gar mit eigens für diesen Zweck konstruierten Maschinen erzeugt. Der Nachteil dieser Anzeige ist allerdings der viel zu eng begrenzte Raum, in dem die Blasen erzeugt werden und aufsteigen. Mit ihnen haben daher Modellflieger nicht selten derbe Reinfälle erlebt. Eine andere und sehr einfache Methode ist das schwebende Band. An langen Stangen, zumeist Angelruten, sind lange, leichte Plastikbänder befestigt, die die Bewegungsrichtung der Luft anzeigen, auch die vertikale. Da die Bänderanlage stationär ist, läßt sich an ihr die Zeitdifferenz zwischen den thermischen Ablösungen sehr genau erkennen. Voraussetzung allerdings ist, daß kein zu starker Wind herrscht. Eine weitere Methode sind komplizierte Thermikmeßgeräte, die auf der Basis der Temperaturmessung arbeiten. Wir wissen, daß Luft, bevor sie aufsteigen kann, erwärmt werden muß. Und diesen Erwärmungsprozeß zeigt das Gerät an: Verharrt die Anzeige (Meßinstrument oder Schreiber) und fällt dann sehr deutlich ab, so ist das ein Zeichen dafür, daß sich die erwärmte Luft vom Boden abgelöst hat und nun kalte Luft nachströmt. Der Nachteil dieser Methode liegt in der Verzögerung der Anzeige. Wenn sie klar zu erkennen ist, ist die Warmluft – Thermik – schon weg.
Aber erfahrene Modellflieger benötigen keine dieser Meß- und Hilfsgeräte. Sie starten ihr Modell, fliegen gegen den Wind und in Gegenden, in denen anhand der Bodenbeschaffung zu erwarten ist, daß hier häufig Warmluftblasen aufsteigen können. Und sie beobachten sehr sorgfältig das Modell: steigt es oder sinkt es? Wenn es sinkt, fliegen sie nach links oder rechts und suchen weiter. Wenn es aber steigt, dann leiten sie eine Rechts- oder eine Linkskurve ein und beobachten weiter. Das Kurvenfliegen ist die Voraussetzung für einen längeren Thermikflug, denn es ist verständlich, daß man schon nach kurzer Zeit durch eine Thermikblase, die ja nur 50, 100 oder 150 m Durchmesser hat, hindurchgeflogen ist. Wenn man aber in einer Thermikblase kreist, so bleibt man längere Zeit in ihr. Man hat auch festgestellt, daß das Steigen am Rande der

Thermikblase gering ist. Hier finden wir eine Grenzschicht zwischen der auf- und absteigenden Luft. Demgegenüber ist das Steigen, die Steiggeschwindigkeit der Luft in der Mitte der Blase immer stärker und kann etwa Größen von 1 bis 3 m pro Sekunde haben. Wer lange fliegen will – wer also Flüge von 15, 30 oder 60 Minuten oder sogar noch länger in der Thermik ausführen möchte – der muß mutig sein. Er muß nämlich große Flughöhen erreichen und während dieses Steigfluges wird sein Modell vom Wind mit der Thermikblase versetzt. Das Modell wird nämlich schnell optisch kleiner und er muß, wenn die Gefahr besteht, daß die Reichweite des Senders nicht mehr genügt, wieder im Geradeausflug gegen den Wind zum Standort zurückfliegen und erneut Thermikblasen suchen.
Das ist nicht jedermanns Sache, und vor allem der wenig geübte Modellflieger sollte sich die Regel zu Herzen nehmen, nie zu hoch in einem Thermikschlauch oder in einer Thermikblase aufzusteigen. Die Modellflieger bezeichnen im übrigen Thermikblasen oder überhaupt die Thermik als »Bart«. Wenn wir also hören, daß zwei Modellflieger von Bärten sprechen, so handelt es sich zweifelsohne um thermische Aufwinde. Wie aber fliegt man aus einem Bart heraus? Nun, ganz einfach: man fliegt geradeaus gegen den Wind. Das kann manchmal sehr lange dauern und man sollte nicht die Geduld verlieren.
Ein Beispiel: Man hat in einem Thermikbart eine Höhe von 500 m erreicht. Die Sinkgeschwindigkeit des Modelles beträgt etwa 50 cm pro Sekunde. Im reinen Gleitflug würde man also aus dieser Höhe von 500 m ohne die Einwirkung von Auf- oder Abwinden – denn auch die sind ja vorhanden – 1000 Sekunden fliegen; und das sind immerhin über 15 Minuten. Es kann also eine ganze Weile dauern, bis das Modell wieder größer erscheint. Aber hier muß man Ruhe bewahren und keineswegs in Steilspiralen hineinkurven. Ist der Wind etwas stärker, so trimmt man das Modell auf Schnellflug; die Sinkgeschwindigkeit wird größer und damit der Höhenverlust ebenfalls. Wenn der Höhenruderausschlag des Segelflugmodells groß genug ist, so kann man auch aus der Thermik heraustrudeln. Das Trudeln ist an sich eine ungefährliche Flugfigur – nur muß das Modell gewisse Stabilitäten dafür aufweisen. Man zieht also das Höhenruder bis zum Anschlag; das Modell nimmt die Nase hoch, die Strömung reißt ab, das Modell kippt über eine Fläche ab und trudelt mit höherer Sinkgeschwindigkeit, die etwa bei 2, 3 oder 4 m pro Sekunde liegen kann, nach unten. Während des gesamten Trudelvorganges muß das Höhenruder voll ausgeschlagen sein! Wenn dann eine Flughöhe von etwa 150 m erreicht ist, legt man das Ruder wieder auf normal, das Modell fängt sich und beginnt zu »pumpen«. Dieses Pumpen korrigiert man durch entsprechende Ruderausschläge und sucht erneut die Thermik. Neuerlich findet man auch mehr und mehr in größeren Flugmodellen sogenannte Landeklappen. An sich sind das keine typischen Landeklappen, wie sie für das Großflugzeug vorgesehen sind, es sind vielmehr Störklappen. Klappen, die aus der Flügeloberseite heraustreten und zusätzli-

chen Widerstand erzeugen. Dieser Widerstand, bei gegebenem Auftrieb, ist es, der die Sinkgeschwindigkeit erheblich vergrößert und dazu führt, daß das Modell sicher aus Thermikschläuchen heruntersinkt (siehe auch den Abschnitt »Die Landeklappen«).

Ob wir es jemals schaffen, so vollendet zu segeln wie die Möwen?

Der Hangflug

Lange bevor man die thermischen Aufwinde beim Segelfliegen zu nutzen verstand, galt der Hangaufwind bei den Segelfliegern als die »klassische« Aufwindart. Blättert man in alten Büchern über das Flugwesen, findet man zahlreiche Hinweise auf das Fliegen an Abhängen. Man hat es gewissermaßen den Vögeln abgeguckt, denn sie machen dem Menschen seit Jahrtausenden vor, wo und wie man mühelos durch die Luft segeln kann.
Nach den ersten erfolgreichen Jahren des Segelflugs an der Wasserkuppe, der Kurischen Nehrung und anderen Hängen erkannten die Segelflieger aber auch schon die natürlichen Grenzen des Hangfliegens. Und seit der Erforschung anderer Aufwindquellen spielt der Hangwind beim Großsegelflug kaum mehr eine Rolle.
Anders verlief die Entwicklung beim Modellflug: Die Modellflieger, die anfangs mit ihren Seglern auch an die Hänge zogen, konnten, da ihre Modelle nicht steuerbar waren, nur hin und wieder den Hangaufwind nutzen. Der Hang diente hauptsächlich als erhöhte Plattform und Ausgangspunkt für einen mehr oder weniger langen Gleitflug. Alle damals bekannt gewordenen Dauerflugleistungen wurden in der Thermik erflogen, die, wie wir heute wissen, an einem Hang oft und stark wirksam ist.
Die Modellflieger zogen also nicht ohne Grund in die Ebene, zumal hier das Zurückholen der Modelle nicht gar so beschwerlich ist wie in einem hügeligen oder bergigen Gelände. Erst als Anfang der fünfziger Jahre brauchbare Funkfernsteuerungen entwickelt wurden, entdeckten die Modellflieger wieder den Hang. Hier fanden sie den stetigen Aufwind, den ihre Modelle zum Segeln benötigten und hier konnten sie stundenlang fliegen.

Der Hangaufwind

Weht ein Wind gegen einen Hügel, einen Berg oder ein anderes Hindernis, wird er dieses Hindernis entweder überströmen oder seitlich an ihm vorbeifließen. Letzteres tut er vor allem dann, wenn das Hindernis, beispielsweise eine Bergkuppe, höher als breit ist und dem Wind beim Umströmen geringeren Widerstand bietet als beim Überströmen.

Für den Hangsegelflug sind daher langgezogene Höhenzüge im Vergleich zu steilen, spitzen Hügeln oder Bergen sogar dann geeigneter, wenn sie nur eine geringe Höhe haben.

Die Stärke des Aufwindes hängt wesentlich von der horizontalen Windgeschwindigkeit ab. Ist sie gering, bleibt der Aufwind schwach. Aber auch die Form und die Höhe des Hanges, die Art seines Bewuchses und das Vorgelände beeinflussen die Aufwindgeschwindigkeit. Liegt der Hang am Meer (zum Beispiel Düne), bestehen ideale Bedingungen: der Hangaufwind erreicht in einem gewissen Bereich (wenigstens theoretisch) Werte, die dem Sinus des Hangneigungswinkels entsprechen. Hat der Hang zum Beispiel einen Neigungswinkel von 30°, was sehr viel ist, wird der Aufwind bei 10 m/sec Windgeschwindigkeit noch 5 m/sec betragen. Deutlich werden diese Verhältnisse in Abb. 103 veranschaulicht. Nach dem Parallelogramm der Kräfte ergibt sich die Gleitflugstrecke aus der Horizontalgeschwindigkeit (V_h) und der Sinkgeschwindigkeit (V_s).

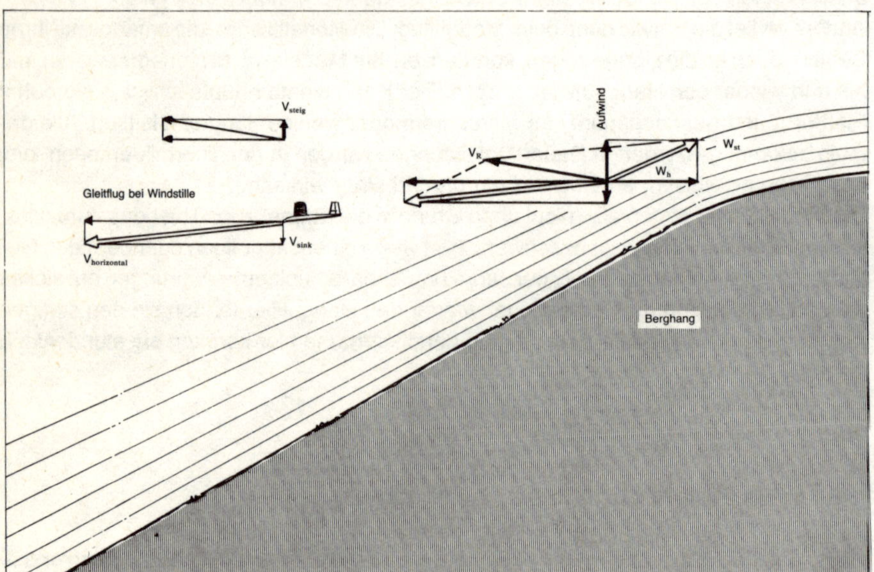

Abb. 103: Kräfte beim Hangflug

Hinzu kommen die Wirkungen des Aufwindes, dessen Komponenten Horizontalgeschwindigkeit (W_h) und Steiggeschwindigkeit (W_{st}) eingetragen sind. Wenn alle Teilkräfte gleich groß sind, also die Horizontalgeschwindigkeit des Windes der Gleitfluggeschwindigkeit des Modells und die Sinkgeschwindigkeit des Modells der Steiggeschwindigkeit des Windes (W_{st}) entsprechen, gleichen sie sich gegenseitig aus und das Modell schwebt unbeweglich ohne Höhenverlust. Das wäre allerdings auf die Dauer langweilig; man wird deshalb immer nur dann fliegen, wenn die Gleitfluggeschwindigkeit des Modells größer als die Horizontalgeschwindigkeit des Windes ist; der Segler bewegt sich gegen den Wind im Aufwindfeld des Hanges vorwärts, und zwar mit einer Geschwindigkeit, die sich als relative Geschwindigkeit aus der Horizontalgeschwindigkeit des Modells, verringert um die Horizontalgeschwindigkeit des Windes ergibt. Noch aufschlußreicher wird ein solcher Vergleich, wenn man die beiden Kräfteparallelogramme so zusammenzeichnet, daß sie sich an einem Punkt treffen. Die jetzt zeichnerisch zu ermittelnde, resultierende Fluggeschwindigkeit (V_R) ergibt nämlich den Flugweg des Modells, wie er von einem Beobachter auf der Erde wahrgenommen wird.
Selbstverständlich herrschen diese Verhältnisse nicht im gesamten Aufwindfeld des Hanges, da sich die Teilkräfte, vor allem die Horizontalgeschwindigkeit des Windes, mit zunehmender Höhe ändern und der Einfluß der Hangneigung mit wachsender Entfernung vom Hang geringer wird.
Hieraus ergeben sich die natürlichen Grenzen eines Hangaufwindgebietes, das in günstigen Fällen bis etwa zur zwei- bis dreifachen Hanghöhe (über Tal) reicht (Abb. 104). Die Aufwindfeldbreite ist im allgemeinen am Fuß des Hanges gering und erreicht etwa in Höhe der Hangkante ihr Maximum.
Ideale Hangflugbedingungen findet man indes fast nur an den Küsten; dort ist Hangsegelflug sogar dann möglich, wenn der »Hang« nur 5 Meter Höhe hat. Im Binnenland findet man brauchbare Hänge oft an Flußniederungen; man muß dann nur meistens die Leewirkung vorgelagerter Hänge in Kauf nehmen. Die Oberflächenbeschaffenheit des Hanges beeinflußt den Aufwind besonders in der bodennahen Luftschicht. In dieser oft etliche Meter dicken Grenzschicht werden die den Hang hinaufgleitenden Luftmassen abgebremst und verwirbelt. Der Aufwind an bewaldeten Hängen ist deshalb in Bodennähe oft so gering, daß er ein Modell nicht mehr trägt, während andere Modelle, die sich 10 oder 20 Meter höher befinden, segeln (Abb. 105). Ist aber der Hang an der Kuppe bewaldet, wird das Aufwindgebiet vergrößert. Bei kleinen Hängen, die nur 20 oder 30 Meter hoch sind, kann das äußerst vorteilhaft sein (Abb. 106).
Nicht allein die Höhe und Neigung des Hanges und die Windgeschwindigkeit beeinflussen den Hangaufwind. An Tagen mit labiler Luftschichtung reicht der Aufwind beträchtlich höher, außerdem ist er stärker. Das hat seine Ursache in einer Vermischung des statischen Hangaufwindes mit thermischem Aufwind (Abb. 107). Andererseits

Abb. 104: Die maximal erreichbare Flughöhe über der Hangkante beträgt bei reinem Hangaufwind etwa das zwei- bis dreifache der Hanghöhe

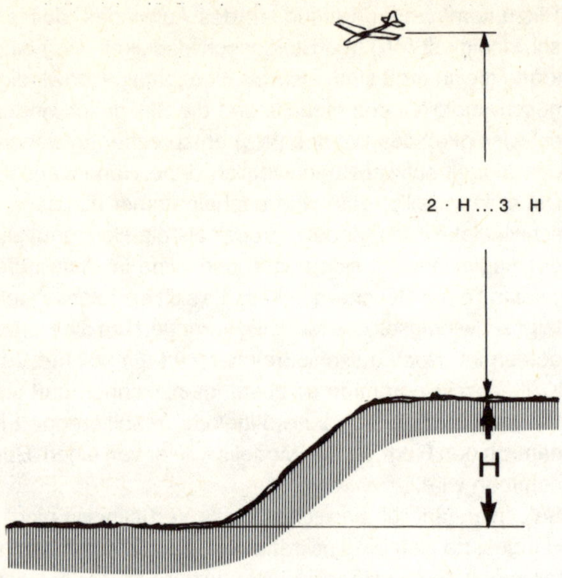

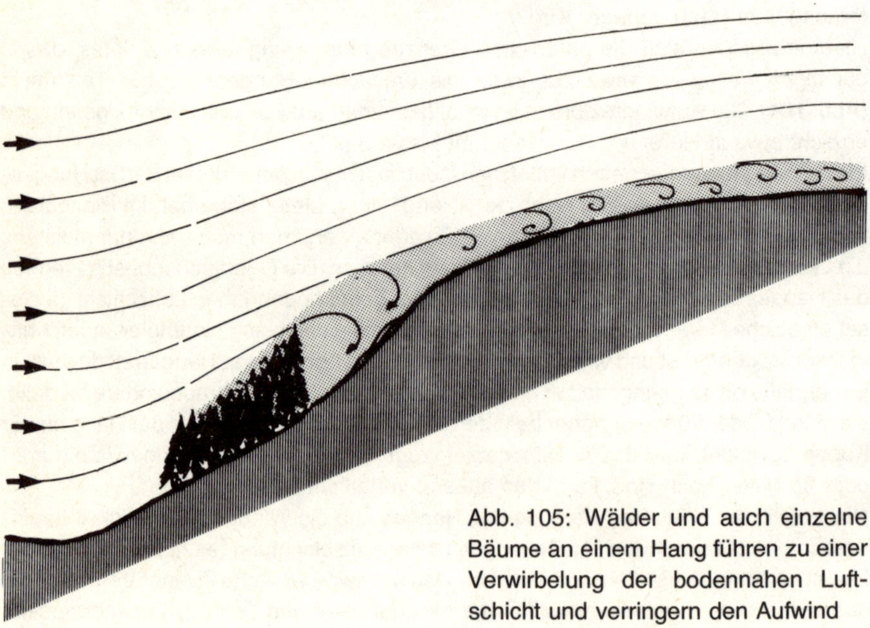

Abb. 105: Wälder und auch einzelne Bäume an einem Hang führen zu einer Verwirbelung der bodennahen Luftschicht und verringern den Aufwind

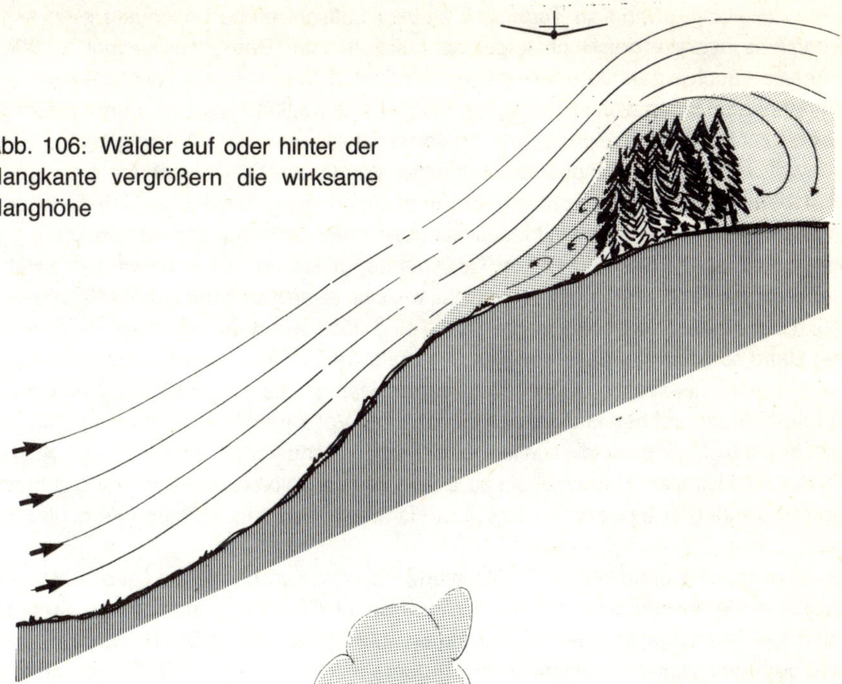

Abb. 106: Wälder auf oder hinter der Hangkante vergrößern die wirksame Hanghöhe

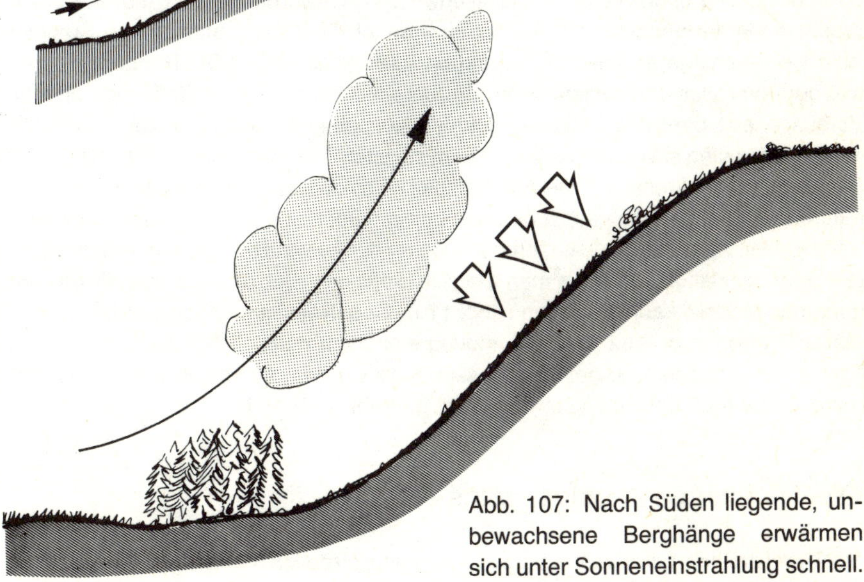

Abb. 107: Nach Süden liegende, unbewachsene Berghänge erwärmen sich unter Sonneneinstrahlung schnell. Der Hangaufwind wird thermisch verstärkt

kann der Hangaufwind an Tagen mit stabiler Luftschichtung besonders klein sein, wenn eine Inversion das Hochsteigen der Luft verhindert. Das gibt es sowohl in großen Höhen als auch in geringerer Höhe über dem Boden. In den Herbst-, Winter- und Frühjahrsmonaten lagert sich in den Tälern oftmals eine Kaltluftschicht ab, deren Mächtigkeit bis zur Hangkante reichen kann. Im Tal ist dann kaum eine Luftbewegung feststellbar, während an der Hangkante ein frischer Wind peitscht. Obwohl dort eine große Windgeschwindigkeit herrscht, gibt es nur einen geringen Aufwind, so daß die wegen Windes kopflastig getrimmten Modelle langsam unter die Hangkante sinken. Dafür gibt es eine einfache Erklärung: Die im Tal liegende Kaltluft verringert die wirksame Höhe des Hanges, der nun nur noch so hoch ist, wie sich seine Kante über die Kaltluft erhebt. Auch die Windrichtung spielt für die Stärke eine Rolle: Am stärksten ist der Wind, wenn der Hang senkrecht angeblasen wird. Normalerweise kann man aber am Hang auch segeln, wenn der Wind aus einer Richtung von weniger als 30° bis 40° zur senkrechten Anblasrichtung auf den Hang trifft. Hat ein Hang Vorsprünge und Einbuchtungen, ergibt sich die Möglichkeit, die Stellen, an denen der Wind frontal auftrifft zu suchen, das Modell auf kleinstem Raum segeln zu lassen und dann von einem Vorsprung zum anderen zu springen; es werden also solche Hangteile, die kaum Auftrieb liefern, überflogen.
Da in unseren Breiten West- bis Westsüdwest-Winde vorherrschen (Abb. 108), sind West-Hänge am geeignetsten. Leider aber bringt die West-Wetterlage im Sommer viele Niederschläge; in dieser Beziehung sind die Ost- und Nord-Ost-Hänge günstiger, weil dort – vor allem im Frühjahr bis in den Juni – meistens schönes Wetter vorherrscht. Vorausgesetzt, der Hang fällt nicht senkrecht ab, befindet sich das Gebiet, in dem das Modell am besten steigt, über oder vor dem steilsten Teil des Hanges (Abb. 109). Fällt der Hang fast senkrecht ab, wie zum Beispiel an einer Steilküste, entsteht am Fuß ein Luftpolster, über das die nachströmende Luft wie über einen unsichtbaren Hang aufwärts gleitet. An solchen Abstürzen reicht daher der Aufwind bis weit vor die Hangkante. Hinter der Hangkante findet man lediglich kräftige Wirbel, die eine ordentliche Landung des Modells kaum zulassen (Abb. 110). Gegenwindlandungen werden problematisch, wenn man kurz vor der Landung einkurven muß; Seitenwindlandeanflüge können oft einfacher und gefahrloser sein. Kurz vor dem Aufsetzen wird das Modell durch Seitenruderbeteiligung in den Wind gedreht (Abb. 111).

Die Technik des Hangsegelns

Nach den ersten zaghaften Versuchen wird man sich davon überzeugt haben, daß das Hangsegeln eine feine Sache und auf bekannten Hangfluggeländen nicht schwierig ist. Man wird allerdings auch feststellen, daß ein in der Ebene eingeflogenes Modell

Abb. 108: Mittlere Häufigkeit von Windrichtungen nach Beobachtungen der Seewetterwarte Hamburg

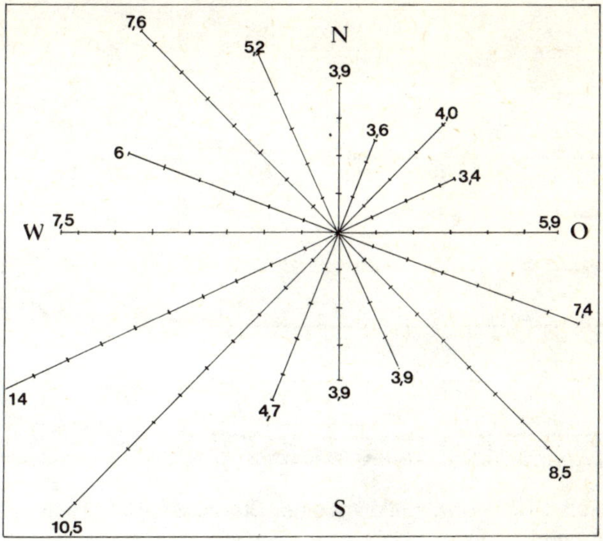

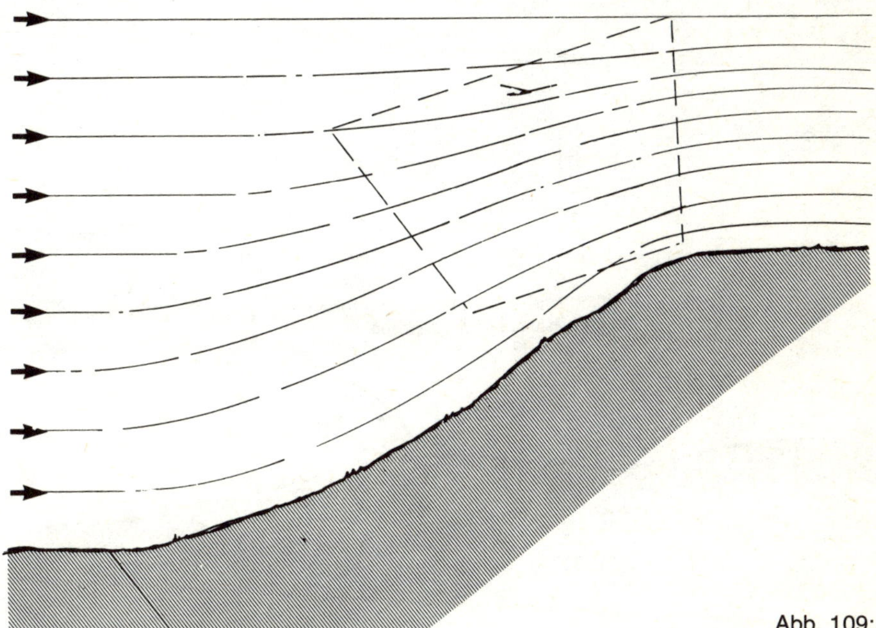

Abb. 109:
Aufwindfeld vor einem Hang

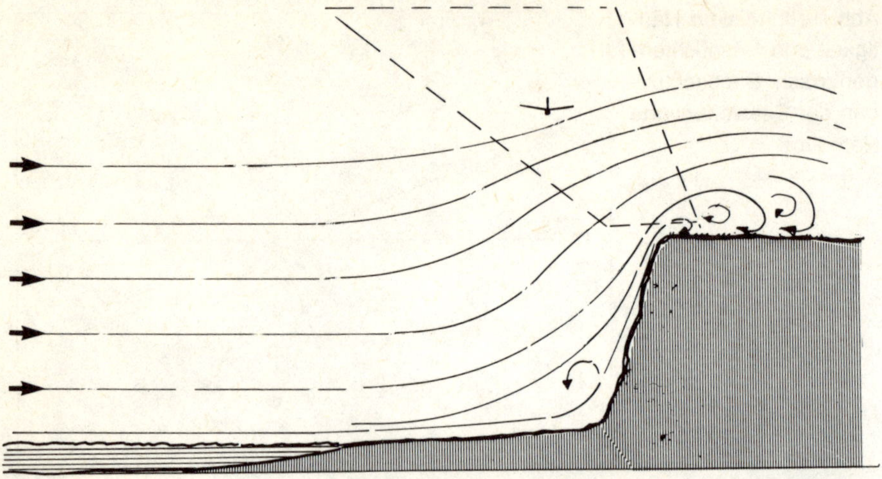

Abb. 110: Aufwindfeld vor einer Steilküste (Kliff). Hinter der Kliffkante bildet sich ein »Rotor«

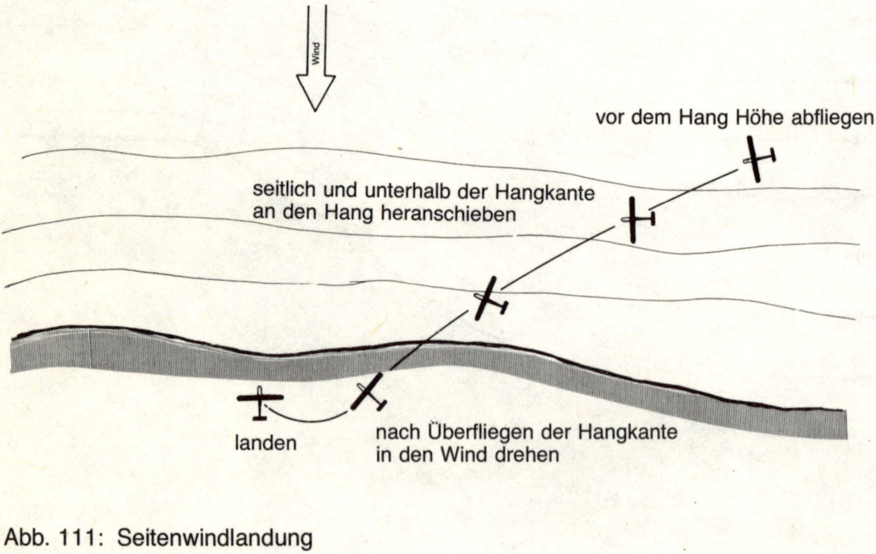

Abb. 111: Seitenwindlandung

etwas schwanzlastig fliegt und mit Blei nachgetrimmt werden muß. Im allgemeinen wird aus der Hand gestartet. Der Start sollte immer an der Hangkante, und zwar an einer Stelle erfolgen, von der aus der Hang, das Vorgelände und auch das Gelände hinter dem Hang übersehbar ist. An einem hohen Hang (wie beispielsweise der Wasserkuppe in der Rhön) kann man das Modell gefahrlos weit ins Tal hinausfliegen lassen und an den Hang zurücksteuern. An kleineren Hängen mit einem nur engen Aufwindfeld ist es dagegen zweckmäßig, das Modell so in den Wind zu stellen, daß es ohne abzutreiben am Hang entlang versetzt wird. Gekurvt wird dann immer gegen den Wind, so daß die Flugbahn einer horizontalen Acht ähnelt (Abb. 112). Man kann selbstverständlich auch Vollkreise fliegen, wenn man genügend weit vor dem Hang beginnt und das Modell ausreichend Höhe gewonnen hat.

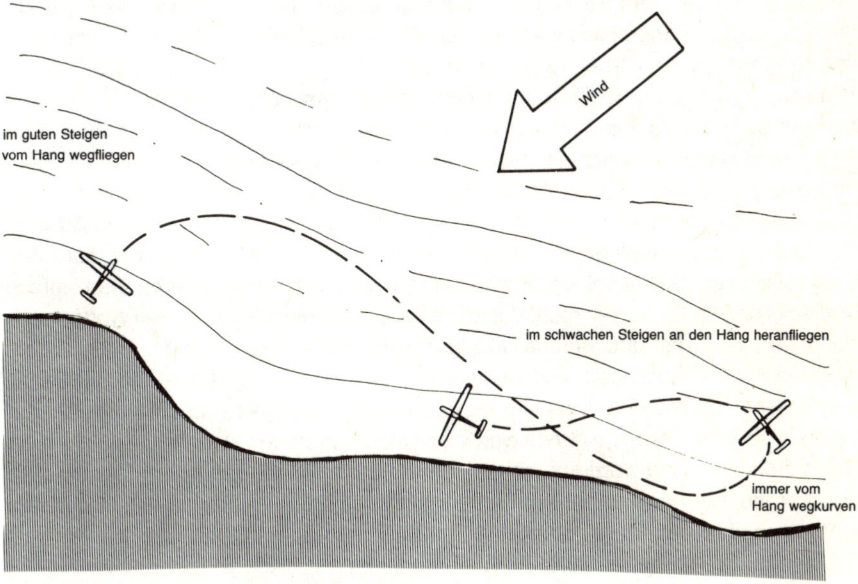

Abb. 112: An kleinen Hängen fliegt man »Achten«

Noch vor wenigen Jahren war der Kurven-Kreisflug eine der Flugaufgaben, deren Absolvierung man bei Wettbewerben besonders bewertete. Heute hält man das nicht mehr für so wichtig. In der Tat, das Modell-Fliegen ist nicht zuletzt durch die modernen Fernsteuerungsanlagen einfacher geworden. Trotzdem aber gehört allerlei Können dazu, an kleinen Hängen das Kurvenfliegen zu beherrschen. Wenn das Modell nur wenige Meter über dem Hang segelt, kann man bei falsch geflogenen Kurven deutlich den Höhenverlust beobachten, und oftmals hat man dann Mühe, die verlorene Höhe wieder zu gewinnen. Ein Wegtauchen des Modells nach Beendigung der Kurve (besonders gut sichtbar, wenn man gegen den Wind kurvt und das Modell beim Einkurven in den Wind Höhe gewinnt), kann durch einen kurzen Tip auf das Tiefenruder in dem Augenblick, wenn sich das Modell in den Wind dreht, vermieden werden. Kommt der Ausschlag etwas später, etwa dann, wenn das Modell die Nase hoch nimmt, kommt er meistens schon zu spät, so daß der gewünschte Erfolg ausbleibt. Bei stärkerem Wind wird man es allerdings hin und wieder für notwendig erachten, Kurven mit geringem Radius und folglich mit großer Schräglage zu fliegen. Bei einem solchen »harten« Fliegen bedient man sich zweckmäßigerweise auch des Höhenruders. Das sieht dann etwa so aus: Die Kurve wird mit einem Seitenruderausschlag eingeleitet; dann »zieht« man das Höhenruder, anschließend legt man das Modell durch einen kurzen Gegenruderausschlag mit dem Seitenruder wieder gerade; dadurch, daß man das Tiefenruder kurz antippt, kompensiert man nun den Fahrtüberschuß. Das Ganze ist eigentlich eine einfache Sache – aber es will geübt sein.

Allein durch ständiges Probieren kann man ausfindig machen, wo der beste Aufwind ist und wo man Höhe »tanken« kann. Einmal fliegt man am besten entlang der Hangkante, ein anderes Mal wird es sich als zweckmäßig erweisen, weit ins Tal hinaus zu fliegen. Im Einzelfall läßt sich zudem schwer sagen, ob gute Segelmöglichkeiten durch den Hangaufwind oder durch eine Mischung aus Hangaufwind und thermischem Aufwind verursacht werden. Gelegentlich kommt es auch vor, daß thermischer Abwind den Hangaufwind so stark abschwächt, daß man bei dem einen oder anderen Start einfach »absäuft« und im Tal landen muß. Vor allem bei schwachwindigen, labilen Wetterlagen macht man die Erfahrung, daß das Modell bei Windstille sehr schön am Hang segelt, während es bei kurzzeitigem Auffrischen des Windes stark an Höhe verliert. Die Erklärung ist einfach: Das Modell segelte in einer Thermikblase, die vor dem Hang lag, nur langsam über den Hang getrieben wurde und sich vom Boden ablöste. Das Sinken bei auffrischendem Wind wurde durch den der Ablösung folgenden Abwind verursacht. Dieser Wind wird nämlich nicht von unten den Hang heraufgeblasen; er fällt vielmehr schräg von oben gegen die Hangkante. Der Windmesser läuft zwar, aber die vertikale Komponente des Windes bleibt dennoch gering.

Oft wird der Fehler gemacht, bei stärkerem Wind in halber Hanghöhe zu starten. Viele Modellflieger gehen von der Überlegung aus, daß in dieser Höhe der Wind nicht so stark sei und die Fluggeschwindigkeit des Modells erreiche. Diese Überlegung ist zweifellos richtig. Wenn das Modell aber dann zu segeln und zu steigen beginnt, kommt es schnell in die Zone des stärkeren Windes und es besteht die Gefahr, daß es hinter die Hangkante treibt.

Was aber soll man machen, wenn man nicht sieht, wohin das Modell fliegt? Oft hilft nur noch das Tiefenruder oder eine Störklappe, um das Modell vor dem Hang zu halten. Die Folge: Der »Pilot« wird nervös. Auch das Modell fliegt nicht mehr so elegant, wie man es erwartete und am Ende des »verkorksten« Fluges ist man froh, wenn sich das Modell irgendwo zu Boden gesetzt hat und noch einigermaßen heil geblieben ist. Man sollte es sich deshalb zur Regel machen, daß immer an der Hangkante, kurz davor oder dahinter gestartet wird. Bei nicht zu steilen Hängen ist die Windgeschwindigkeit übrigens an der Hangkante größer als in der freien ungestörten Luft. Das Modell wird also vor der Hangkante durchaus segeln können – auch dann noch, wenn man an der Hangkante geringfügig höhere Windgeschwindigkeit als die Fluggeschwindigkeit des Modells feststellen sollte.

Die Windgeschwindigkeit verursacht überhaupt allerlei Schwierigkeiten. Ist sie zu gering, säuft das Modell ab – ist sie zu groß, fliegt das Modell rückwärts und landet bald in Lee des Hanges. Was kann man nun machen, um den Fluggeschwindigkeitsbereich des Modells zu vergrößern?

1) Zunächst einmal könnte man Blei in die Rumpfnase packen, den Schwerpunkt also weiter nach vorn verlegen. Der Anstellwinkel des Flügels wird dadurch geringer, das Modell schneller. Ein paar Gramm Blei reichen aber meistens nicht aus, man wird schon 50 bis 100 oder noch mehr Gramm nehmen müssen. Im Ergebnis wird die Längsstabilität größer.

2) Man kann auch Blei im oder unter dem Schwerpunkt des Modells befestigen (Walzblei der Rumpfkontur entsprechend formen und mit Tesafilm fixieren). Die Flugstabilität des Modells wird dadurch nicht geändert. Das Kurvenfliegen ist ungefährlich. Um dem Modell mehr Geschwindigkeit geben zu können, muß man aber viel Blei verwenden. Eine Erhöhung der Geschwindigkeit um etwa 1,5 bis 2 m/sec erfordert eine Erhöhung der Flügelflächenbelastung um etwa 10 g/dm². Das entspricht bei einem Modell mit einer Flügelfläche von 40 dm² etwa 400 g Blei-Ballast.

3) Man kann die Einstellwinkeldifferenz zwischen Flügel und Höhenleitwerk verringern (normalerweise beträgt sie etwa 2°). Auf diese Weise wird eine Verringerung des Anstellwinkels erreicht, da nun das Höhenleitwerk Auftrieb liefert und ein abkippendes Moment entsteht. Der Auftriebsverlust am Tragflügel muß aber auch hier beträchtlich sein, wenn das Modell erheblich schneller fliegen soll. Fliegt ein Modell mit 30 g/dm² Flächenbelastung bei einem Auftriebsbeiwert c_a von 0,9 (etwa der Normalfall) 7,3 m/sec, dann darf der c_a-Wert nur 0,55 betragen, wenn man 9,3 m/sec erreichen will. Da sich der Widerstandsbeiwert des Modells nicht wesentlich ändert, wird die

effektive Flugleistung entsprechend geringer. Bei starkem Hangaufwind kann diese Verringerung in Kauf genommen werden.
Eine Kombination der drei aufgeführten Möglichkeiten dürfte vermutlich der beste Weg sein, um das Modell schnell zu machen. Bei Windgeschwindigkeiten bis etwa 10 m/sec kann man mit einem geeigneten Modell (Profil mit gerader Unterseite) noch ganz gut fliegen; bis 15 m/sec geht es gerade noch. Bei noch größeren Windgeschwindigkeiten zu starten, wäre Wahnsinn. Nach Beaufort wird mit Windstärke 5 ein frischer Wind von 8,0 bis 10,7 m/sec, mit 6 ein starker Wind von 10,8 bis 13,8 m/sec, und mit 7 steifer Wind von 13,9 bis 17,1 m/sec bezeichnet. Stärkerer Wind ist Sturm.
Bei kleineren Hängen ist das erfolgreiche Hangsegeln weitgehend vom erfolgreichen Start des Modells abhängig. Auch an Hängen, die fast bis zur Hangkante bewaldet sind, kommt dem Start eine oftmals entscheidende Bedeutung zu. Hier hat sich eine Methode besonders bewährt, die in der Ebene beim Handstart nicht gerne gesehen wird. Man startet das Modell mit Überfahrt, ja man schleudert es geradezu in den Wind. Es wird dann schnell steigen und wenn man rechtzeitig nachdrückt (das Tiefenruder betätigt) in ausreichender Höhe über dem Hang weitersegeln.

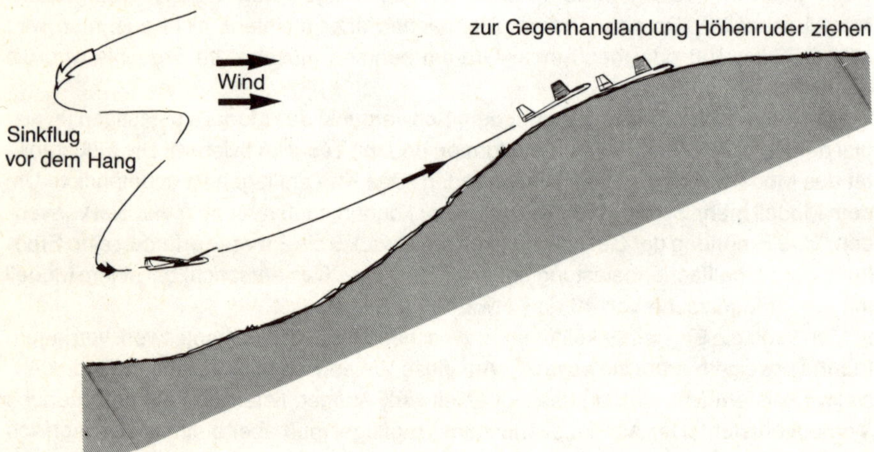

Abb. 113: Bei nicht zu steilen Hängen und nicht zu großer Windgeschwindigkeit sind Gegenhanglandungen vorteilhaft

Auch das Landen bereitet hin und wieder Schwierigkeiten, da die Flughöhe nur weit vor dem Hang oder im Leegebiet des Hanges abgeflogen werden kann und die Landung in Lee, das mehr oder weniger stark verwirbelt ist, erfolgen muß. Zwar werden die Schwierigkeiten nicht so groß sein, wenn das Modell ein Tiefenruder und wirksame Landeklappen (Störklappen) besitzt. Trotzdem sollte man sich – vor allem bei stärkerem Wind – schon vor dem Start ein geeignetes Landefeld aussuchen und im kritischen Moment nicht die Ruhe verlieren. Eine Landung gegen den Wind, wie sie in der Ebene üblich ist, wird am Hang nicht immer möglich sein. Seitenwindlandungen sind oft günstiger, wenn man kurz vor dem Aufsetzen das Modell in den Wind dreht (vgl. Abb. 111). Droht das Modell »abzusaufen« und will man eine Tallandung verhindern, gibt es manchmal als einzigen Ausweg die Hanglandung. Eine solche Landung kann aber nur bei schwächerem Wind und an nicht zu steilen Hängen empfohlen werden. Die Technik ist einfach: Man fliegt den Hang von vorne an und zieht kurz vor der Hangberührung das Höhenruder oder kurvt nach links oder rechts weg. Wenn man das geschickt im richtigen Augenblick macht, erzielt man butterweiche Landungen (Abb. 113).

Hangflugmodelle und -gelände

Hangflugmodelle brauchen nicht unbedingt anders auszusehen als die Segler, die für den Thermikflug in der Ebene bestimmt sind. Wegen der großen Aufwindgeschwindigkeiten am Hang (bis zu 5 m/sec) kommt man beim Hangflugmodell mit einem geringerem Bauaufwand aus als für Hochleistungs-Segelflugmodelle. Ein Hangsegler kann kleiner sein; eine Flügelstreckung von 10 bis 12 reicht aus; ein Flügelprofil mit gerader Unterseite ist gut geeignet. Flügelflächenbelastungen von 30, 40 oder 50 g/dm² sind nicht ungewöhnlich. Höhenruder und gut wirksame Störklappen entsprechen geradezu einer guten »Lebensversicherung« für das Modell.
Das klassische und zugleich traditionsreichste Hangfluggelände ist in Deutschland die Wasserkuppe bei Gersfeld in der Rhön. Hier kann man – wenn nicht gerade Nebel oder Sturm herrscht – bei jeder Windrichtung fliegen und sicher landen. Andere brauchbare Hänge gibt es in großer Zahl; leider sind die meisten in irgendeiner Weise landwirtschaftlich genutzt und daher nur zu bestimmten Zeiten und nach vorheriger Rücksprache mit den jeweiligen Besitzern zu betreten.

Die Modellflugversicherung

Dieses letzte Kapitel befaßt sich mit dem geltenden Luftrecht und mit der Frage nach der Haftung aus Schäden, die durch den Betrieb von Flugmodellen entstehen. Wenn man diese Zeilen gelesen hat – und sie sind bewußt vereinfacht dargestellt – dann sollte man nicht das Buch beiseite legen und sagen: »Ich lasse doch lieber die Finger vom Modellflug, das ist mir zu riskant.« Es ist nicht von der Hand zu weisen, daß durch Flugmodelle zum Teil erhebliche Schäden verursacht worden sind; es sind auch schon einige Zuschauer bei Modellflugveranstaltungen tödlich verletzt worden. Aber – und das ist wichtig – viele dieser Schäden wären vermeidbar gewesen, wenn man vorsichtiger und überlegter mit seinem Modell umgegangen wäre. Außerdem sind das Ausnahmeerscheinungen. Dennoch ist ein gewisses Risiko nicht von der Hand zu weisen und um diese Risiken abzudecken, gibt es Versicherungen. Man unterscheidet zunächst einmal die gesetzliche Haftpflicht. Hierunter versteht man ganz allgemein die Verpflichtung, für Schäden aufzukommen, die man anderen durch unerlaubte, also rechtswidrige Handlungen zugefügt hat. Nicht erlaubt ist zum Beispiel schon, wenn man auf einem Modellfluggelände ohne die Genehmigung des Besitzers startet. Das gilt auch für eine Wiese oder einen öffentlichen Weg. Außerdem kennt man die Haftung nach dem Bürgerlichen Gesetzbuch (BGB). Hier herrscht das Verschuldensprinzip, das die Handlungen des täglichen Lebens einschließt, das heißt, die Schadensersatzpflicht wegen unerlaubter Handlung tritt hier nur ein, wenn den »Täter« ein persönliches Verschulden trifft. Das Verschulden kann im Vorsatz oder auch in Fahrlässigkeit bestehen. Vorsätzlich handelt, wer sich der Rechtswidrigkeit seines Handelns bewußt ist und den Eintritt irgendeines Schadens voraussieht. Es ist nicht erforderlich, daß der Schaden beabsichtigt oder als sicher vorausgesehen wird. Fahrlässig handelt, wer die im Verkehr erforderliche Sorgfalt außer acht läßt, das heißt, die Möglichkeit des Schadens hätte voraussehen können. Schließlich gibt es im Bereich der Luftfahrt noch die Haftung nach dem Luftverkehrsgesetz (LuftVG). Während die vorstehend dargestellten Haftungen bei nachgewiesenem Verschulden, die selbstverständlich bei Vorliegen der entsprechenden Tatbestände auch im Bereich des Modellflugs gelten, dem Modellflieger natürlich und richtig erscheinen mögen, wird er vielleicht die darüber hinausgehende sogenannte »Gefährdungshaftung« nach dem LuftVG als übertrieben und unbillig empfinden. Bei diesem Haftungsprinzip genügt allein der Nachweis, daß man einen bestimmten Schaden verursacht hat als Voraussetzung für eine Verpflichtung zur Wiedergutmachung. Auf ein persönliches Verschulden, also Vorsatz oder Fahrlässigkeit, kommt es dabei nicht mehr an. Dieser Haftungsgrundsatz gilt im übrigen auch für Tierhalter, für Eisenbahnunternehmer und Kraftfahrzeugführer. Zur Begründung dieser Gefährdungshaftung kann man folgenden alten Rechtsgrundsatz anführen: »Wer zu seinem Vorteil besondere Gefahren in den Verkehr einführt, hat für den dadurch hervorgerufenen Schaden zu haften, ohne daß ihn ein Verschulden daran zu treffen braucht.«

Drei Beispiele sollen die einzelnen Stufen der Haftung näher erläutern.

Der Modellflieger A läßt sein Fernlenk-Segelflugmodell trotz entgegenstehender Bestimmungen und Warnung des Vereins (Flugleiters) über den Zuschauern kreisen. Durch einen Steuerfehler stürzt das Modell in die Menge und verletzt den Zuschauer B. Da einwandfrei ein Verschulden (grobe Fahrlässigkeit) des A vorliegt, ist er dem B bereits nach bürgerlichem Recht schadensersatzpflichtig (Grundsatz der Verschuldenshaftung).

Infolge einer nicht erkennbaren Störung am Fernlenk-Segelflugmodell des Modellfliegers C stürzt dieses ab. Obwohl die Zuschauer hinter der Absperrung stehen, wird einer, nämlich D, verletzt. Es liegt kein Verschulden des C oder des Veranstalters vor. Trotzdem muß C dem D die Unfallkosten ersetzen (Grundsatz der Gefährdungshaftung).

Durch eine plötzliche Bö wird das an sich vorschriftsmäßig gestartete Fernlenk-Segelflugmodell des Modellfliegers E aus der Bahn geworfen und dem hinter der Absperrlinie stehenden Kind F an den Kopf geschleudert. Es liegt weder ein Verschulden des E noch ein Materialfehler am Modell vor, sondern höhere Gewalt, da das Ereignis durch nichts abzuwenden war. Die Schadensersatzverpflichtung des E wird hierdurch jedoch nicht aufgehoben (Grundsatz der Erfolgshaftung).

Um diese zweifellos vorhandenen Risiken abzudecken, gibt es eine Haftpflichtversicherung auch für den Modellflug. Hierbei sind besonders die Bedingungen des »Deutschen Luftpool« zu beachten. Diese haben zwar keinen Ausschließlichkeitscharakter, doch sind die wesentlichen deutschen Versicherungsgesellschaften in dieser Rückversicherungsgemeinschaft zusammengeschlossen und damit an deren Richtlinien gebunden:

a) Für den nicht organisierten Modellflieger besteht die Möglichkeit der Einzelversicherung. Nehmen Sie Verbindung zu den Ihnen bekannten Versicherungen auf und erkundigen Sie sich nach den Prämien. Es gibt unterschiedliche Prämien für Segelflugmodelle und für Motorflugmodelle unter 5 kg Fluggewicht.
b) Modellflieger, die Mitglied einer Modellfluggruppe oder eines Luftsportvereins sind, können den Versicherungsschutz auch über die wesentlich billigere Haftpflichtversicherung ihres Vereins oder auch Verbandes erhalten. Diese Versicherung ist zu-

nächst zur Deckung der Risiken des Vereins, seiner Vorstandsmitglieder und sonstigen Beauftragten aus dem normalen Vereinsleben gedacht. Die Haftpflicht aus dem Bau und Betrieb von Flugmodellen (außer mit Düsen-, Raketen- etc. -antrieb) unter 5 kg kann in diese Versicherung einbezogen werden.

Geschützt ist hierdurch aber erst die Betätigung im Vereinsrahmen einschließlich der Teilnahme an Wettbewerben und öffentlichen Veranstaltungen, nicht dagegen ein rein privater Modellflugbetrieb. Als Betätigung im Vereinsrahmen gilt ein Modellfliegen unter Aufsicht eines vom Verein bestellten Beauftragten auf einem vom Verein für Modellflugbetrieb zugelassenen Gelände.

Abschließend sei aber nochmals ausdrücklich betont, daß wichtiger als die Versicherung der Schadensfolgen die Vermeidung von Unfällen durch Beachtung aller einschlägigen Bestimmungen, Sicherheitsvorkehrungen und sonstigen Maßnahmen ist.